# 中国住宅市场发展与制造业转型研究

——基于土地出让的视角

张志宏 金晓斌 周寅康 著

科学出版社

北京

## 内 容 简 介

在我国经济发展进入新常态和供给侧结构性改革的背景下，摸清住宅用地市场运行与发育状况及当前制造业发展转型态势，是统筹区域规划和国土资源管理的重要任务之一。本书基于土地出让视角，从理论、方法、实践三个层面，立足中观与宏观视角，基于国家—区域—典型地区三个尺度，就住宅市场发展状况和制造业转型发展涉及的土地问题进行了深入分析。全书共12章，在全面总结中国土地出让制度发展历程的基础上，围绕住宅用地，分析了住宅市场发展与土地利用之间的关系，在全国尺度，分析了住宅地价发育状况，并对住宅市场健康程度进行了综合评价；在区域尺度，分析了住宅地价变化格局及其影响因素、住宅市场与区域社会经济发展协调性，以及住宅用地调控政策的绩效。另外，围绕制造业用地，分析了制造业发展与土地利用的关系，解析了中国制造业发展态势及典型区域新增制造业发展特征。

本书可供城市规划、土地管理等领域的科技工作者参考，也可作为高校土地资源管理、资源环境与城乡规划、经济地理学、城市地理学等相关专业的教学参考资料。

审图号：GS(2019)4594号
图书在版编目(CIP)数据

中国住宅市场发展与制造业转型研究：基于土地出让的视角/张志宏，金晓斌，周寅康著. —北京：科学出版社，2019.11
ISBN 978-7-03-062623-3

Ⅰ.中… Ⅱ.①张…②金…③周… Ⅲ.①住宅市场—研究—中国②制造工业—转型经济—研究—中国③土地转让—研究—中国 Ⅳ.①F299.233.5②F426.4③F321.1

中国版本图书馆 CIP 数据核字(2019)第 222902 号

责任编辑：许 健 / 责任校对：谭宏宇
责任印制：黄晓鸣 / 封面设计：殷 靓

科学出版社 出版
北京东黄城根北街16号
邮政编码：100717
http://www.sciencep.com

南京展望文化发展有限公司排版
苏州市越洋印刷有限公司印刷
科学出版社发行 各地新华书店经销

\*

2019年11月第 一 版　开本：787×1092 1/16
2019年11月第一次印刷　印张：12
字数：266 000
**定价：90.00元**
(如有印装质量问题，我社负责调换)

# 前 言

实现土地资源的可持续利用是保证我国经济步入新常态后平稳运行的重要抓手之一。随着我国城镇化、工业化进程不断快速提升,城镇用地的发展及其变化趋势日益成为目前科学研究的主要关注对象。城镇用地包括工业、商业、办公、住宅、综合、公共服务、基础设施等不同土地利用类型,其中,住宅用地作为我国土地市场中最为活跃的部分,其运行状况与人民物质文化生活水平提升、社会经济发展、城镇化进程、住房政策实施等息息相关。住宅市场发育的健康程度直接关系到土地资源的优化配置、政府对土地市场的有效管理和企业对房地产的投资决策,进而影响区域间协调发展及社会的公平与稳定。此外,中国工业用地数量的快速增加,以及长期以来用地的低效配置与粗放利用,共同导致了当前土地资源的供需失衡与结构性不合理的矛盾突出。因此,精准掌握当前我国住宅用地市场发育和健康状况,正确研判制造业发展特征和态势,对我国土地资源的可持续利用、市场制度完善、产业结构调整、维护社会经济稳定发展以及提高人民生活水平,具有重要的理论与现实意义。

20世纪80年代末期,随着经济体制改革的深入,我国逐步从计划经济向市场经济过渡,以发展培育城市土地市场为目标的国有建设用地有偿使用制度改革开始启动。在土地社会主义公有制的法律框架下,通过土地出让制度设计将土地使用权与所有权分离,变过去无偿、无限期使用为有偿、有限期使用,使土地真正按照其商品属性进入市场,对合理解决我国国有土地使用和流转问题发挥了巨大作用,但整个制度设计及其相关理论和实践还处于不断发展完善过程中。由于我国城市土地出让制度设计及其固有特征的缺陷,快速城镇化带来的地方政府对城市土地扩张的大量需求及对土地财政的依赖,导致了城市土地价格的快速上涨;而城市土地价格的上涨又传递给资源供应相对更为稀缺的住宅用地,使其价格加速上涨。

制造业方面,无论从国民生活水平提高、经济发展,还是从国家安全的角度来讲,都需要强大、独立、自主的制造业。我国作为世界第一制造大国,技术水平与发达国家还有较大差距。制造业在快速发展中存在产业结构不合理、产品附加价值不高、能源消耗大、污染严重等问题。伴随着工业化进程步入后期,我国正处于经济结构转型升级的关键时期。虽然我国制造业的人口红利逐渐消失、人口老龄化,以及劳动力低成本的优势正在逐渐丧失;但在创新驱动发展战略的推动下,抓住了新工业革命发展的战略契机,我国制造业创新能力正在得到快速提升,沿着高端化、信息化、服务化、智能化的发展方向不断探索创新,制造业发展的新动能正在稳步达成。

当前我国仍处于城镇化、工业化快速发展时期，各类用地的需求总量还在高位。如何合理开发使用城市土地，实现市场对土地资源的优化配置，将对我国经济的全面协调、可持续、健康发展产生深远的影响。为避免土地出让价格过高或过低所带来的经济问题，保障国家土地所有者权益在经济上的实现，同时预防经济过热或失速下行引发系列社会问题，需要对住宅市场发展与制造业转型状况进行深入探索。有鉴于此，本书基于土地出让视角，从理论上解析住宅市场和制造业发展与土地利用的关系，并从当前我国住宅市场运行和制造业发展的实际情况出发，围绕住宅市场发展和制造业转型涉及的若干关键问题进行深入分析。通过剖析我国土地出让制度特征和发展历程，在理论层面探讨土地出让在住宅市场和制造业发展中的角色和作用，进而从住宅用地市场发育状况和健康度、与区域社会经济协调性、调控政策绩效以及制造业产业发展态势等方面构建评价体系与测度手段，结合计量经济模型揭示近年来我国住宅市场运行和制造业发展状况，以期为中国住宅用地市场运行状况及其与社会经济发展的互适性研究、经济新常态和供给侧改革背景下制造业转型发展研究等提供参考。

本书基于中国土地勘测规划院事业费项目"土地收益与城镇化研究"（TD1628-03）相关研究成果而编写。书稿的编写得到了杨绪红博士、项晓敏博士、薛樵风博士等的支持与帮助，本书的出版得到了中国国土勘测规划院张建平副院长、地政研究中心唐健主任的大力支持，在此表示衷心的感谢！

基于土地出让视角的住宅市场发展与制造业转型研究涉及经济地理学、城市地理学、城市规划、土地资源管理、土地经济学、土地利用规划等多个学科；研究内容可用于指导城市房地产价格制定、土地管理与调控、产业规划与结构调整、土地资源可持续利用等方面。由于时间仓促，加之作者水平有限，书中错误在所难免，恳请国内外同行及读者不吝赐教。

# 目 录

前言

## 第1章 绪论 ......1

1.1 研究背景 / 1
1.2 研究目的和意义 / 5
1.3 研究内容 / 6

## 第2章 研究进展综述 ......9

2.1 国内外研究状况量化分析 / 9
2.2 土地市场发育研究进展 / 15
2.3 住宅用地市场相关研究进展 / 17
2.4 土地市场运行研究进展 / 19
2.5 研究评述 / 21

## 第3章 中国土地出让制度概述 ......22

3.1 土地出让制度 / 22
3.2 中国土地出让制度发展历程 / 30
3.3 土地出让与资源配置 / 36

## 第4章 住宅市场发展与土地利用 ......42

4.1 住宅用地市场理论 / 42
4.2 住宅地价理论 / 49
4.3 土地出让与住宅市场发展 / 55

## 第 5 章　制造业发展与土地利用　　　　　　　　　　　　　　62

5.1　工业用地市场理论／62

5.2　制造业变迁与驱动因素／66

5.3　土地出让与制造业发展／72

## 第 6 章　中国住宅地价发育状况及住宅市场健康度评价　　　　77

6.1　数据处理／77

6.2　评价方法／81

6.3　住宅地价发育状况评价／84

6.4　住宅市场健康度评价／87

6.5　影响因素分析／96

6.6　本章小结／102

## 第 7 章　典型区域住宅地价变化格局与影响因素分析　　　　　105

7.1　研究区概况／105

7.2　住宅地价空间格局特征／107

7.3　江苏省住宅地价影响因素分析／112

## 第 8 章　典型区域住宅市场与区域社会经济发展协调性分析　　120

8.1　研究区概况／121

8.2　评价方法／122

8.3　评价结果／124

## 第 9 章　典型区域住宅用地调控政策绩效评价研究　　　　　　132

9.1　研究期土地市场发展与政策调控概况／132

9.2　研究区概况／134

9.3　研究方法／137

9.4　评价结果／139

## 第 10 章　中国制造业发展态势分析　　143

10.1　数据来源及研究方法 / 143

10.2　产业发展态势综合测度 / 145

10.3　中国制造业发展的趋势格局分析 / 147

10.4　中国装备制造业的发展态势 / 152

10.5　新型工业化下的产业发展路径 / 159

## 第 11 章　典型区域新增制造业发展特征分析　　162

11.1　数据处理 / 162

11.2　评价方法 / 164

11.3　空间格局特征 / 166

## 第 12 章　研究结论与政策建议　　173

12.1　研究创新性 / 173

12.2　研究结论 / 173

12.3　政策建议 / 175

## 参考文献　　177

# 第1章 绪 论

## 1.1 研究背景

### 1.1.1 土地资源与社会发展

土地作为一种不可再生的稀缺资源,不仅为人类提供了居住空间,也为其他生产要素作用的发挥提供了可能。土地是农业之本,是人类赖以生存的基本保障。中国以占地球 6.44% 的土地支撑了地球上 19.28% 人口的生存与发展[①],成为人类发展史上的一个奇迹。中国的土地资源一般被简单地概括为"一多四少",即总量多,人均耕地少,可利用的土地资源相对少,高质量的耕地更少,可开发后备资源有限(方创琳等,2007;曲顺兰等,2006)。

土地资源的持续利用是促进社会经济和环境可持续发展的基本出发点,土地利用的效率影响着经济增长速度、生态环境质量及其所能承载的人口数量。目前,由于不合理的土地利用方式引发的资源环境和社会经济问题愈加突出,土地资源的持续利用已成为制约中国高质量发展的关键因素和各方矛盾汇聚的焦点。改革开放以来,中国经济取得了卓越成就,然而经济高速发展的背后存在着巨大的隐忧,如长期依赖要素投入造成的经济发展结构不合理、经济增长质量过低以及收入分配不公平的程度明显加剧等。经济增长方式粗放,造成了资源枯竭、环境恶化等一系列问题,传统意义上的经济发展模式已经落伍,转变经济发展方式已迫在眉睫且势在必行。

而经济社会发展方式的转变是一个庞大且复杂的系统工程,它不仅包括经济增长方式由过去的粗放利用转向节约集约,更重要的是实现科学发展的可持续性,即产业结构的升级优化、经济运行质量的提高、城乡二元统筹发展的改善、人与自然的和谐共处,等等。经济社会发展方式的转变必然要求资源利用模式的更新,要提高包括土地在内的各种生产要素的使用效率。土地资源作为经济社会发展的载体,其重要内涵包括:土地资源利用的效果如何直接影响着人们的生活质量和社会经济的可持续发展;土地利用结构的合理与否也直接或间接地制约着经济发展,经济发展是以土地资源的合理利用为前提的,合

---
① 人口采用 2013 年的统计数据,其中中国人口数不含香港、澳门和台湾地区。

理地利用土地资源是经济社会得以持续发展的重要支撑。

据第六次全国人口普查数据,2010年中国人口为13.7亿(中华人民共和国国家统计局,2011);根据国务院印发的《国家人口发展规划(2016—2030年)》,2020年全国总人口将达到14.2亿左右,2030年前后达到人口峰值14.5亿左右,城镇化率将要达到70%。为保障国家粮食安全,必须保有一定数量的耕地,而保障国家生态安全,也需要加强对具有生态功能的农用地(特别是耕地)的保护。中国正处于城镇化、工业化的快速发展阶段,2018年末常住人口城镇化率已经达到59.58%,比2017年末提高了1.06个百分点;2019年将提前完成《国家新型城镇化规划(2014—2020年)》中设定的2020年常住人口城镇化率达到60%的目标。在强化耕地保护的同时,建设用地的供需矛盾愈加突出。首先,城镇工矿用地需求量将在相当长的时期内保持较高水平;其次,推进城乡统筹、区域一体化发展和推进落实乡村振兴战略中,都需要一定规模的新增建设用地加以支撑。土地的刚性供给造成了土地供需之间的巨大矛盾,各项建设用地的供给面临巨大的压力,并开始制约社会和经济的发展。

### 1.1.2 土地出让制度与管理

土地资源是人类生存与发展的物质基础,也是国民经济各行各业发展的主要载体之一。19世纪70年代以来,世界人口进入剧增时代,社会经济飞速发展与土地资源的稀缺现状之间矛盾凸显。进一步深化改革,充分发挥市场机制在土地资源配置中的基础性作用,保证经济的可持续发展,是解决这一矛盾的关键所在。目前,我国已初步建立社会主义市场经济体系,其中,一般生产资料或者是土地产品,或者是土地产品的加工产品消费资料,或者直接来自土地产品,依托于土地而产生。因此,土地市场是整个市场体系的源头市场。迄今为止,人类社会的商品和生产要素都直接或间接来自土地,社会生产和流通也依托土地。

根据土地所有权性质不同,我国土地分为国家所有和农民集体所有;根据土地所在地理位置不同,我国土地分为城市土地和农村土地。我国城市土地资产是国有资产的最重要组成部分。如何合理开发使用城市土地,实现市场对土地资源的优化配置,将对我国经济的全面协调、可持续、健康发展产生深远的影响。我国按照土地所有权与使用权相分离原则,建立土地市场制度,将土地市场分为二级运行模式:一级市场即土地的使用权出让市场,是指政府有偿、有期限地出让土地使用权的市场;二级市场是指土地的使用权转让市场。本书所研究的对象,正是土地一级市场中的出让制度及其具体运行方式。

我国国有土地有偿出让制度的建立与发展经历了三个重要阶段。一是初步确立阶段,1986年《中华人民共和国土地管理法》(简称《土地管理法》)颁布,并于1987年正式实施,第一次以法律的形式明确我国实行国有土地有偿使用制度;1988年,深圳经济特区第一宗国有土地使用权出让成功,拉开了土地使用权有偿出让制度改革和发展的序幕;1990年国务院颁布的《中华人民共和国城镇国有土地使用权出让和转让暂行条例》,标志着土地使用权有偿出让制度真正得以确立,我国城市土地使用由原来的单一行政划拨的单轨制,逐步演变为划拨和出让并存的双轨制。二是配套制度建立阶段,2002年国土资源部颁布111号令,即《招标拍卖挂牌出让国有建设用地使用权规定》,确定除协议出让外,国有土地出让还包括招标、拍卖、挂牌出让制度,其中商业、旅游、娱乐和商品住宅等各类经营性用地必须以招标、拍卖或者挂牌方式出让。三是细节完善阶段,2004年和2006年相继出台了《协议出让国有土地使用权规范》《实施招标拍卖挂牌出让国有土地使用权规范》,对国有土地协议出让进行了严格规范限定,进一步扩大了公开出让的范围,招标、拍卖、挂牌逐步成为国有土地使用权出让的主要方式,土地资源市场化配置程度进一步提高。

一系列土地使用权有偿出让制度的建立,推动了我国土地市场的发展,为加快我国城镇化、工业化进程提供了巨大的资金支持,进一步推动土地资源的优化配置,同时也在一定程度上避免了土地资源的浪费。然而,我国土地有偿出让制度存在的现实问题却也是不容忽视的。首先,由于相应的土地市场运作程序规定严重滞后于社会发展,使得在先期现实土地交易中无法可依,无章可循。其次,由于早期土地出让市场缺乏有效的监督机制,部分地方政府和官员出于地方主义或个人私利,权力寻租、暗箱操作,通过种种途径打压工业用地价格,低地价、零地价甚至负地价事件曾经时有发生,大量耕地被圈占,不仅造成巨额的国有收益流失,也造成土地资源的极大浪费。再次,由于当时土地出让制度不尽完善,致使各地住宅用地的价格屡创新高,传导效应造成了全国范围内终端房地产价格的节节攀升,远远超出了大多数普通民众的承受能力,进而引发了一系列社会问题。真正实现土地使用权的市场化运作,切实落实土地出让"公开、公平、公正"原则,是缓解日益紧张的人地矛盾、经济发展与社会发展矛盾的重要环节。

### 1.1.3 土地出让与住宅市场

住宅是人们赖以生存和发展的基本生活资料,居住属性是住宅最基本、最本质的属性。自人类文明发展以来,在任何一个国家和地区,物质形态的住宅都是人们生存和发展的基础。"安居而乐业",住宅是人们从事经济和社会活动的必要前提,也是保持社会稳定的重要条件。因此,实现居民的"住有所居"是各国家(地区)的基本社会治理目标。联合国《人居议程》和《伊斯坦布尔人居宣言》中提出的"人人享有适当住房"和"城市化进程中人类住区可持续发展"两大目标,反映了住宅对于城市可持续发展和社会稳定进步有非常重要的意义。

为了保障我国住宅市场的平稳运行,政府不断从土地供应角度制定宏观调控政策,以期从源头防止住宅价格过快增长。2003年9月,国土资源部下发《关于加强土地供应管理促进房地产市场持续健康发展的通知》(国发〔2003〕18号),要求严格控制土地供应总量,推进土地市场化的出让方式,加强市场监督作用,力图从土地的供应着手对土地经济市场进行宏观调控,稳定土地市场价格。2004年4月,国务院办公厅下发的《关于深入开展土地市场治理整顿严格土地管理的紧急通知》(国办发明电〔2004〕20号)要求切实落实严格的耕地保护制度,禁止滥用土地,防止越权批地,是严格管理土地、加强宏观经济调控、实现国民经济平稳较快发展的一项重要举措。2005年3月发布的《国务院办公厅关于切实稳定住房价格的通知》（国办发明电〔2005〕8号）以及5月发布的《国务院办公厅转发建设部等部门〈关于做好稳定住房价格工作意见的通知〉》（国办发〔2005〕26号）高度重视住房价格问题，并在调整和改善住房供应结构、严格控制被动性需求、正确引导居民合理消费预期等方面多措并举，切实保障各项宏观调控政策落到实处。2012年初，《国土资源部关于做好2012年房地产用地管理和调控重点工作的通知》（国土资发〔2012〕26号）明确要求加大住房用地供应量，对保障性安居工程用地实行计划指标单列，促进房地产市场和土地市场健康发展。此外还出台多项政策，对低丘缓坡地以及未利用地进行合理开发、对工矿废弃地进行复垦利用，与新增建设用地相挂钩，合理调整建设用地布局，保障土地供应量。2013年下发的《国务院办公厅关于继续做好房地产市场调控工作的通知》（国办发〔2013〕17号）要求各地区要根据供需情况，科学编制年度住房用地供应计划，保持合理、稳定的住房用地供应规模。

我国目前的住宅用地供应制度是在经济体制改革、土地制度变革的大背景下逐步形成的，市场化是主要取向。总的来看，从1949年起，住房用地供应制度改革的基本方向是从"无偿划拨"的计划方式逐步转向"有偿有期限出让"，最终形成目前商品住宅用地全面实行"招拍挂"制度的市场化方式。这一制度在充分体现土地资本化价值、防止国有土地资产流失、促进各地区经济社会发展等方面，起到过不可替代的重要作用。但目前这套土地供应制度也面临着非常突出的问题。表面上体现在供应主体单一、供应结构不合理与供应规模不匹配等方面，其实质是原有的"以地谋发展"的传统增长模式已难以为继，需要借助包括供地制度在内的系列制度改革，推动经济发展方式的实质性转变。这一转变过程，将会对包括房地产市场在内的各类用地市场造成深远影响。

### 1.1.4　土地出让与产业升级

制造业作为国民经济的主体，是立国之本、兴国之器、强国之基，是推动经济发展提质增效升级的主战场。改革开放40年来，我国制造业持续快速发展，逐步形成门类齐全、独立完整的产业体系，在"人口红利"与"政策红利"的共同作用下，我国制造市场竞争力显著提高。面对错综复杂的国内外经济形势，我国工业增长基础不断巩固，2018年全年工业增加值规模首次突破30万亿元，工业继续保持全球第一。但与发达国家相比，中国在自主创新能力、资源利用效率、产业结构水平、信息化程度、质量效益等方面仍有明显差距，产业转型升级和跨越发展的任务紧迫而艰巨，提升产业集聚集约水平、优化工业空间布局是我国实现新型工业化道路的重要途径。

将产业结构转型与城市土地合理利用有机结合是世界先进城市发展的普遍经验。在这一过程中，用地结构既是产业结构的基础载体也是空间约束，支撑和制约着城市产业转型升级；而产业的布局和效率又受土地利用方式的制约，是用地转型的直接动力，空间则是两者演变的映射结合点。我国制造业发展长期呈现"极度东倾"的格局，由此带来区域差距扩大、土地低效利用、产业同构、产能过剩以及环境污染等社会经济问题。2008年国际金融危机对中国制造业造成严重影响后,国家先后出台《国务院关于中西部地区承接产业转移的指导意见》(国发〔2010〕28号)、《国务院关于印发工业转型升级规划(2011—2015年)的通知》(国发〔2011〕47号)等政策,引导制造业发展进入以空间结构调整和技术结构升级为核心的深度重构阶段。按照当前社会经济发展和资源利用态势,实现2020年战略规划确定的城镇化率达60%、工业化率达70%的目标,将面临巨大的建设用地缺口,尤以工业用地最为突出。因此,以工业用地出让为分析"窗口",借助土地市场调控和外部环境引导,推进产业转型升级,形成东中西互动、优势互补、共同发展的格局势在必行。

装备制造业是制造业的核心组成部分,其发展水平是决定中国经济结构能否成功转型的关键。与此同时,装备制造业也是为国民经济各行业提供技术装备的战略性产业,具有产业关联度高、吸纳就业能力强、技术资金密集等突出特点。作为制造业的核心部分,其发展水平是各行业产业升级、技术进步的重要保障和国家综合实力的集中体现。改革开放以来,中国装备制造业持续快速发展,已成为工业领域最大的支柱产业,装备制造总产值跃居世界第一。现阶段,中国正由"装备制造大国"向"装备制造强国"迈进,"大力振兴装备制造业"成为我国落实新型工业化战略、实现经济转型发展的重要任务和关键抓手。

土地利用格局的演变是一定阶段区域经济活动的空间投射,土地利用与产业发展存在双向耦合关系。产业经济学认为,土地是区域产业发展的空间载体和物质基础,土地利用结构支撑和制约着城市产业的结构转型和布局优化;而产业发展水平又决定了土地利用方式,产业结构的调整推动着土地资源在不同区域和部门间的再分配。中国正处于城镇化加速发展时期,工业用地量快速增长,中心城区工业用地比例高达21.79%,远超国外平均水平(10%)。因此,亟待从资源供给侧分析产业发展态势,探索土地利用对产业发展的驱动影响,引导区域产业的协调发展及其生产要素的优化配置。

## 1.2 研究目的和意义

### 1.2.1 研究目的

土地作为一种基本的生产要素和稀缺资源,是人类社会经济活动的空间载体,其利用管理水平的高低与国家经济社会发展状况息息相关,其市场配置是否科学合理将对社会经济的可持续发展产生重要影响。在经济新常态背景下,通过土地市场合理配置土地资源,满足国民经济各部门对土地的合理需求,保持土地生态系统的良性循环,最大限度地提高土地利用的经济效益、社会效益和生态效益,实现土地资源的可持续利用是保证我国经济新常态平稳运行的重要抓手之一。在我国,住宅用地市场是土地市场中最为活跃的部分,其运行状况与人民生活改善、社会经济发展、城市化进程、住房政策实施等息息相关。与此同时,要实现2020年战略规划确定的城镇化率达60%、工业化率达70%的目标,必须借助工业用地市场调控和外部环境引导,推进产业转型升级,形成东中西互动、优势互补、共同发展的格局。因此,本研究基于土地出让视角,从理论上解析住宅市场发展和制造业发展与土地利用的关系,并从当前我国住宅市场运行状况和制造业发展态势的实际情况出发,围绕住宅市场发展和制造业转型涉及的若干关键问题进行深入分析。

### 1.2.2 研究意义

面对日益严重的资源错配与粗放利用问题,党中央、国务院提出要合理、有效地利用资源,坚持资源开发与节约并重,把节约放在首位,努力构建节约型社会。土地市场是土地资源进行市场化配置的重要场所,对促进土地资源合理配置和有效利用有着十分重要的作用,其完善程度直接影响着社会经济的健康发展。本研究的意义主要体现在以下方面:第一,梳理土地出让制度的发展历程和土地出让对土地资源配置的影响,明确土地出让在住宅市场发展和制造业发展中所发挥的作用;第二,掌握目前我国住宅用地市场发育状况和健康状况,梳理住宅市场发展与区域社会经济发展过程中存在的问题,为住宅用地调控政策的制定提供参考和依据;第三,以装备制造业为重点,分析制造业发展特征和发展态势,探讨新型工业化下的制造业转型发展模式。

## 1.3 研究内容

本研究基于土地出让视角,就住宅市场发展状况和制造业转型发展等问题进行深入分析,主要完成以下研究内容:

第一,理论层面,在综述我国土地出让制度特征和发展历程的基础上,分析土地出让在资源配置中的作用,深入探讨土地出让在住宅市场发展和制造业发展中的角色和作用。

第二,方法层面,根据所收集的土地出让数据、社会经济数据等基础数据,构建住宅用地市场发育状况和健康度评价方法体系、住宅市场与区域社会经济发展协调性评价方法体系、住宅用地调控政策绩效评价方法体系和产业发展态势综合测度方法体系,为土地市场宏观调控政策的制定,以及促进住宅市场平稳运行和制造业发展转型提供借鉴和参考。

第三,实践层面,结合各项评价方法体系和计量经济模型,分析近年来我国住宅市场运行状况和制造业发展状况,以期为中国住宅用地市场运行状况及其与社会经济发展的互适性研究、经济新常态和供给侧改革背景下制造业发展转型研究等提供参考。

本书的总体技术路线如图1-1所示。

第1章 绪　论

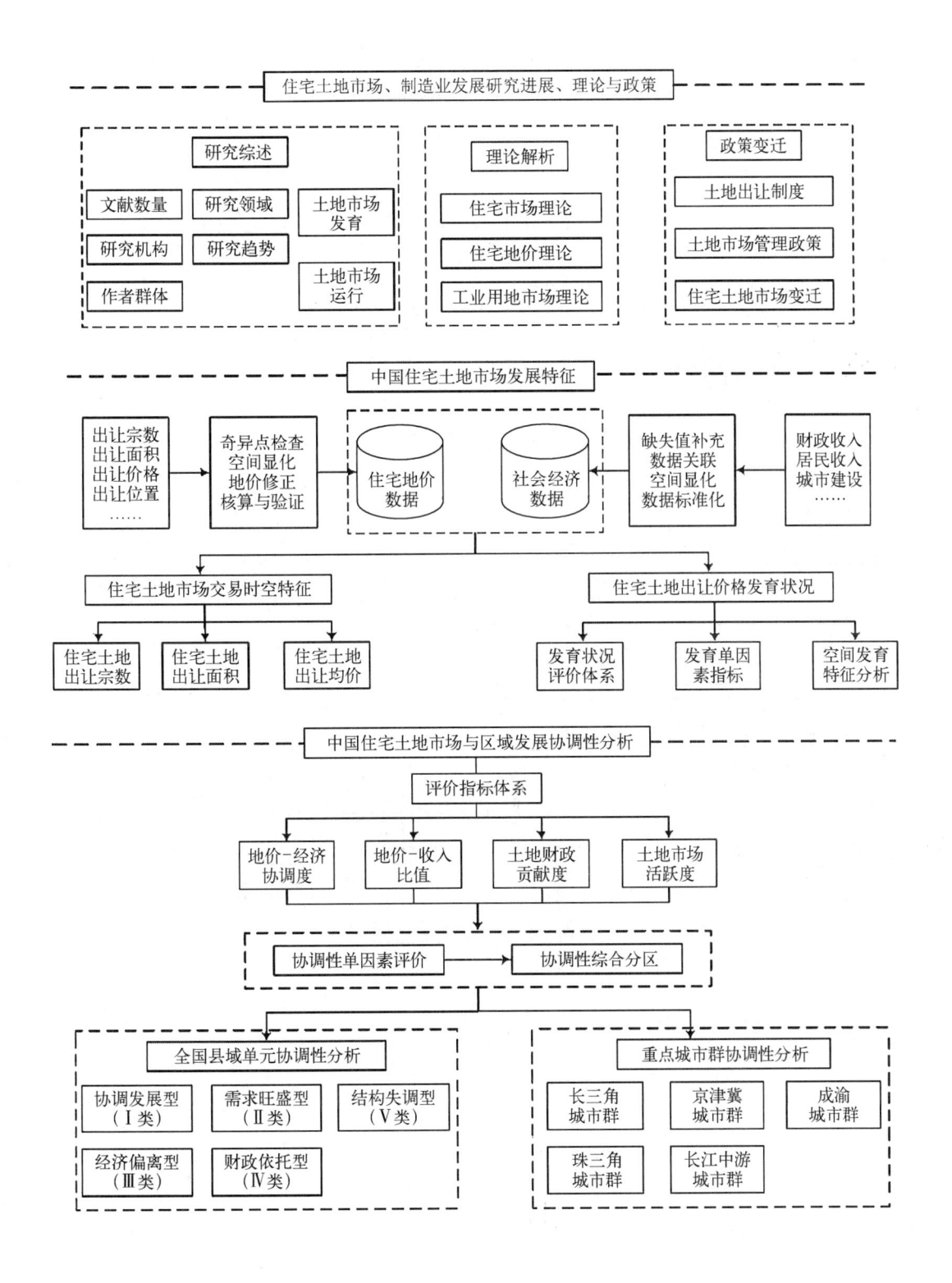

## 住宅土地市场、制造业发展研究进展、理论与政策

**研究综述**
- 文献数量
- 研究机构
- 作者群体
- 研究领域
- 研究趋势
- 土地市场发育
- 土地市场运行

**理论解析**
- 住宅市场理论
- 住宅地价理论
- 工业用地市场理论

**政策变迁**
- 土地出让制度
- 土地市场管理政策
- 住宅土地市场变迁

## 中国住宅土地市场发展特征

出让宗数、出让面积、出让价格、出让位置…… → 奇异点检查、空间显化、地价修正、核算与验证 → 住宅地价数据 / 社会经济数据 ← 缺失值补充、数据关联、空间显化、数据标准化 ← 财政收入、居民收入、城市建设……

**住宅土地市场交易时空特征**
- 住宅土地出让宗数
- 住宅土地出让面积
- 住宅土地出让均价

**住宅土地出让价格发育状况**
- 发育状况评价体系
- 发育单因素指标
- 空间发育特征分析

## 中国住宅土地市场与区域发展协调性分析

**评价指标体系**
- 地价-经济协调度
- 地价-收入比值
- 土地财政贡献度
- 土地市场活跃度

协调性单因素评价 → 协调性综合分区

**全国县域单元协调性分析**
- 协调发展型（Ⅰ类）
- 需求旺盛型（Ⅱ类）
- 结构失调型（Ⅴ类）
- 经济偏离型（Ⅲ类）
- 财政依托型（Ⅳ类）

**重点城市群协调性分析**
- 长三角城市群
- 京津冀城市群
- 成渝城市群
- 珠三角城市群
- 长江中游城市群

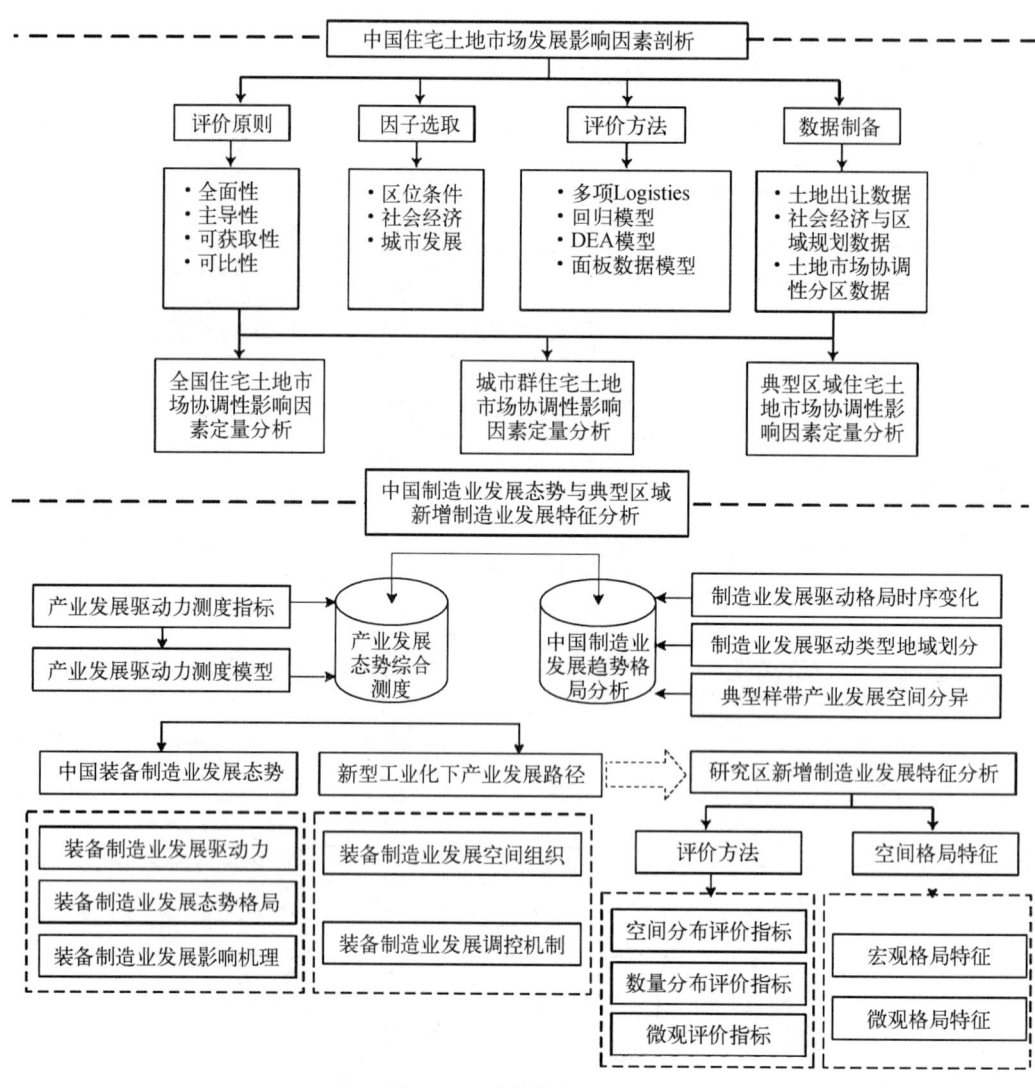

图 1-1　总体技术路线图

# 第2章 研究进展综述

## 2.1 国内外研究状况量化分析

基于 CiteSpace 检索工具,以 Web of Science 数据库、中国知网期刊数据库(CNKI)收录的科学论文为研究对象,以本研究的主题为搜索关键词进行高级筛选,量化分析文献数量、研究机构、作者群、研究领域以及研究热点等信息点,并通过对文献进行"作者群解析""关键词共现""研究热点演变"等聚类分析,全面认识并准确把握该研究领域的研究热点及前沿方向。

### 2.1.1 国内外文献数量和研究机构

#### 2.1.1.1 文献数量分析

在国内研究方面,基于 CNKI 中文数据库中的核心文献来源,以"住宅用地市场""住宅地价"和"土地市场发育"等相关关键词进行检索,在 1992~2017 年的文献中共检索到 1 189 篇;国际文献研究方面基于 Web of Science 的 SCI 数据库,以"residential land market"与"housing land price"等为主题词检索相关文献,共获得 1972~2017 年间的文献 2 072 篇。对两个数据库所得文献按照年度出版文献数量和研究机构文献出版数量进行统计分析。

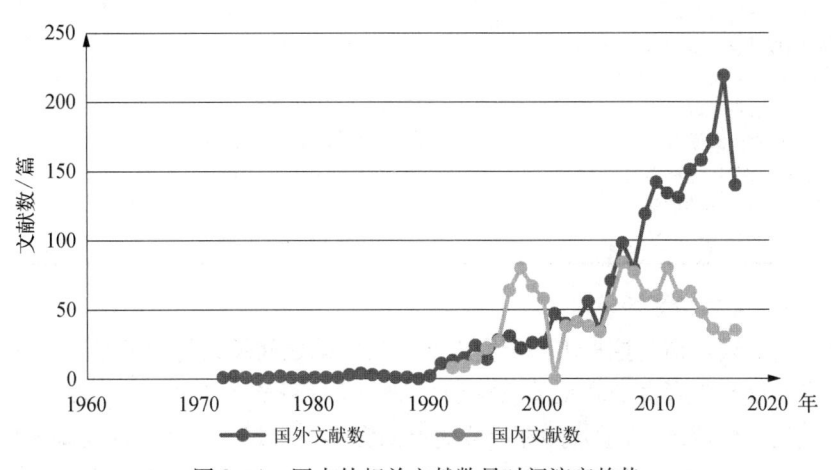

图 2-1 国内外相关文献数量时间演变趋势

从图 2-1 可以看出,国外住宅用地市场研究的数量整体呈上升趋势,而国内在该领域研究的文献数量处于持续波动的状态。首先,国内研究在 1998 年达到第一个高峰,文献数量达 80 篇,之后发生明显下滑,2000 年甚至没有该领域的文献,之后在 2007~2011 年达到另一个高峰,此后相关文献数量到 2017 年又下降到 35 篇。国外文献方面,从 1972 年开始出现住宅用地市场相关文献,经过 20 年的缓慢发展,1991 年开始,相关文献增长的数量和速度都呈增加的趋势,到 2016 年,相关文献数量已达 219 篇。由此可以看出,住宅用地市场的发展受到世界各国的普遍关注,是国际热点研究领域。

2.1.1.2 研究机构

国内外住宅用地市场研究均以高校为主,数量排名前 15 的国内外研究机构大部分为高校,在国内外期刊上的发文数量分别为 183 篇和 162 篇(表 2-1)。从表 2-1 看出,居国内研究机构成果榜首的是清华大学房地产研究所,共发表 28 篇相关文献;第二、第三分别是上海社会科学院部门经济研究所和中国社会科学院经济研究所,各发表了 23 篇和 16 篇论文,排名前 15 位的其他机构的发文数量也都在 5 篇以上。发表在国外期刊上成果最多的是香港大学(Hong Kong Univ),共计 27 篇;其次是哈尔滨工业大学(Harbin Inst Technol)和浙江大学(Zhejiang Univ),分别有 17 篇和 14 篇。结果表明,国内高校在住宅用地市场领域的研究成果已经受到国际同行的关注。同时该领域研究人员的学科背景以经济学、公共管理学、地理学等为主。

表 2-1 国内外期刊住宅用地市场研究机构成果统计

| 国内期刊研究成果 | | 国外期刊研究成果 | |
| --- | --- | --- | --- |
| 机 构 名 称 | 数 量 | 机 构 名 称 | 数 量 |
| 清华大学房地产研究所 | 28 | Hong Kong Univ | 27 |
| 上海社会科学院部门经济研究所 | 23 | Harbin Inst Technol | 17 |
| 中国社会科学院经济研究所 | 16 | Zhejiang Univ | 14 |
| 华中师范大学经济学院 | 16 | Univ Georgia | 12 |
| 西安建筑科技大学管理学院 | 13 | Wuhan Univ | 11 |
| 中国人民大学公共管理学院 | 13 | Univ British Columbia | 10 |
| 南京农业大学公共管理学院 | 11 | Univ Calif Berkeley | 9 |
| 南京农业大学土地管理学院 | 10 | Hong Kong Polytech Univ | 9 |
| 中国科学院地理科学与资源研究所 | 8 | Chinese Acad Sci | 8 |
| 上海财经大学公共经济与管理学院 | 8 | Univ Wisconsin | 8 |
| 同济大学经济与管理学院 | 8 | Univ Illinois | 8 |
| 华南农业大学经济管理学院 | 8 | Natl Univ Singapore | 8 |
| 重庆大学建设管理与房地产学院 | 7 | Univ N Carolina | 7 |
| 南京大学地理与海洋科学学院 | 7 | Univ Tennessee | 7 |
| 清华大学建设管理系 | 7 | Florida State Univ | 7 |

2.1.1.3 作者群解析

文献作者共现图谱是挖掘不同研究人员及其团队之间关系的定量方法。某一学者群的聚类节点密度与学者群的联系关系密切。学者所在的聚类节点越厚,表明该学者在整个研究领域的地位越高,该学者的理论或观点的影响力也越大。基于此绘制土地出让/土地利用研究的文献作者共现图谱,分析该研究领域作者群的密切程度及影响能力。

图2-2中,共现图谱中有较多聚类节点,表明有部分作者群形成了合作网络,其中规模较大的有以顾书桂为核心的学者群、以朱道林为核心的学者群、以王金波为核心的学者群、以周寅康和金晓斌为核心的学者群等。上述小组的合作网络醒目,在土地出让/土地利用研究中具有一定的影响力,其合作网络中的核心学者也是各研究领域的重要人物。

图2-2 文献作者共现图谱

## 2.1.2 研究领域与趋势分析

### 2.1.2.1 研究领域解析

为显化核心关键词的分布情况,以节点形式对其进行表达(部分关键词引用率较低时予以剔除):以节点面积表示引用率,面积越大表示引用率越高;节点间的远近关系表示相关研究的引用关系。由图2-3可以看出,近年来土地出让相关研究热点在内容上主要集中于土地出让金、土地使用权和土地财政等方面。其中,高频关键词主要包括土地出让、土地出让金、土地财政、土地使用权、土地使用权出让、土地收益、房地产市场、房地产业、房地产开发、土地出让收入、国土资源等。

图 2-3 关键词共现图谱

将文献标题、摘要和关键词生成默认聚类视图,然后转换为时间线视图,可将同一聚类的节点按时序排列,使每个聚类中的文献串在一条时间线上,显示出该聚类的历史成果,分析某一领域的整个发展演变过程。从图 2-4 可以看出,近 25 年来土地出让相关研

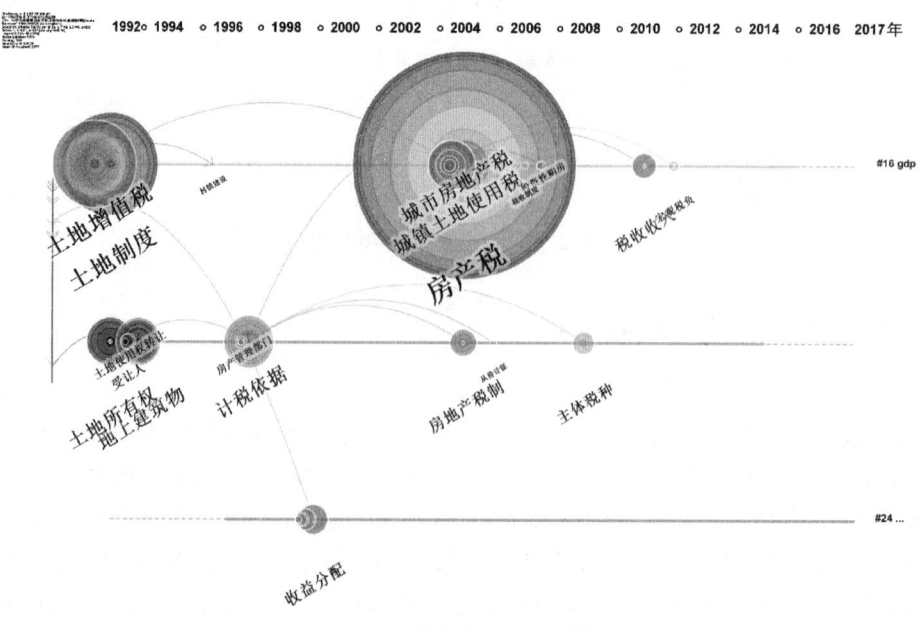

图 2-4 研究热点演变图谱

究的研究领域越来越广,初期研究多集中于土地出让金、土地制度和土地所有权等,之后针对城镇土地使用税、房产税、房地产税制等问题的研究逐渐增多。

#### 2.1.2.2 研究趋势解析

关键词的中心度、突现度在关键词共现网络中具有特殊的解释作用,分析关键词的中心度有利于发现一定时期研究的核心主题。通过分析关键词的突现度,可预见未来研究领域和热点的发展趋势。按照已有的网络图谱,筛选出具有一定中心度和突现度的关键词进行分析(表2-2和表2-3),从而对各个时期的国内外研究主题和发展趋势进行深入辨识。从表2-2和表2-3可以看出,国内住宅用地市场研究主题演变可以划分为以下5个阶段:

表2-2 国内外住宅用地市场研究关键词中心度信息

| 国外住宅用地市场发育关键词 | | | 国内住宅用地市场发育关键词 | | |
|---|---|---|---|---|---|
| 年 份 | 关键词 | 中心度 | 年 份 | 关键词 | 中心度 |
| 1998 | city | 0.12 | 1997 | 房地产市场 | 0.13 |
| 1998 | price | 0.1 | 1997 | 住房商品化 | 0.03 |
| 1999 | land value | 0.1 | 1997 | 土地市场 | 0.13 |
| 1999 | sprawl | 0.07 | 1997 | 住宅产业 | 0.07 |
| 2000 | policy | 0.03 | 1997 | 实物分配 | 0.07 |
| 2001 | housing | 0.06 | 1997 | 福利分房 | 0.02 |
| 2002 | housing market | 0.1 | 1998 | 中等收入家庭 | 0.05 |
| 2003 | property value | 0.03 | 1998 | 经济适用住房 | 0.04 |
| 2003 | demand | 0.02 | 1999 | 房价收入比 | 0.07 |
| 2004 | real estate | 0.05 | 2000 | 公共住宅 | 0.02 |
| 2004 | land market | 0.03 | 2001 | 系统动力学 | 0.03 |
| 2005 | open space | 0.05 | 2003 | 房地产泡沫 | 0.01 |
| 2005 | residential property value | 0.04 | 2004 | 房地产 | 0.01 |
| 2005 | accessibility | 0.03 | 2006 | 住宅特征 | 0.01 |
| 2006 | valuation | 0.04 | 2007 | 空间分异 | 0.05 |
| 2007 | urban growth | 0.05 | 2007 | 影响因素 | 0.01 |
| 2007 | housing affordability | 0.02 | 2008 | 住宅地价 | 0.06 |
| 2007 | redevelopment | 0.01 | 2008 | 房价 | 0.02 |
| 2007 | zoning | 0.01 | 2009 | 宏观调控 | 0.01 |
| 2009 | transportation | 0.02 | 2010 | 土地经济 | 0.05 |
| 2009 | economy | 0.02 | 2011 | 土地财政 | 0.04 |
| 2009 | income | 0.01 | 2013 | 工资 | 0.01 |
| 2010 | residential land | 0.01 | 2014 | 待售率 | 0.01 |
| 2011 | built environment | 0.01 | 2014 | 土地资源 | 0.01 |
| 2012 | school | 0.04 | 2016 | 产品类型 | 0.04 |
| 2012 | property tax | 0.03 | | | |
| 2013 | transport | 0.01 | | | |
| 2014 | carbon sequestration | 0.01 | | | |

表 2-3 国内外住宅用地市场研究关键词突现度信息

| 国外住宅用地市场发育关键词 ||| 国内住宅用地市场发育关键词 |||
| --- | --- | --- | --- | --- | --- |
| 年 份 | 关键词 | 突现度 | 年 份 | 关键词 | 突现度 |
| 1998 | city | 5.343 3 | 1997 | 经济增长 | 8.608 5 |
| 1998 | price | 5.038 4 | 1997 | 住宅建设 | 9.008 3 |
| 2000 | location | 3.739 2 | 1998 | 实物分配 | 5.915 6 |
| 2000 | land | 6.802 | 2000 | 住宅产业 | 4.885 2 |
| 2001 | housing | 5.623 6 | 2001 | 土地市场 | 5.072 3 |
| 2002 | growth control | 3.746 5 | 2002 | 住宅市场 | 12.700 9 |
| 2002 | growth management | 4.934 3 | 2004 | 房地产 | 10.616 6 |
| 2006 | externality | 3.880 2 | 2006 | 住宅价格 | 19.898 2 |
| 2007 | land price | 4.697 6 | 2006 | 特征价格模型 | 5.908 5 |
| 2010 | residential property value | 7.036 3 | 2007 | 房价收入比 | 5.878 8 |
| 2010 | risk | 4.059 5 | 2008 | 房价 | 7.370 5 |
| 2011 | equilibrium | 5.945 | 2008 | 住宅地价 | 10.708 9 |
| 2014 | gentrification | 4.743 3 | 2010 | 土地经济 | 7.115 9 |
| 2015 | rail transit | 4.234 7 | 2010 | 系统动力学 | 5.177 8 |
| 2015 | affordable housing | 4.442 9 | 2011 | 区域差异 | 3.600 2 |
| 2015 | transportation | 5.44 | 2011 | 保障性住房 | 4.304 5 |
|  |  |  | 2011 | 房产税 | 4.805 |
|  |  |  | 2011 | 土地财政 | 6.777 7 |

（1）1997~1998年，住宅用地市场的雏形出现，国内关于住宅用地市场的研究还处在起步阶段，此阶段的研究主要集中在对住宅用地市场基础概念和相关理论的引入，因此"房地产市场""土地市场"等关键词中心度较高，同时，"福利分房""住房商品化"等关键词与当时中国住房市场的实际情况密切贴合，表明当时国内住宅用地领域正有重大变革发生。

（2）国内住宅用地市场研究在1999~2004年持续推进，该阶段"房价收入比""房地产泡沫"等关键词中心度较高，表明学者们更多地关注住房价格合理性方面的研究。

（3）2006~2008年，出现了以"住宅地价"和"房价"为核心的研究，反映了地价和房价的空间分异特征及其影响因素是这一时期的研究热点。

（4）2009~2011年，出现了"土地经济""土地财政""宏观调控"等中心度较高的关键词，由此可知，在这一时间段内学者更关注政府这一特殊角色在土地市场中的重要地位。

（5）2013~2016年，住宅用地市场研究开始出现新的内容——"产品类型""待售率"等，随着房地产市场去库存压力提升，新兴房地产类型开始出现在公众视野，待售率、去化率等指标也受到学者们的关注。

国外住宅用地市场研究主题演变可划分为4个阶段：

（1）由于国外对住宅用地市场的研究起步较早，1998~2002年已处于研究的成熟期，此阶段的研究主题主要在城市发展方面，出现中心度较高的词有"城市""蔓延""住宅市场""土地价值"等，这表明城市发展的重要载体是土地，城市扩张的趋势和方向与住宅用地市场有着密切关系。

(2) 2003~2006年,研究主题集中在不动产价值评估方面,"不动产价值""估价""房地产"等关键词中心度较高,从关键词之间的联系来看,土地需求、空间可达性、开放空间等是影响不动产价值的重要因素。

(3) 2007~2009年,城市再开发和住房可支付性成为两大研究热点,这一阶段城市的无序蔓延带来的种种问题引起了学者们的重视,进行城市功能分区、旧城改造和再开发是保障城市健康发展的重要手段之一,同时以经济发展状况和收入水平为基础的住宅可支付性的研究在这一时期也开始发展起来。

(4) 2010~2014年,国外住宅用地市场研究有了新的热点,学校、交通、建造环境等外部因素与住宅用地市场的联系逐渐受到关注,在可持续发展理念引导下,住宅用地市场发展过程中的"碳固定"成为一个新的研究方向。

根据上述关键词中心度的分析和表2-3,可以梳理出国内外在住宅用地市场领域的研究重点。国外研究方向主要是住宅用地市场驱动下的城市发展和住房可支付能力。首先,城市发展不能一味地追求经济目标,更应该兼顾文化、生态和社会等综合方面的评价,维系城市可持续发展;其次,住房可支付能力对住房政策的制定影响较大,通过运用计量方法构建模型,探索住房可支付能力与宏观经济、居民收入、房地产价格、供需水平、城市规划之间的内在联系,识别并分析影响住房支付能力的各类因素,为住房政策的制定提供方向。

国内研究主要包括住宅用地市场发育、住宅用地价格调节机制和土地财政三个方面。尽管国内住宅用地市场形成较晚,但在力度不断加大的改革之下,土地市场愈发成熟,住宅用地市场的发展状况、发育程度、市场化程度的驱动因子、土地市场运行绩效等开始被研究者广泛关注。地价是土地市场的关键要素,住宅用地价格与城市发展、区位条件、土地用途管制等因素有着密切联系,研究住宅用地的价格形成机制、调节机制和影响机制等对探究住宅用地市场的良性发展机制具有重大理论和现实意义。由于我国财税制度的特殊性及其引发的一系列问题,土地财政在当前和今后仍将是研究重点。

## 2.2 土地市场发育研究进展

### 2.2.1 国外研究进展

国外研究中,学者普遍认为土地市场的调节作用在实现土地资源优化配置中功不可没,成熟、完善的土地市场是土地资源可持续利用强有力的保障(Elana,2008;Klaus et al.,2008)。

从土地市场发展的影响因素来看,区域社会文化背景、土地市场运行机制、城市经济水平、土地市场相关法律法规的制定等都是土地市场发展影响的重要因素(Andre,2000;Barry,1995;Henry,1995)。首先,土地市场的发展以及内部结构的变化除了受到自身发展规律的影响之外(Jude et al.,2006),在很大程度上也受到社会经济发展的驱动(Klaus et al., 2005)。市场是集合了特定商品、服务以及资源的买卖双方的一种制度或机制（Campbell et al., 2002）。同时，城市土地市场的发展还受到政府制定的土地政策方针的重要影响，并且这种影响难以通过市场机制来调节（Koroso et al., 2013），比如土地用途管制对住房市场和土地价格有着重要影响（Paul et al., 2004）。Phillips 和 Goodstein（2000）以波兰为研究对象，指出政府对城市增长边界的控制导致了房价增长，但是其影响是有限的。Glaeser 和 Gyourko（2003）运用特征价格法对土地管制对住宅用地的供给和价格所产生的影响程度和驱动机制进行分析。区位也是影响土地市场发展的重要因素，Robert（1994）分析了城市交通轨道及其衍生的周边发展对土地市场5个方面的影响，包括平均租金、空置率、分摊率、密度以及附近新增办公和商业建筑的比例。人口城镇化和土地城镇化加速会对土地价格产生巨大影响，Capozza 等（2012）构建动态模型，解释了不同城市的土地市场价格差异以及城乡地租的差距；Koopmans 等（2015）运用外在性模型分析了城市的外在性与土地市场的相关性，研究表明城市的外在性与土地市场发展呈负相关关系，土地市场具有竞争性会导致土地利用效率不高。

在土地市场均衡方面，Quigley（2013）提出了住宅选址理论、供求理论等观点并进行了总结，并在上述理论的支持下对房地产市场的均衡性及其运行机制进行了分析；Michael 和 Peter（1984）分析了在不同模式下各类用途的土地需求及其供给状况，并通过构建土地市场均衡模型来探索土地市场的供需机制；Alonso 等（2009）从市场平衡理论出发，以经济效益最优和费用最少为目标建立古典模型，绘制竞标地租曲线，计算不同土地利用者的效用函数值并寻求最优解，发现市场是决定土地用途分配的主要因素。此外，Watkins（2015）探究了土地成本和城市地租对土地市场均衡和城市房地产发展的影响。

### 2.2.2 国内研究进展

土地市场作为土地资源优化配置的重要手段之一，自提出以来就不断在变化，土地市场制度也在持续调整。改革开放以后，通过借鉴新加坡等的土地市场模式，中国对原有计划机制进行改革，引入市场机制优化配置土地资源，在土地所有权国有性质不变的前提下，分离土地所有权和使用权，通过"招拍挂"或协议出让等形式出让城市土地的使用权，实现了土地使用权有偿转让。在这个基础上形成了中国的土地市场（赵贺，2004）。此后的约40年间，中国土地市场在不断完善的进程中受到广泛关注，同时也对中国社会经济的发展产生了诸多影响。

国内学者对我国土地市场成熟度的探索成果颇丰。从研究结果来看，王青等（2007）从多角度深入分析了近年来我国土地市场化进程的时空特征，探索了影响土地市场化的主要因素；李娟等（2007）对城市土地市场发育成熟度的内涵进行了多方位的探讨，以供需均衡度、土地市场化配置度、价格灵敏度和配套机制完善度等多个角度构建了完善的评价土地市场发育度的指标体系，并以南京市为研究对象进行了实证评估和分析；张晔等（2015）对土地市场成熟度评价的指标体系进行了进一步的丰富和完善，利用熵权可拓物元模型从供求均衡度、地价敏感度、土地市场交易情况、市场竞争度和政府干预度等方面构建了指标体系，并确定了指标权重；宋鸿和陈晓玲（2008）构建指标体系对全国土地市场化程度进行了度量,并对中国土地市场化的空间自相关性进行分析;郭爱民(2007)以土地流转为评价标准,测试了我国长三角地区的土地发育程度并将其与英格兰进行了对比分析。从研究尺度上看,对土地市场成熟度和发育程度进行的研究多以全国范围为主(候为义等,2012;杨尚华,2010)。从研究方法上看,层次分析法(张月娥,2011)和主成分分析法(候为义等,2012)是被广泛应用的评价方法。随着土地市场成熟度研究的进一步深入,对土地市场发育程度的刻画越来越准确,定量测度方法也越来越成熟。

提高土地资源配置效率和利用效率必须有完善的土地市场作为支撑。而土地市场在中国出现时间晚,发展时间短,为了更合理有效地推动中国土地市场发育,分析其主要影响因素具有重要的现实意义。刘向南等(2010)认为,城市土地市场发展的驱动因子分为自然、经济和社会三类,运用主成分分析法,发现经济、社会因子是短期土地市场发展的主导因子,其中宏观经济发展程度、工业化和城镇化进程的影响程度最大。谭丹等(2008)、王良健等(2011)从社会经济角度对影响土地市场发育的因素进行研究,发现居民可支配收入、投资额、城镇化进度等对影响土地市场发育呈正相关,而第一产业发展速度越快、居民恩格尔系数越大,土地市场化的发育程度将越缓慢。石晓平和曲福田(2005)则认为政府相关制度和激励政策对土地市场的发育和发展起着重要作用。徐国鑫等(2011)另辟蹊径,认为影响土地市场化程度的因素除经济、社会以外,相邻地区市场化发展程度也会对本地区产生作用。由此可见,影响中国土地市场发展的因素包括了很多方面,政府行为、社会经济发展、地区差异以及自然条件等都在某种程度上影响着土地市场的发展。

## 2.3 住宅用地市场相关研究进展

### 2.3.1 国外研究进展

城市住宅地价的时空演变及其影响因素一直以来都受到国内外学术界的广泛关注,是城市问题研究体系的重要分支。19世纪20年代,随着杜能农业区位论的提出,国外对城市住宅地价变化展开了系统研究。韦伯的工业区位理论通过比较运输、劳动力、集聚三要素对节约成本的作用,进行几何三角形分析,以寻找理想的工业布局的区位,该理论强调交通条件、集聚与分散等因素对区位的选择非常关键。1940年,廖什在前人研究的基础上引入空间均衡思想,提出了市场区位论,探讨了市场区位体系和工业企业最大利润的区位关系。城市住宅地价研究肇基于区位理论。美国地理学家威廉·阿朗索(1964)将农业地租的概念应用于城市地价研究,结合地租理论与边际效应构建城市地租模型,为城市地租定量计算打开了新思路(John,1998)。John 与 Daniel(1998)以美国芝加哥1923年数据为例,探讨土地分区制度的实施对土地价格增长的影响。

随着国外学者对地价时空分异的研究越来越深入,经济学分析方法被广泛地应用于住宅地价时空变化研究。如 Czamanslti(1966)定量分析了交通成本对住宅地价的影响,并探究了土地利用对城市地价作用;Follain 等(1985)基于自回归模型并结合亚特兰大、芝加哥、达拉斯和圣弗朗西斯科四座城市的住宅交易数据,证实了住房价格的溢出收益存在逐年变化的特征,这些数据的变化特征与市场理论不太相符;Fullerton 和 Villalobos(2011)则运用特征价格模型,对住房土地市场区位变量与住宅价格的关系进行了探究。

随着 GIS 技术的变革与更迭,将 GIS 空间分析与统计模型结合以开展城市住宅地价研究成为城市地价时空演变研究的主要趋势(彭建超和吴群,2008)。其中,基于 GIS 平台的地统计学(Geostatistics)已被广泛应用于地价空间变异研究,如 Segal(1985)利用美国 1975~1978 年 51 个城市的住宅用地交易数据,运用基于 GIS 平台的地统计方法探讨了城市规划对土地供需规模的影响,研究表明城市规划通过安排基础设施、设施功能区、调整产业用地结构,最终将直接导致住宅用地价格的总体上涨。

近年来,部分国外学者对住宅用地价格的影响因素进行了量化分析,改进并创新了一系列研究方法,将特征价格回归模型引入单位住宅用地价格研究,从微观尺度分析了交通便利度(如住宅地块距公交车站点的距离)、绿化覆盖度、基础设施完善度、邻域住宅用地价格以及土地节约集约程度等因素对住宅用地价格的影响程度(Lee,2015;Wang et al.,2015;Zhuang et al.,2014)。

### 2.3.2　国内研究进展

我国住房体制机制改革促使住宅用地市场日益成熟,越来越多的学者(王洋等,2015;赵莉和葛京凤,2013;曹天邦等,2012)开始探讨我国城市住宅用地价格的时空差异、演变规律和驱动机制。例如,王茂春(1997)通过从空间和时间两个方面构建城市地价四维空间理论框架,分析了城市地价演变的规律,并归纳总结了地价演变的驱动因子。张鸿辉等(2008)采用 ESDA 方法分析了 2001~2004 年南京市主城区住宅用地价格空间演变趋势,并进一步采用主成分分析、回归分析等地统计学方法,构建地价数字模型,筛选出显著影响地价空间演化的因子。武文杰等(2011)运用 GIS 和计量统计等方法对北京市 1992~2009 年住宅用地地块交易微观数据进行模型构建,分析土地市场的变化规律,并探讨投标租金曲线差异性的影响因素和机制;隋雪艳(2015)等通过构建空间扩展模型和 GWR 模型,以南京市江宁区为例,分析了其住宅用地市场空间异质性的驱动机制,并对研究结果进行对比,结果表明空间扩展模型拟合效果相对较优,而对影响因素的空间异质性模拟而言,GWR 模型较优;邓羽(2015)利用北京市土地储备中心网站公布的地价数据,对北京市住宅用地出让价格的分布规律和空间分异情况进行了研究。

关于住宅地价影响因素的研究,学者从不同方法、不同时空尺度进行了筛选和分析。这其中既有对宏观层面土地政策、城市规划、区位条件、收入水平、财政政策、货币政策等因素的研究(范新英等,2013;朱道林等,2013;廖邦固等,2012),也有关于宗地条件、邻里因素和区位条件等微观层面的研究(高金龙等,2014;罗罡辉等,2007)。朱传广(2014)运用特征价格模型分析了城市住宅地价影响因素的作用机制,研究表明住宅用地主要集中分布在距离城市中心区域较近且交通、医疗、环境等各项条件较优的区域;杨剩富等(2016)采用 GWR 模型定量分析了特殊自然地物湖、江、山体等微观因素对城市住宅地价和房价的影响作用机制,结果显示河流、水体、山体等自然阻隔物越多,生态环境质量越好,周边的住宅地价和房价将越高;刘超等(2017)采用通径分析方法筛选影响城市地价变化的因素,并分析了各影响因素与城市住宅地价之间的关系。

## 2.4 土地市场运行研究进展

### 2.4.1 土地市场运行绩效及影响研究

土地关系到国计民生和社会稳定,随着学者对土地市场发展程度的研究愈加深入,土地市场对农村发展、城市建设、社会经济发展的影响逐渐受到越来越多的关注。在农业、农民和农村发展方面,李永乐和吴群(2009)基于省际数据,分析了土地市场发育程度对农地非农化的作用方向,研究表明,农地非农化程度对土地市场发育产生了负面的影响,因此提出继续推进土地市场改革以控制农地非农化程度,使土地出让逐步转向高市场化方式。田传浩和李明坤(2014)等分析了土地市场发育程度对农村劳动力非农就业占比的影响,研究结果表明,土地市场发育越成熟,农村劳动力的非农就业占比就越大;钟太洋(2009)探讨了不同尺度上的农地市场发育对农业商品化的影响程度有何差异。还有研究指出,土地市场的发育在某种程度上会通过促进农村土地的流转,改善农村家庭的收入(Deininger et al., 2008)。

土地市场运行绩效对社会经济发展的影响也是近年来的一个研究重点。谭术魁和李雅楠(2013)分地区探究了土地市场发育程度与地区平均房价的关系,研究表明土地市场发育程度对房价的影响有显著的地域差异,具体表现为在西部地区的影响呈正相关而其他地区呈负相关,东部地区影响较为显著;王洋等(2015)将研究区域的城市设置不同等级后,探讨土地市场化水平对城市住宅价格的影响程度,结果表明其影响程度与城市等级相关,城市等级越高,土地市场化水平对城市住宅价格的影响程度越明显。

此外,土地市场运行对城市的发展也有影响。高燕语(2016)构建了土地市场运行影响城市扩张的理论框架,采用计量经济模型定量分析了城市扩张的影响因素,结果表明:土地一级市场成交面积和土地有偿使用率的提高,对城市建设用地的扩张有负向作用;而一级市场成交总价款的增加却会显著促进城市的空间扩张,影响效果的区域差异显著。刘力豪(2016)系统梳理了中国土地市场发展历程以及土地市场发展与城市建设用地扩张的现状关系,结果显示,土地市场运行的稳定性负向影响着城市建设用地扩张趋势受到抑制的程度。

当前土地资源日渐紧张,土地市场发育对土地节约集约利用的影响程度也成为一大研究热点。研究显示,土地市场发育程度越高,其土地节约集约利用水平越高(杨红梅等,2011;吴郁玲等,2009)。例如,吴郁玲和周勇(2009)从土地市场发育与土地集约利用的关系出发,采用情景分析和定量分析法,分情景探究了土地市场发育的不同阶段和土地市场结构下土地资源的配置效率和集约利用程度,结果显示,土地市场发育度与土地资源优化配置效率和利用的集约度成正相关。但吴郁玲等(2014)研究发现,短期内两者关系有所波动,长期内的关系较为稳定和均衡,且会产生区域差异。此外,有研究表明,土地市场的发育影响了土地利用的方式,同时有利于促进城市碳减排(Lai,2002)、土地市场发展方向健康,因此新时期我国对不断推进的土地市场化进程越来越重视。

### 2.4.2 土地市场协调性研究及其影响因素

新中国土地市场初步建立于1987年,随着土地市场的发展趋于稳定,极大促进了区域经济的发展。丰雷(2010)统计发现1997~2004年的8年间土地市场发展对区域经济增长的贡献度因区域不同而有所差异,具体表现为中部地区的贡献率最高,达17.66%,而东部和西部地区贡献率较小,分别为4.1%和7.54%。反过来,区域经济的增长对土地市场也有影响,区域经济增长幅度越高意味着土地需求越高,未来的土地市场发展将日趋繁荣,但若出现土地市场与社会经济之间协调关系失调的情况,将产生严重的负面影响(何格和赵媛,2015)。单莹洁和苏传华(2011)提出土地市场和区域经济共同组成了复合系统,两者的协调关系对这一系统的有序发展具有重要的影响。综合来看,有必要进一步研究土地市场与区域经济协调发展的关系问题。

国内外众多学者将关注点置于住宅用地市场发展方面,从收入和供需等各方面分析房地产市场的合理状况。研究多侧重于土地供应策略与土地市场发展的相互关系研究(Butsic et al.,2013;Jaeger,2013;Taylor et al.,2013;Elana,2008;Klaus et al.,2008)。Koroso等(2013)探究中国土地市场在政府调控政策影响下的土地使用权流转效率,研究结果表明,征地制度、公平问题和利益主体的干预是效率提高的主要障碍。Monkkonen(2013)以菲律宾土地市场为研究对象,研究政府调控政策对当地土地市场运行状况的影响,其研究结果表明当地政府通过土地用途管制,可保持土地市场的运行相对平稳。Gavin(2006)等基于1972~2003年英国区域住宅价格数据,运用动态面板数据模型研究英国房价是否存在泡沫。Alexander等(2004)运用16个OECD国家的面板数据,探索了住房价格、股票价格和消费水平之间的关系。Thomas(2013)运用效率工资理论来解释租赁住房市场的自然空置率。倪鹏飞等(2008)构建了一套房地产市场与城市经济之间关系研究的指标体系,并制定了房地产市场发展的多维健康评价标准。徐心茹等(2017)选取若干指标,评估当前中国住宅市场的健康程度并进行分区,选取典型区域分析住宅市场健康度的空间分布特征及不同城市间的差异。何格和赵媛(2015)通过构建耦合协调度模型,以成都市为研究对象,对成都市土地市场与区域经济发展的耦合协调机制进行了分析。付茹等(2014)采用协调发展度评价模型,以上海、南京、杭州三个城市为研究区开展了不同地区土地市场与经济发展之间关系的对比研究。陈红霞和宋戈(2008)从法学以及经济学角度分析土地市场与经济发展之间的协调关系。

为促进土地市场协调健康发展,我国学者进行了各个角度的探索,提出了合理的改进建议。顾寰中和张敏(2010)在对包头市近年来土地市场运行情况以及城市土地价格与房地产价格的关系进行研究的基础上,提出为实现土地市场平稳、健康发展,应对土地供应规模、时序以及区域进行优化。林艳(2010)建议应从完善土地市场体制、健全土地市场法制、大力促进农村土地市场发展、发挥土地资源的积极作用等方面采取措施,使得土地市场健康有序发展。陈江龙和曲福田(2002)认为中国目前土地市场运行现状最根本的问题在于政府失灵甚至于市场失灵导致市场力量薄弱,应加快建立并完善土地储备制度,从而保障土地市场的持续供给,以促进土地市场正常发育。

## 2.5 研究评述

从国内外研究进展可以看出,住宅用地市场发展是国内外研究者一致关注的科学问题,且研究内容不断丰富,研究方法也不断完善。首先,随着国内土地市场发育不断完善,针对土地市场成熟度的研究越来越多,目前普遍采用层次分析法和主成分分析法进行成熟度评价,但国内从宏观、中观和微观尺度运用单项指标评价法对城市住宅用地价格时空演变和发展状态进行多方面、长时段、全区域的研究较少。其次,地价是土地市场的关键要素,随着对土地市场相关领域研究的不断深入,学者们对住宅用地价格机制的认识也更加深刻,但住宅地价的发育程度、时空差异、变化格局暂不清楚,这进一步限制了制定科学有效的住宅用地政策。再者,土地是关系到国家长远发展的根本大计,土地市场的运行绩效及其与社会经济的协调性逐渐受到越来越多的关注,住宅用地市场对农村发展、城市扩张、社会经济发展均有重要影响,而住宅用地市场与社会经济发展的协调性成为评价住宅用地市场健康与否的一个重要指标,重点探索住宅用地市场发展与社会经济协调性程度有助于解释两者的耦合协调关系。最后,住宅用地市场发展受到方方面面的影响,宏观上的社会文化背景、经济发展状况、政策法规、土地市场运行机制和微观上的区位条件都是影响土地市场的重要因素,但在宏观、中观和微观尺度下各个作用因子的影响效果和程度各异,需要重点探索各个区域住宅用地市场发育的各类影响因素和驱动机制,以便为制定差别化的住宅用地供应政策提供依据。

# 第3章 中国土地出让制度概述

## 3.1 土地出让制度

### 3.1.1 土地出让制度建立

土地出让,即土地使用权出让,是我国城市国有土地使用权取得的主要方式。《中华人民共和国城镇国有土地使用权出让和转让暂行条例》(简称《城镇国有土地使用权出让和转让暂行条例》)第八条对城镇国有土地使用权出让作了明确定义,土地使用权出让是指国家将国有土地使用权在一定年限内出让给土地使用者,由土地使用者向国家支付土地使用权出让金的行为。所谓"出让"是指一次性收取一定年限内的地价款。我国法律规定土地使用权出让的最高年限是居住用地 70 年,商旅、娱乐用地 40 年,其他用地 50 年。出让的土地使用权是土地使用者向国家购买的一种财产权,土地使用者不仅可以占有、使用和取得土地收益,还可以独立支配和处置土地使用权。土地使用权出让方式除了最早的协议出让外还有挂牌、招标和拍卖三种形式,对于经过公开征集,只有一个受让方的,可以采用协议转让的形式完成土地使用权出让。《中华人民共和国城市房地产管理法》(简称《城市房地产管理法》)第十三条和《中华人民共和国物权法》(简称《物权法》)第一百三十七条,规定了三种出让方式,即招标、拍卖和协议。在《招标拍卖挂牌出让国有建设用地使用权规定》中,除对以上三种土地出让方式予以具体化,还增加了挂牌方式。这样就有招标、拍卖、挂牌和协议四种法定出让方式。相对来说,协议出让方式是市场竞争最不明显的一种方式,它不是通过市场竞争实现的,其价格也无法真正反映土地的市场价值,更谈不上体现公开的特点。因此,协议出让方式也不是一种主要的出让方式。随着社会的发展和土地制度的改革,协议出让的频率逐渐降低。

我国现行的国有土地使用权出让制度是一项具有中国特色的土地有偿使用制度,是结合我国的基本国情和社会制度对土地使用制度进行的一次改革,其确立的前提和基础是我国的土地公有制及国家土地所有权制度。它打破了我国几十年计划经济体制下形成的无偿供地的传统模式,是在对计划经济体制时期实行的以无偿、无限期为特征的行政土地划拨制度进行改革的基础上建立的一项新制度。土地出让制度运用市场手段调节土地流转,在土地公有制的法律框架下,对合理解决我国的土地使用和流转发挥了巨大作用。

但该制度的创立并无先例可循,整个制度以及相关的许多理论和实践问题还处于不断探索的过程中。

土地出让制度的建立是对计划经济时期土地制度的改革。计划经济体制时期实行的土地划拨制虽然解决了土地私有制造成的土地私人垄断问题,实现了人们理想中的土地公正分配,但也产生了新的问题,即否定了土地的商品属性,使社会主义国家手中掌握的土地无法实现其应有的经济效益。在无偿、无期的行政划拨使用制下,土地不能进入市场流通,从而长期处于低效益甚至无效益的状态。20 世纪 80 年代末期,随着我国经济体制改革的深入,计划经济向市场经济逐步过渡,以开放城市土地市场为目标的国有建设用地使用制度改革开始启动,国家提出了土地使用权可以有偿转让的政策,并在一些城市进行了试点工作。这些土地使用权制度上的新举措也被以法律的形式反映出来,相继在《中华人民共和国宪法》(简称《宪法》)、《中华人民共和国土地管理法》中规定了"国家依法实行土地有偿使用制度""国有土地和集体所有的土地的使用权可以依法转让",并授权国务院制定国有土地有偿使用和土地使用权转让的具体办法。1990 年 5 月 19 日,国务院制定了《国城镇国有土地使用权出让和转让暂行条例》。1994 年 7 月 5 日,全国人大常委会又进一步制定了《中华人民共和国城市房地产管理法》,对我国城市建设用地使用权的出让及房地产开发、交易、登记等作了更为全面的规定,构建起了我国的城市建设用地使用权出让制度。

土地出让制度的确立是由我国的社会主义公有制所决定的。在市场经济条件下,既要保障国家作为城市土地所有者的主体地位和土地公有制的所有制形式不变,同时还要在社会主义市场经济条件下发挥市场机制的基础和核心作用。基于此,在土地一级市场上,我国当前最佳的选择就是实行城市国有土地使用权出让制度。这一制度的实施,既有助于发挥政府"有形之手"的作用,又能发挥市场"无形之手"的作用,将宏观调控与市场调节有机结合起来。由于我国的城市国有土地使用权出让制度是在政府主导下进行的,政府始终是出让的一方,因此,这一制度在实践中有助于防止土地市场中出现的"市场失灵"现象,避免土地出让价格过高或过低所带来的经济问题,保障国家土地所有权在经济上实现的同时,也能防止经济过热出现的社会动荡。

经过四十年的改革,我国逐步形成了土地出让政府垄断,以招标、拍卖、挂牌方式为主,一次性收取土地出让金的城市土地出让制度。主要包括三个方面:第一,我国城市的土地全部归国家所有,由各级政府代行所有者职权。在实践中,各级城市政府成为当地城市土地的实际所有者,并成为城市建设用地的唯一垄断供给者。政府通过征收农民集体土地等方式获得城市新增建设用地,并通过土地一级交易市场将土地使用权出卖给相关单位和个人。第二,政府出让城市土地的方式,按照市场参与程度的不同,可以分为划拨、协议、挂牌、招标和拍卖。划拨几乎没有市场因素;协议属于作为供方的政府与需方之间的谈判定价形式;挂牌、招标和拍卖则属于市场参与度较高的出让方式,符合条件的多个需求者通过市场竞价获得土地使用权。第三,从缴纳土地出让金的方式看,我国城市土地出让实行土地的批租制。所谓批租制,是指开发商或土地使用者向政府一次性缴纳未来若干年的土地使用权出让金。与批租制不同的是年租制,指开发商或土地使用者在未来若干年内每年分别缴纳土地使用权出让金。

我国建立的城市国有土地使用权出让制度,形成了我国特有的"土地一级市场国家垄断"的局面,这意味着在土地出让市场上,地方政府作为唯一出让主体,受让人只能从地方政府获得出让的建设用地使用权,地方政府由此获得了对建设用地使用权一级市场的垄断,国家(实际上是地方政府)始终是出让一方的当事人(出让方)。这种国家垄断的局面使政府成为土地一级市场的唯一土地供应方,国家可以单方面决定很多土地出让合同中的内容,如土地的位置、类别、出让的时间、出让的金额及如何收取等。

城市国有土地使用权出让制度是对我国计划体制下土地使用制度的一次改革,它改变了无偿供地的划拨模式,是运用市场手段对土地公有制的一次巨大创新,反映了建立社会主义市场经济的根本要求,意义重大。

### 3.1.2 中国土地出让制度特征

土地使用权的出让是土地使用权作为商品进入市场流通的第一步,反映作为土地所有者的国家与土地使用者之间的商品经济关系。土地使用权有偿出让制度,是适应社会主义市场经济发展需要的一种新型法律制度,它具有如下特征:

1) 坚持国有土地所有权与使用权相分离的原则,允许土地使用权流动。国家作为土地所有者的地位不变,而土地使用权受让人取得一种独立的财产权利,包括所有权中占有、使用、收益和一定程度的处分权(如土地使用权转让、出租、抵押等),该土地使用权是一种与土地所有权相分离的独立物权,不同于所有权中单纯的使用权能。首先,各级政府代表国家将土地使用权让与土地使用权受让者,一次性收取地租。其次,在出让年限内,受让者拥有占有、收益或转让、抵押的权利,允许土地使用权再转让。

2) 国有土地使用权出让由政府垄断。国家垄断经营土地使用权出让市场有两方面含义:① 使用权得以有偿出让的土地并非所有土地,而只能是国有土地(主要是城市国有土地);② 只有代表国家的县市人民政府有权有偿出让土地使用权。国家土地管理局令(1990)第1号《出让国有土地使用权审批管理暂行规定》(1990年4月29日)和《国务院关于出让国有土地使用权批准权限的通知》(国发〔1989〕49号),充分体现了这一精神,明确要求市、县人民政府出让土地使用权要制订计划,并要报省级人民政府批准,出让土地使用权要按照规定的程序履行报批手续,并做到事先预报,事后备案,便于上级政府和土地管理部门及时掌握情况,加强对出让工作的宏观调控和计划指导,从而间接调控土地转让市场。

3) 土地管理部门在土地使用权出让中是国有土地产权代表。国务院〔1990〕31号文件《对建设部、国家测绘局与国家土地管理局有关职能分工意见的通知》规定"国有土地使用权的出让,由政府审批",明确了"属于本级政府批准权限范围内的,在政府统一组织下,由土地管理部门会同计划、城市规划、城建、房产、物价、财产等部门,提出出让项目的具体方案,报政府批准后由土地管理部门负责落实。需要报上级政府批准的,经上级政府批准后,由当地土地管理部门负责落实"。文件表明政府是国有土地产权的唯一代表,明确确立了土地管理部门为国有土地产权代表的地位,具体负责这项工作的实施。

4) 强化国有土地所有权与提高国有土地利用效益相结合。土地国家所有权是我国土地公有制重要组成部分的土地国家所有制(全民所有制)的法律表现,政府凭借土地所有权向土地受让方一次性收取土地价款,使土地国家所有权在经济上得以体现。国家土地所有权的体现还有:政府决定出让国有土地使用权的地段和区域,对所出让土地的用途、范围、出让年期、房屋建造周期、受让方再转让土地使用权的条件等做出明确规定。国家拥有对土地的永业权和最后处分权。土地使用期满后,土地连同地上建筑(构筑)物回归政府所有,如需续租,政府审查批准后重新签订出让合同,补交土地使用权价款。国家土地所有权不再徒有形式。同时,国有土地使用权出让制度兼容了土地公有制与价值规律、市场机制的不同要求,土地使用权有偿出让制度可以从内在经济因素上要求政府精心规划和出让每块国有土地,促使土地使用者充分合理开发利用土地、节约土地,这就能从根本上提高国有土地利用的经济效益、社会效益和生态效益。

5) 为土地使用者提供了平等竞争的环境。按照国际惯例,采用公开拍卖、招标、协议方式出让土地使用权,改善了投资环境。土地使用权的出让是有年限限制的,土地使用者享有土地使用权的期限以出让合同中约定的为限,但不得超过法律规定的最高出让年限。同时,土地使用权的出让也是有偿的,受让人获得一定年限的土地使用权以向出让人支付"出让金"为代价,一般在出让合同签订后的法定期限内,由受让方向出让方一次性支付或在法定期限内分期支付。

6) 理顺土地所有者和使用者在土地收益上的分配关系。土地使用权有偿出让制度的建立:① 承认了土地所有者和使用者应有的利益,土地所有者(国家)在土地使用权出让中获得可观的出让金,土地使用权出让期满,国家可通过无偿收回土地使用权及地面附着建筑中获得利益,保证土地作为国家固定资产的收益不被流失;土地使用权受让者不仅能够利用获得的土地使用权开展经营业务获取利益,而且能够通过依法转让余期土地使用权和附着建筑物取得利润。② 协调土地所有者和使用者的利益,通过土地使用权有偿出让制度的内在机制,使土地所有者和使用者的利益保持较为合理的比例,既维护了国家的利益,又使土地使用者有利可图,促进我国房地产业的发展。

7) 开放和管理土地市场。土地使用权出让制度,允许国家(由市、县人民政府代表)出让国有土地使用权,并允许国有土地使用权受让人依法转让、抵押、出租,开放了国有土地使用权的出让市场和转让市场(即土地一级、二级市场)。同时,国家对土地使用权出让、转让市场都有明确的规定,如对土地用途、使用年限、出让转让条件等都在合同中明确规定,运用经济和法律手段对土地市场行为规范化管理,防止土地使用权过分集中而形成大的地产业主来垄断和操纵土地市场,避免炒卖地皮、牟取暴利的投机现象。同时完善房地产业的咨询服务、监督机构,加强土地供应计划的宏观控制。

### 3.1.3 土地出让制度演变史

以1982年《宪法》和1986年《土地管理法》为标志的一系列相关城市土地立法的制定和相关配置政策的实施,确立了城市土地国家所有权,城市土地制度的土地使用权从"无偿、无期限、无流动"变为"有偿、有期限、有流动"。

20世纪70年代末期,中国开始以场地使用权作为出资兴办中外合资企业的条件,或向合资企业收取场地使用费。1979年颁布的《中华人民共和国中外合资经营企业法》明确中方合营者可用场地使用权投资,并且"如果场地使用权未作为中国合营者投资的一部分,合营企业应向中国政府缴纳场地使用费"。1983年颁布的《中华人民共和国中外合资经营企业法实施条例》进一步明确合营企业使用的场地,要以与土地主管部门签订场地使用合同的方式取得。在当时中国没有"土地出让"的名称和既定做法的情况下,这种举措实质上就是对土地进行出让。

20世纪80年代创办的深圳经济特区在全国各城市中最早认识到土地的价值,开始借鉴香港的土地批租制度。所谓土地批租,就是土地所有权和使用权相分离,土地所有者不直接使用经营土地,而是把土地使用经营权有偿、有年期地租让给土地使用者。香港土地制度是资本主义制度下的一种类型,既不是一般意义上的土地私有制,如美日式的土地私有制度,也不同于两权高度统一的土地公有制,如苏联式的高度统一的土地公有制,而是一种两权分离的土地制度。

1982年,深圳经济特区进行用地制度改革,在两权分离的前提下,开始按照城市土地的不同等级向土地使用者收取不同标准的土地使用费,但还不允许土地使用者转让土地使用权。这一做法,对深圳经济特区的经济发展产生了重大影响。抚顺、广州等城市从1984年起也先后推行这种有偿使用形式,为深化土地管理体制改革创造了条件。此后,理论界开始探讨在两权分离的前提下,借鉴香港经验批租土地使用权的可行性。

经过几年的摸索和充分准备,1987年下半年,深圳经济特区分别以协议、招标、公开拍卖三种形式,率先试点实行土地使用权有偿出让。其特点是国家规定年期出租土地,一次性收取地价,并且允许承租方转让、出租、抵押,将土地使用权作为商品进入市场流动。深圳土地市场的改革,既借鉴了香港经验,又不生搬硬套,在充分考虑深圳经济建设的内在特性和外部条件下,采用了一种既符合商品经济规律,又保证国有土地所有权的做法,使土地所有权在经济上得以充分体现。深圳国有土地使用权有偿出让的成功,揭开了国有土地使用制度改革的序幕,大大推动了我国土地使用制度改革的发展。

1987年12月29日,广东省人民代表大会通过了《深圳经济特区土地管理条例》,该条例规定了土地使用权的出让方式可以采用拍卖、招标、协议,以及土地用途、期限及处分等有关内容。这对推进整个国家土地出让制度的确立起了重大作用。

国有土地使用权有偿出让的实践改革,引起了强烈的反响。1988年4月,第七届全国人大第一次会议对《宪法》进行了适当修改,在删除土地不得出租规定的同时,加上了"土地使用权可以依照法律的规定转让",赋予了土地使用权依法流转的权利。1988年12月29日全国人大常委会第五次会议上,《土地管理法》也按照修改后的《宪法》做出了修正,其内容与修正后的宪法相呼应,明确规定"国有土地和集体所有的土地的使用权可以依法转让""国家依法实行国有土地有偿使用制度",强调国家允许土地使用权的合法流转,并将土地使用权流转的形式确定为出让、转让、出租、抵押等。

在此基础上,1990年5月国务院颁布了《城镇国有土地使用权出让和转让暂行条例》,作为对宪法和土地管理法相关规定的具体落实,明确规定土地使用权出让可以采用协议、招标和拍卖三种方式。为我国国有土地使用权出让提供了法律依据和法律保障。至此,我国土地有偿使用制度进入了一个新的时期。

从1990年《城镇国有土地使用权出让和转让暂行条例》颁布到2002年的12年间,虽然法律确立出让为主要的供地方式,但实际上行政划拨才是这一时期最主要的供地方式。1998年住房制度改革启动后,全国多数城市和地区的土地都采取了有偿出让的方式。在国家的调控之下,2001年之前通过出让供地的比例虽有所上升,但总体仍以划拨为主,出让金收入规模还很小。在出让土地中,协议出让方式占据着主导地位,无法实现对城镇土地资源的合理利用。这一时期,我国的土地市场化水平还很低,行政机制仍占主导地位,95%以上的土地也是以协议方式出让的,因此,市场机制几乎不发挥什么作用。

上述局面的扭转出现在2002年,当年国土资源部发布了著名的"11号令",即《招标拍卖挂牌出让国有土地使用权规定》,规定停止了当时主要采用的协议出让供地方式。2003年4月,国土资源部和监察部办公厅联合颁布《关于印发〈关于开展经营性土地使用权招标拍卖挂牌出让情况执法监察工作方案〉的通知》,要求各省、自治区、直辖市监察厅(局)、国土资源厅等按照相关部署和要求,认真落实经营性土地使用权招标、拍卖、挂牌出让制度,并要求于当年在全国开展经营性土地使用权招标、拍卖、挂牌出让情况执法监察,范围为"2001年4月《国务院关于加强国有土地资产管理的通知》下发以来,各地商业、旅游、娱乐和商品住宅等各经营性土地使用权招标、拍卖、挂牌出让情况"。但协议出让供地方式毕竟也是法律允许的一种出让方式,绝对禁止是不符合客观实际要求的,为此,2003年6月11日,国土资源部又发布了"第21号令",即《协议出让国有土地使用权规定》,对可以使用协议方式出让经营性用地的范围及底价等做出了严格限制,把这种方式作为招标、拍卖或者挂牌方式出让经营性用地之后的一种辅助形式,而前三种才是必须采用的出让方式。在这种情况下,招标、拍卖、挂牌出让供地方式开始迅速发展,并成为我国当前经营性用地供应的最大供地方式。

2006年12月国土资源部发布的《关于发布实施〈全国工业用地出让最低价标准〉的通知》,将工业用地纳入了招标、拍卖、挂牌出让的范围,规定自2007年1月1日起,工业建设项目用地一律进入土地交易市场按照招标、拍卖、挂牌方式供应,要求各级人民政府出让工业用地必须执行最低控制标准,这是对土地出让制度的重要完善,对土地出让金制度的实施有重要意义。2007年10月,国土资源部为配合《物权法》的实施,发布了《招标拍卖挂牌出让国有建设用地使用权规定》,这是《物权法》颁布后,国土资源部根据该法制定的首个土地调控新政。至此,《划拨用地目录》《关于发布实施〈全国工业用地出让最低价标准〉的通知》《协议出让国有土地使用权规定》和《招标拍卖挂牌出让国有建设用地使用权规定》4个国土资源部部令组合,完成了对城镇国有土地总体供给及出让方式的规范,也实现了土地出让制度的深入调整。

### 3.1.4 土地出让制度指导原则

实行国有土地使用权有偿出让,是我国土地使用制度的一项重大改革。我国土地使用权有偿出让的指导原则如下。

1) 维护社会主义土地公有制,强化国有土地所有权的原则:我国实行的是社会主义公有制,国有土地使用权有偿出让制度不是改变土地国家所有的性质,而是理顺土地所有者与使用者的经济关系,通过出让土地使用权收取土地使用权出让金,从而使国家土地所有权在经济上得以体现。

2) 土地所有权与使用权相分离,土地使用权的经营按照国际惯例的原则:在社会主义公有制条件下,土地所有权和使用权的分离是客观存在的。国家是一个抽象的概念,它不能直接去使用国有土地,只是根据国家和全体人民的整体利益决定土地利用方向、原则和要求,将土地交给企事业单位和个人使用。这种土地所有权与使用权实际分离的状况,客观要求采用有偿使用的形式,把所有者与使用者联系起来,区分开来。它同时也是地租形成的前提条件,土地使用权的出让正是基于这点而提出来的。坚持两权分离的原则:一是表明只允许土地使用权出让,国家作为土地所有者的地位决不改变;二是土地使用者有偿取得的土地使用权是一项独立的财产权利,其内容包括对土地的占有、使用和收益,对土地使用权可以依法进行转让、出租、抵押等商品化经营活动;三是表明国家同用地单位不再是单纯的行政管理关系,当国家作为土地所有者出让土地使用权时,国家与用地单位之间还存在一种经济关系。在土地使用权有偿出让工作中,要按照国际惯例,采用公开拍卖、招标和协议出让方式,为受让者(使用者)提供公平竞争的环境。

3) 土地使用权出让的国家主权原则:《城镇国有土地使用权出让和转让暂行条例》规定:"中华人民共和国境内外的公司、企业、其他组织和个人,除法律另有规定者外,均可按照本条例的规定取得土地使用权,进行土地开发、利用、经营",这就明确限定了外国受让者的范围。对于具备受让条件的外国受让者,在出让土地使用权时,也必须明确规定:一是土地使用权的出让年限、范围、地区、数量、用途、出让金等都由土地所有者来决定;二是土地使用权受让者的一切行为,必须符合我国法律的规定,符合合同的约定;三是对土地使用者的行政管理权属于国家;四是土地使用者(受让方)的一切行为均受我国法律的约束,并不得损害社会公共利益;五是地下资源、埋藏物和市政公用设施不在土地使用权出让之列。

4) 土地使用权有偿出让必须坚持由政府垄断的原则:土地使用权有偿出让是土地所有者依法处分土地使用权的权利,必须由代表政府的各级土地管理部门主持国有土地使用权有偿出让的具体事务,在《土地管理法》和《城镇国有土地使用权出让和转让暂行条例》中都明确了土地管理部门既是国有土地产权的代表,又是政府行使土地管理的行政职能部门。坚持政府垄断的原则,才能为使用者提供公平竞争的环境。同时,实行有偿出让的土地,仅限于城镇已开发的国有土地,农村集体所有的土地不在出让之列,需要时须由国家征用开发后方可出让,并且行政划拨的土地使用权在补交地价款后才允许转让。坚持政府垄断的原则,则可以防止土地收益流向颠倒问题和炒卖地皮的投机现象,也是实现土地利用的经济、社会和环境效益统一的组织保证。

5) 自愿、公平、等价有偿、诚实信用的原则:既然出让土地使用权时,国家同用地单位是一种经济关系,那么国家就是以特殊的民事主体参与民事活动,就应属于民法调整的对象。我国《中华人民共和国民法通则》第四条规定"民事活动应遵循自愿、公平、等价有偿、诚实信用的原则",国有土地使用权的出让同样遵循这一原则。这样,土地使用权受让双方才能共同履行出让合同中规定的权利与义务,才能真正维护双方的合法权益。

6) 土地使用权出让应针对不同情况科学合理选用出让方式的原则:科学合理选用土地使用权出让方式,是政府实施产业政策、控制和调节土地市场的有效手段之一。虽然公开拍卖、招标、协议出让三种方式都属于市场机制的范畴,但各自的侧重点和作用又不一样。政府可以因地制宜根据当时当地土地出让市场供需情况及相关条件,科学、合理地选用某种出让方式。

7) 土地使用权出让必须坚持经济效益、社会效益和环境效益相统一的原则:土地使用权有偿出让的主要目的是在不造成环境污染和生态破坏的前提下,优化土地利用结构,充分实现土地的经济价值,同时通过一次性收取土地使用权出让金,国家可得到一笔可观的基金收入。因此,在土地使用权出让工作中,必须坚持充分发挥土地的经济、社会和环境效益相统一的原则。

### 3.1.5 土地出让制度改革建议

我国土地出让制度的特征,以及快速城镇化带来的对城市住房的大量需求和地方政府对土地财政的依赖,导致了城市土地价格的快速上涨;而土地价格的上涨又成为住宅价格上涨的重要原因。这是近年来我国住宅价格快速上涨的一个主要原因之一。因此,要想从根本上控制住宅价格的过快上涨,保证土地市场的稳定、健康发展,需要对我国土地出让制度进行改革完善。改革的路径,应该着眼于土地出让制度的三个制度性特征:

第一,顺应我国快速城镇化的发展趋势,在保证足够耕地总量的前提下,加大城市建设用地供给。中长期看,我国仍面临着大量农村人口城镇化的挑战,对城镇住宅的需求仍然强大。抑制住宅价格过快上涨,最根本的手段还是要扩大城镇住宅以及城镇住宅土地的供给。但是,我国又是一个土地资源(特别是人均耕地资源)与水资源稀缺的国家,还长期面临着粮食安全的战略挑战。因此扩大城市住宅用地供给的同时还要保证耕地保有量的红线不突破。城镇化进程,一方面除了城镇人口的集聚增加外,城镇建设用地面积也在同步增加,而其中相当大的部分是城镇住宅用地的供应,以保证进入城镇的人口能够获得基本的居住条件。因此,城镇建设用地,包括城镇住宅用地的增加,应当与人口转移进城的过程相协调。这一进程的另一方面是农村人口的减少,以及农村建设用地的减少。这是一个理想的过程,也是当前城乡建设用地增减挂钩政策实施的初衷。但是,现实情况是,囿于当前户籍制度、城乡二元的土地管理制度改革的滞后与局限,虽然农村人口转移进了城,但是农村建设用地,特别是住宅用地并没有相应减少,造成部分城镇住宅用地的增速赶不上城镇人口的增速。解决城镇住宅用地紧张的一个建议是逐步将农村住宅用地与人口转移挂钩,可以通过农村建设用地复垦、宅基地流转等手段转变为城市住宅用地的增加,具体做法可借鉴重庆模式和北京模式。

第二,以稳定房价为目标,改革完善以招标、拍卖、挂牌为主的土地出让方式。对招标、拍卖、挂牌出让方式的改革,并不是重新回到以划拨和协议出让为主的时代,因为协议出让和划拨供应方式不能完全反映土地的市场价格,而且容易产生暗箱操作、滋生腐败等问题。但是,当前的城市土地出让通过招标、拍卖、挂牌等出让方式,以土地价格绝对值为竞争标的,在土地垄断供给的条件下,其逻辑结果就是抬高土地价格。而住宅土地价格的上涨意味着住宅建设成本的提高,必然又传导到最终的住宅价格上,导致住宅价格也随着住宅土地价格的上涨而上涨。因此,招标、挂牌、拍卖等出让方式,也要进行改革和完善。首先,需要将政府出让土地获得最大化土地收入的土地供给目标,调整为以适应不断增长的城镇人口对住宅的基本需求为目标。其次,以提供价格合理的住宅为竞拍标的,而不是简单以土地价格的绝对值为标的。这一方面的改革,在于政府是否愿意和能够降低对"土地财政"的依赖。而破除地方政府"土地财政"依赖的前提是改革我国的财税体制,特别是中央和地方政府的财政分配体制,按照事权和财权相对应的原则,在中央政府和地方政府之间进行合理分配,并帮助地方政府建立稳定的税收来源,例如房地产保有环节的房地产税。

第三,改革土地批租制,将土地年租与征收房地产税合并。土地年租制的好处:一是政府可以一次性获得可供支配的大额资金;二是征收方便。而土地年租制的缺点:一是寅吃卯粮,政府一次性透支了未来几十年收入;二是一次性缴纳未来若干年的土地出让金,增加了开发商的资金成本负担,容易积累金融风险。而开发商一次性缴纳的土地出让金需要在住宅出售中一次性获得补偿。这样,一次性缴纳的土地出让金将全部计入住宅成本中,从而抬高了住宅销售价格。土地年租制下,政府可以获得未来期限内的稳定收入来源;降低集中在开发环节中的金融风险;降低房价,减轻购房者负担。但是,在我国城市土地归政府所有的条件下,政府的土地所有者身份和公共管理者身份也是统一的,从简化税种、提高征缴效率来看,合并征收也是一种选择。

## 3.2 中国土地出让制度发展历程

### 3.2.1 新中国成立前(1949年之前)土地使用制度

土地制度是人类在一定社会条件下的土地关系的总称,它包括了土地所有制和使用制两大方面。中国古代土地使用制度大致可分为四个阶段。

第一阶段,原始社会,土地属于氏族公有,部落氏族集体耕种,平均分配。

第二阶段,夏商周时期的井田制是国有土地制度,一切土地属于国王所有。西周时期,周天子把土地赐给诸侯臣下,受田者只能世代享用,不得转让与买卖,并要向周王交纳一定贡赋。那时耕地沟洫纵横,如同"井"字,称为井田。奴隶主强迫奴隶在井田上集体耕种。

第三阶段,春秋战国时期,奴隶主的土地国有制大部分被封建土地私有制所代替。由于铁器的使用和牛耕的推广,大量荒地被开垦,出现井田制公田之外的私田。私田主人控制私田产品不缴纳给国君,并改变对耕田者的剥削方式,允许劳动者交出大部分产品后,保留一部分产品。这样耕种者就转变为封建农民,私田主人成为封建地主,农民向地主缴纳地租。战国时期,生产力的进步促使井田制瓦解,封建土地私有制得以确立。各国的税制改革和变法使土地私有合法化,具体表现齐国管仲的"相地而衰征"以及鲁国的"初税亩"。

第四阶段,秦朝至清朝时期,井田制彻底瓦解,土地私有制确立,但并不意味着全国的土地均变成私有土地。此时土地所有制的基本形式主要分为地主土地私有制、君主土地私有制和自耕农土地所有制。土地私有制引发了严重的土地兼并问题,土地愈来愈集中到少数大地主、大官僚手中,而农民则越来越多地丧失土地,甚至根本就没有土地。土地兼并是封建社会中央集权的一个难以治愈的顽疾。大地主为了拥有更多的土地,采用各种卑劣手段,尤其是灾年,地主巧取豪夺让拥有土地的农民变卖自己的土地和房产,沦为佃农。封建社会中自给自足的自然经济是造成土地兼并的根本原因。封建中央政权的软弱是造成中国封建社会王朝末期土地兼并愈演愈烈的直接原因。

当土地兼并严重时,两种矛盾更加凸显:一是农民与地主的矛盾;二是封建政府与地主的矛盾。这些矛盾的发展将出现两种结果:一是封建政府采取抑制兼并的措施,使兼并现象得到一定程度的缓解;二是直接导致农民战争的爆发。

近现代时期,各党派的仁人志士都在寻求改革土地制度的道路。孙中山先生主张平均地权,在全国范围内核定地价,现有地价归原主所有,新民主主义革命后因社会进步所增长的地价归国家所有,由国民共享,做到家给人足,实现资本主义的土地纲领。而中国共产党则选择了依靠贫农、雇农,联合中农,限制富农,保护中小工商业者,消灭地主阶级,变封建半封建的土地所有制为农民的土地所有制的土地革命路线。抗日战争时期则在根据地实行地主减租减息,农民交租交息的土地政策。1947年颁布的《中国土地法大纲》,规定没收地主土地,废除封建剥削的土地制度,实行耕者有其田的土地制度,按农村人口平均分配土地。

## 3.2.2 计划经济时期(1949~1978年)土地使用制度

旧中国实行土地私有制度,城市土地在国土面积中所占的比例很小,分别由官僚资产阶级、封建地主、民族工商业者、个体劳动者和外国人所占有。新中国成立以后,并没有马上对城市土地实行国有化,而是针对不同性质的所有权形式,分阶段逐步实现城市土地国家所有制。新中国成立初期,各城市政府首先接管了一批国民党政府所有的城市土地,没收了帝国主义和官僚资产阶级在中国占有的大批城市地产;对那些由民族工商业、个体劳动者、城市居民所拥有的私有土地给予承认。因此,新中国成立初期的城市土地形成了国有与私有并存的格局。

1949年中华人民共和国成立后,中国从典型的传统小农经济国家转型,1949~1952年短短三年内,迅速从战争创伤中恢复。从1953年开始到20世纪70年代,排除重重阻力,克服种种困难,在政府的强力推动下,走计划经济道路,初步完成了工业化。1956年1月18日,中共中央书记处《关于目前城市私有房产基本情况及社会主义改造的意见》中规定:"一切私人占有的城市空地、街基地等地产,经过适当办法,一律收归国家",从而实现了城市土地的全面国有化。至于城市国有土地的使用,则"由当地政府无偿拨给使用,均不必再缴租金"，从而形成了我国计划经济体制下的无偿、无限期、无流动的城市土地使用制度。

我国计划经济时期的土地使用制度是顺应传统的经济体制而产生的。高度集中的计划经济体制将社会看作一个大工厂，资源的配置完全通过行政指令性计划和实物指标进行，土地资源的配置也不能例外。计划经济体制下城市土地使用制度的典型特征表现在：城市土地不是通过市场机制配置，而是通过行政划拨方式配置，排斥了市场对土地资源配置的积极作用；城市土地实行无偿无限期使用制度，土地使用者从国家获得用地时不需支付地价，在使用期间也无需缴纳地租，城市土地使用权也没有具体明确的使用期限；城市土地使用权不允许转让，从而阻碍了城市土地这一重要生产要素的合理流动。这种土地使用制度实际上排斥了市场机制的作用，完全由计划机制来配置土地资源。

把城市土地纳入计划经济的轨道，将其直接置于国家的控制之下，对于防止土地投机、保证社会经济的发展和居民居住条件的改善发挥了积极作用，但是这一纯粹采用行政手段分配土地的体制，忽视了经济规律的作用，随着社会经济的发展暴露出诸多不适：

第一，全民所有的城市土地无偿使用导致国家作为城市土地的所有者其权益不能实现。按照1954年《宪法》规定，国营经济是全民所有制的社会主义经济，是国民经济中的领导力量和国家实现社会主义改造的物质基础。国家保证优先发展国营经济。矿藏、水流，由法律规定为国有的森林、荒地和其他资源，都属于全民所有。国家作为大多数城市土地的所有者，所有者权益在经济上要得以实现，就必须向用地单位和个人收取地租。但是由于当时全民所有的城市土地的长期无偿使用，用地单位和个人使用国有土地时不需支付任何的经济代价，国家实际上只是名义上的土地所有者，经济上的利益无法得到实现。

第二，计划经济下的城市土地使用制度由于排斥了市场机制的作用，对土地使用者也失去了经济约束，导致城市用地需求的不合理膨胀和土地利用效率的低下，造成土地资源的巨大浪费。许多单位往往不考虑实际情况，采取各种手段从国家获得大量土地，多报少用、早占早用、占而不用的现象屡见不鲜。

第三，由于土地使用权不允许转让，导致土地资源无法流动，土地使用者宁可让大面积土地闲置、荒废，也不愿意转给其他急需用地的单位，造成土地占有不均，土地使用者的利益不均。

第四，城市土地无偿使用使城市建设资金无法形成良性循环，制约城市经济社会的发展。各级政府在城市土地划拨和使用中无任何收益，造成城市建设资金只有投入没有回收，无法形成城市建设投入及产出的良性循环。城市建设投入越多，维护费用越大，包袱越重，致使城市基础设施建设资金短缺，城市基础设施建设严重滞后于社会经济发展的要求。

总的来说，我国计划经济时代的土地使用制度是一种在特定的历史条件和政治背景下所形成的非常特殊的土地制度。它彻底否定了土地的商品性质，使得土地完全退出流通领域，城镇土地实行无偿、无限期的使用。在计划经济条件下，国营企业是国家通过财政投资而建立起来的，企业缺乏经济的独立性，也不是一个利益主体，成为政府的附属物。

因此，企业依靠行政划拨获得土地，并且无偿、无限期地使用土地，乃是天经地义、顺理成章的。

### 3.2.3 市场经济时期(1978年至今)土地使用制度

土地是重要的生产要素和资产，土地管理是国家管理职能的重要内容之一。在市场经济条件下，土地市场是整个市场体系的重要组成部分。改革开放后制定和实施的一系列城市土地立法和政策，逐步实现了土地公有制的法律理想，确立了城市土地国家所有权，土地使用权从"无偿、无期限、无流动"变为"有偿、有期限、有流动"的城市土地制度。

改革开放前，我国实行计划经济，城乡土地使用制度同国家的计划经济制度在总体上是一致的，因此能够比较顺畅地运转。进入20世纪80年代，我国开始进行经济体制改革，改变过去的计划经济体制，实行有计划的市场经济，并大力发展多种经济形式的经济实体。这种经济体制改革使作为生产要素之一的土地，在投入和生产领域中出现了两大问题：一是土地资源利用出现了混乱。经济体制改革引起国民经济的飞速发展，这必然引起各种经济建设的增加，带动扩大再生产和工业化、城镇化的发展，这导致各种建设大量占用耕地，引起部门之间的土地利用矛盾。而各种经济形式的出现，打乱了过去相对比较简单的计划管理体制"一个萝卜一个坑"的用地管理模式，使得用地计划和规划的变数增大，因而在原有的土地使用和管理体制下引起了土地资源利用的混乱。二是土地产权体系和经济关系面临挑战。过去在计划经济体制下，国有土地无偿提供给国有企事业单位使用，在所有权关系和经济关系上是合理的，但是经济体制改革以后，出现了个体经济、私营经济、股份制经济、中外合资经营企业以及外商独资企业等多种经济形式，这些经济组织如何使用土地，成为亟待解决的问题。如果继续沿用原无偿使用形式，势必造成产权关系和经济关系的混乱，也会影响企业的长远发展。经济体制改革中陆续出现的新问题激发了我国土地使用制度的改革，促成了土地有偿使用政策产生和发展。

20世纪80年代末的土地使用制度改革是中国土地市场化的开端。1979年7月1日，第五届全国人民代表大会第二次会议通过的《中华人民共和国中外合资企业经营法》规定：中国合营者的投资可包括为合营企业经营期间提供的场地使用权。如果场地使用未作为合营者投资的一部分，合营企业应向中国政府缴纳使用费。当时已经明确提出土地使用权和使用费的概念。

1980年7月26日，国务院发布《关于中外合营企业建设用地的暂行规定》，强调只要是中外合营企业的用地，都应计收场地使用费，并不考虑是新征用土地，还是利用原有企业的场地。这标志着我国城市土地有偿使用的开始。

1980年10月，在北京召开全国城市工作会议上明确提出征收土地使用费的问题。随后，在国家对外开放方针的指导下，开辟了深圳、珠海、厦门、汕头等经济特区，设立了14个沿海开放城市。为了贯彻中央有关用地的政策和规定，经济特区和沿海开放城市制定和颁布了相应的地方性法规，对外资企业用地征收土地使用费。

1981年，广东省人大常委会颁布了《深圳经济特区土地管理暂行规定》，规定了各类用地的使用年限及各类用地每年必须缴纳的土地使用费标准。深圳在全国率先推行土有偿、有限期使用，收取土地使用费。之后，上海、广州等城市也纷纷效仿，制定和颁布了有关法规，对三资企业（即中外合资经营企业、中外合作经营企业和外商独资经营企业）用地等征收土地使用费或场地使用费。

1982年，深圳经济特区开始按照不同等级的城市土地向土地使用者收取不同标准的土地使用费。从深圳的土地使用权拍卖第一槌开始，到随后《宪法》就土地出租、转让的修改，标志着土地供应无偿、无限期流动制度的结束，土地开始作为商品走向市场。1986年《土地管理法》的出台，规定了行政划拨和有偿出让两种形式并行的土地供应模式，初步提出了建立土地市场的构想。

1987年11月，国务院批准确定在深圳、上海、天津、广州、厦门、福州推行土地使用改革试点。深圳特区在全国各城市中，最早认识到土地的价值。尽管这一时期我国城市土地有偿使用的序幕已经拉开，但土地使用权的流转还是处于法律禁止的状态。1982年《宪法》明确规定任何组织或者个人不得侵占、买卖、出租或者以其他形式非法转让土地。

1988年4月，全国人大对《宪法》进行了修改，将第十条第四款"任何组织或者个人不得侵占、买卖、出租或者以其他形式非法转让土地。"修改为"任何组织或个人不得侵占、买卖或者以其他形式非法转让土地，土地的使用权可以依照法律的规定转让"。宪法的修改，赋予了土地使用权依法流转的权利，为土地使用制度改革由点到面的推进和深入发展扫清了障碍，提供了根本的法律依据，随后城市土地有偿使用制度在全国全面推广开来。

1988年9月27日，国务院发布了《中华人民共和国城镇国有土地使用税暂行条例》，决定对城市、县城、建制镇和工矿区范围内的土地使用者开征土地使用税。这是对此前土地使用制度改革成果的确认和巩固。

1988年12月29日，七届全国人大常委会第五次会议根据宪法修正案，对《土地管理法》作了相应的修改，规定："国有土地和集体所有的土地的使用权可以依法转让""国家依法实行国有土地有偿使用制度"。

按照1988年修改后的《宪法》，1990年5月国务院颁布的《中华人民共和国城镇国有土地使用权出让和转让暂行条例》和《外商投资开发经营成片土地暂行管理办法》，使土地使用制度进一步走上了法制的轨道。《中华人民共和国城镇国有土地使用权出让和转让暂行条例》作为对宪法和土地管理法相关规定的具体落实，对土地使用权出让、转让、出租、抵押、终止以及划拨土地使用权等问题作出明确规定，确立了两种法定方式，即出让方式和划拨方式，体现了土地有偿使用的要求。从无偿到有偿，从无期限到有期限，从无流动到有流动，土地使用制度改革掀起了第一个高潮，并持续深化。

1996年中央提出耕地动态平衡的原则，1997年又提出加强土地管理的治本之策（中发〔1997〕11号文件），通过冻结建设占用耕地，全面修订《土地管理法》，修编土地利用总体规划，确立土地用途管制制度。土地使用制度的这些重大变革，为土地市场的建立健全提供了前提条件。《宪法》的修改、《暂行条例》的制定和颁布实施，在法律法规层面恢复了中国国有土地资产商品属性，同时也标志着土地管理开始步入市场化的轨道。

随着土地市场的建立，1997年以后，全国多数城市和地区的土地都采取有偿出让的方式。招标、拍卖已成为土地使用制度改革的一种潮流，土地市场建设轮廓逐渐显现。

1998 年,国土资源部转发了《广东省城镇国有土地使用权公开招标拍卖管理办法》,在广泛征求社会各界意见的基础上,在 1998 年 8 月 29 日召开的第九届人大常务委员会第四次会议上,颁布了重新修订后的《土地管理法》。按照修订后的《土地管理法》,国务院于当年 12 月 27 日颁布了《土地管理法实施条例》。1999 年 1 月,国土资源部下发《关于进一步推行招标、拍卖、出让国有土地使用权的通知》,国土资源部的积极引导加上地方的积极推动改革创新实践,合力促成了土地市场建设的第二次高潮。

2001 年,国务院发布《关于加强土地资产管理的通知》,有针对性地从严格控制建设用地供应总量、严格实行国有土地有偿使用制度、大力推行招标拍卖、加强土地使用权转让管理、加强地价管理和规范土地审批的行政行为六个方面,提出了具体的要求,并从源头和制度上加强土地资产管理,在管理制度上制定了一系列新的举措。

新中国成立以来的土地市场管理政策变迁见图 3-1。

- 1949～1982 年:无偿划拨土地供应

- 1982～1999 年:土地有偿、有限期出让和转让
  - 1987 深圳市率先实行国有土地有偿使用
  - 1988 年《宪法》(修正案)确立土地的有偿使用制度
  - 1988 年 12 月《土地管理法》征收土地使用费、开展土地使用权有偿出让
  - 1990 年《城镇国有土地使用权出让和转让暂行条例》规定国有土地的使用权可采取"协议、招标和拍卖"等市场交易方式进行出让

- 1999～2004 年:住宅用地"招拍挂"出让
  - 2002 年《招标拍卖挂牌出让国有土地使用权规定》取消国有土地使用权土地协议出让方式
  - 2003 年 8 月《协议出让国有土地使用权的规定》完善规范土地协议出让的各种事项
  - 2003 年六部委意见和银发〔2003〕121 号文件及国土资发〔2004〕71 号文件规定 8 月 31 日后各地经营性土地使用权不得采用协议方式出让

- 2007 年《物权法》规定土地使用权出让方式为"招拍挂"

- 2011 年国务院《关于坚持和完善土地招标拍卖挂牌出让制度的意见》调整和完善土地招拍挂出让政策

- 2012 年国土资源部《闲置土地处置办法》出台

- 2014 年国土资源部出台文件要求逐渐扩大土地有偿使用范围

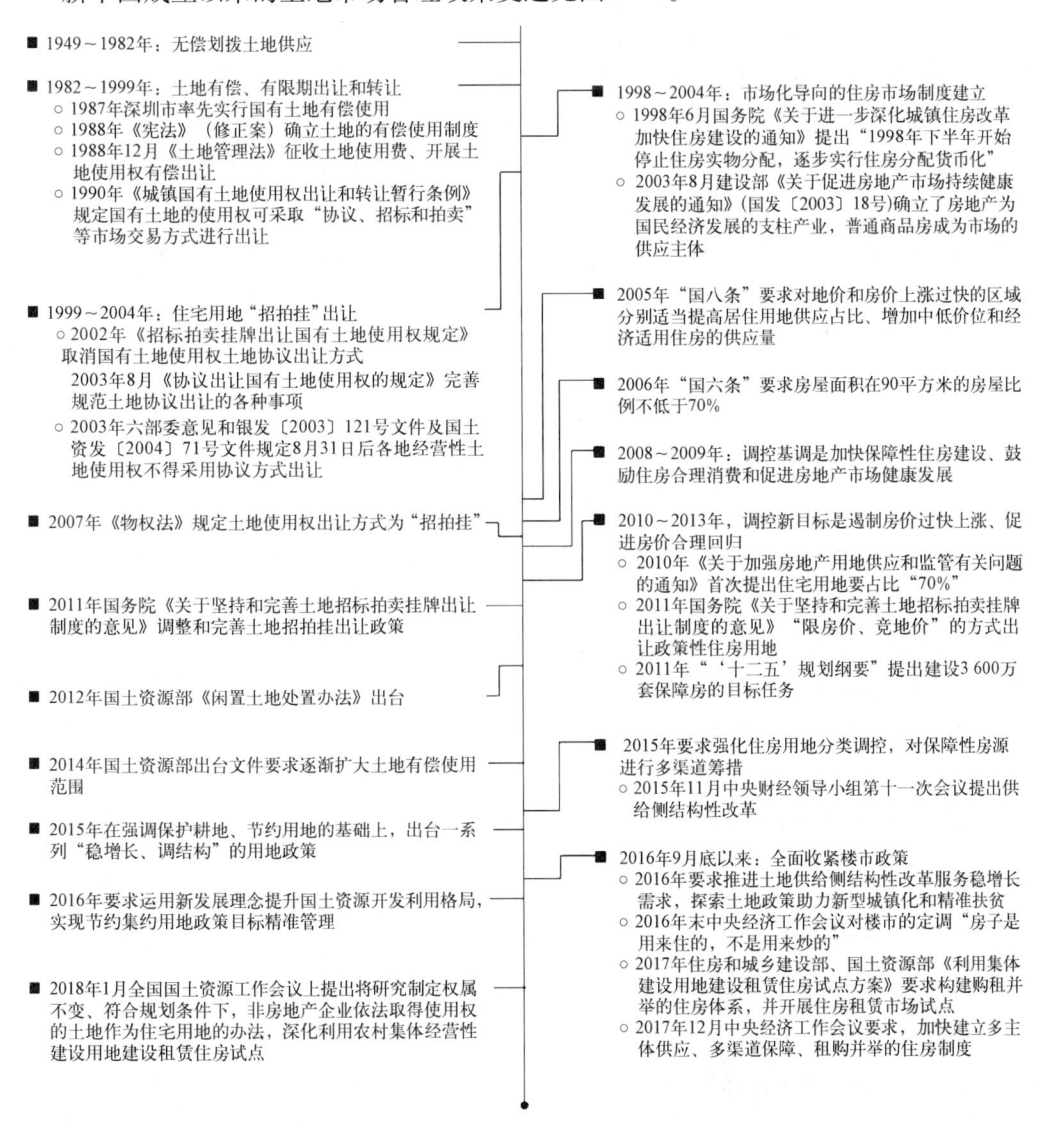

- 2015 年在强调保护耕地、节约用地的基础上,出台一系列"稳增长、调结构"的用地政策

- 2016 年要求运用新发展理念提升国土资源开发利用格局,实现节约集约用地政策目标精准管理

- 2018 年 1 月全国国土资源工作会议上提出将研究制定权属不变、符合规划条件下,非房地产企业依法取得使用权的土地作为住宅用地的办法,深化利用农村集体经营性建设用地建设租赁住房试点

- 1998～2004 年:市场化导向的住房市场制度建立
  - 1998 年 6 月国务院《关于进一步深化城镇住房改革加快住房建设的通知》提出"1998 年下半年开始停止住房实物分配,逐步实行住房分配货币化"
  - 2003 年 8 月建设部《关于促进房地产市场持续健康发展的通知》(国发〔2003〕18 号)确立了房地产为国民经济发展的支柱产业,普通商品房成为市场的供应主体

- 2005 年"国八条"要求对地价和房价上涨过快的区域分别适当提高居住用地供应占比、增加中低价位和经济适用住房的供应量

- 2006 年"国六条"要求房屋面积在 90 平方米的房屋比例不低于 70%

- 2008～2009 年:调控基调是加快保障性住房建设、鼓励住房合理消费和促进房地产市场健康发展

- 2010～2013 年,调控新目标是遏制房价过快上涨、促进房价合理回归
  - 2010 年《关于加强房地产用地供应和监管有关问题的通知》首次提出住宅用地要占比"70%"
  - 2011 年《关于坚持和完善土地招标拍卖挂牌出让制度的意见》"限地价、竞地价"的方式出让政策性住房用地
  - 2011 年"'十二五'规划纲要"提出建设 3 600 万套保障房的目标任务

- 2015 年要求强化住房用地分类调控,对保障性房源进行多渠道筹措
  - 2015 年 11 月中央财经领导小组第十一次会议提出供给侧结构性改革

- 2016 年 9 月底以来:全面收紧楼市政策
  - 2016 年要求推进土地供给侧结构性改革服务稳增长需求,探索土地政策助力新型城镇化和精准扶贫
  - 2016 年末中央经济工作会议对楼市的定调"房子是用来住的,不是用来炒的"
  - 2017 年住房和城乡建设部、国土资源部《利用集体建设用地建设租赁住房试点方案》要求构建租并举的住房体系,并开展住房租赁市场试点
  - 2017 年 12 月中央经济工作会议要求,加快建立多主体供应、多渠道保障、租购并举的住房制度

图 3-1 新中国成立以来土地市场管理政策变迁

土地市场规范运行的基本制度是规范土地市场秩序的重要内容,在这些土地政策和法规的指引下,国有土地使用权出让从无偿划拨过渡到部分有偿出让,出让方式从协议出让快速向招标、拍卖、挂牌方式转变,土地市场得到进一步规范。

## 3.3 土地出让与资源配置

### 3.3.1 资源配置的理论基础

经济学意义的资源有狭义和广义之分。狭义资源指自然资源;广义资源是指经济资源或生产要素,包括自然资源、劳动力和资本等。可以说,资源是指社会经济活动中人力、物力和财力的总和,是社会经济发展的基本物质条件。在任何社会,人的需求作为一种欲望都是无止境的,而用来满足人们需求的资源却是有限的,因此,资源具有稀缺性。

资源配置是指资源的稀缺性决定了任何一个社会都必须通过一定的方式把有限的资源合理分配到社会的各个领域中去,以实现资源的最佳利用,即用最少的资源耗费,生产出最适用的商品和劳务,获取最佳的效益,在一定的范围内,社会对其所拥有的各种资源在不同用途之间进行分配。资源配置的实质就是社会总劳动时间在各个部门之间的分配。资源配置合理与否,对一个国家经济发展的成败有着极其重要的影响。一般来说,资源如果能够得到相对合理的配置,经济效益就显著提高,经济就能充满活力;反之,经济效益就明显低下,经济发展就会受到阻碍。

建立和完善社会主义市场经济体制的一项重要内容,就是构建规范的市场经济新秩序。中国社会主义市场经济体制脱胎于传统的高度集中的计划经济体制,是政府实施强制性制度变迁的产物,这与西方市场经济经过的漫长自发诱致性制度变迁形成了鲜明的对比。体制变迁的"路径依赖"决定了市场体系中各种要素市场的培育有一个艰难的历程。在传统计划经济体系内,计划也是一种秩序,特别是行政指令性计划;而西方发达的市场经济在实质上是一种法制经济和信用经济。由于计划和市场的资源配置、决策等方式的不同,使得从计划体制向市场体制演变过程中,市场主体行为不规范,市场体系不健全,市场法治不完备,进而导致经济秩序的混乱。因此,整顿和规范市场经济秩序,逐步形成统一、开放、竞争、有序的现代市场体系,是中国市场经济体制演变必然经历的过程。由于路径依赖所决定的旧体制的延续,以及经济行为主体的惯性思维问题,新旧体制之间的"磨合"过程使得市场秩序存在难以回避的问题。

### 3.3.2 资源配置方式

"政府"和"市场"是资源配置可供选择的手段。在经济学发展史中,从1776年英国经济学家亚当·斯密在《国富论》中提出经济的"自由放任"思想,到1936年约翰·梅纳得·凯恩斯在《就业、利息和货币通论》中提出"政府干预"政策主张以来,近两百多年来有关政府和市场之间如何分工就成为一个经久不衰的话题。斯密第一次系统地论述了经济自由发展的思想,认为没有自由,就没有效率,也就没有市场经济的存在和发展。随着经济的发展,特别是 20 世纪 30 年代世界范围内的资本主义经济危机的爆发,表明市场这只"无形的手"有时也会失灵,这样,政府干预理论及其政策也就应运而生。但在 30 年代以来著名的批评当时苏联社会主义计划经济的"社会主义大论战"中,英国伦敦学派主要代表人物哈耶克(在其 1944 年的《通向奴役之路》和 1969 年的《自由宪章》中)和德国自由主义经济学派米塞斯,皆对新诞生的"集中计划经济"模式发动猛烈抨击,认为只有自由才是市场经济的本质,只有自由才能实现人的本性,必须通过个人自由来提高效率。

相反的观点是强调政府干预的作用。大卫·李嘉图在《税赋论》中强调贸易和税收政策对国民经济平衡增长的作用;凯恩斯从"大萧条"中有效需求不足的原因分析中给出了实施赤字财政和膨胀货币政策的良方;克鲁格曼则注意到新兴工业化经济的外汇管制的重要性;斯蒂格利茨赞成规制和政府适度干预的作用。20 世纪末,一场亚洲金融危机再次引发了"回到斯密,还是回到凯恩斯?"的争论。因此,从历史时空和世界范围内可以明显看出经济发展中"市场自由"或"市场主导"和"政府干预"或"计划主导"交替出现的脉络。如"大萧条"以前的"市场自由"到罗斯福"新政"的"政府干预",再到两次石油危机的"市场自由",最后到亚洲金融危机的"政府干预"。

就一国国民经济发展而言,混合型的经济调节模式占主流。经济的发展需要政府干预,但是怎样干预,干预政策的力度和出台时机等都值得研究。从一定程度上来说,在货币市场、资本市场、商品市场,乃至于技术市场等方面,中国政府的宏观调控手段和调控能力在实践中得到了不断提高。但是在一国国民经济体系之内,相对于其他商品而言,土地资源具有自身特有的自然和社会属性,尤其是它的不易流动性、不可分割性、不可再生性,以及人类经济活动对其需求的不易替代性,和对其他资源配置的瓶颈制约作用,都决定着其市场化进程相对缓慢。因此,对土地资源配置的制度创新显得十分重要。

### 3.3.3 土地资源配置概述

土地对社会分配起着基础和核心的作用。由于土地是一种不可再生的稀缺资源,它的稀缺性决定了它是一切生产和生活的源泉,对经济社会发展和国民经济增长有着十分重要的作用。在我国社会主义市场经济进程中,要充分发挥土地资源对国民经济的增长作用,就必须对其进行合理、高效配置。土地对社会生产与再生产过程中的各种经济活动的载体作用,以及对其他要素资源配置的"瓶颈"制约作用,决定着土地要素投入与经济增长、土地供应量的变化与经济周期性波动之间的密切关系。将土地政策作为一种重要的宏观调控手段,不仅能够调节国民经济的增长,而且也能够熨平经济周期性波动。

### 3.3.4 土地资源配置作用

土地资源配置与国民经济运行关系密切。在现代社会,土地不仅作为"资源""场所"发挥其生产功能,而且也作为一种"资产""财产"来发挥其资本供给与社会稳定功能。因此,认识土地供给与国民经济的关系,不仅要认识到土地资源配置对于经济增长贡献的一面,还必须认识到土地资源配置对于保障经济稳定与安全的一面。土地资源配置与国民

经济运行之间的关系,主要有以下几点:

第一,土地资源配置是国民经济运行的基础保障。"土地是财富之母",土地与国民经济最直接的表现就是土地对经济发展的贡献。例如耕地,人类88%的食物以及其他生活必需品由耕地提供的产品转化而来,以农产品为原料的加工业产值占到轻工业产值的50%~60%。在我国,耕地还直接或间接为农民提供了40%~60%的经济收入和60%~80%的生活必需品。再如,房地产开发投资对GDP增长的直接贡献在我国大约为1.3%,再加上间接贡献,估计可达到1.9%~2.5%。

第二,不同的土地资源配置方式制约着国民经济发展的方向与效率。不同的土地制度决定着不同的土地使用方式,从而决定着不同的土地生产力方式,也最终决定着社会经济形态的发展;同样,土地资源配置方式的不同也决定着土地利用效率的不同,例如通过市场配置土地资源与通过计划划拨用地在使用效率上存在着明显的差异,直接影响着国民经济的运行效率。

第三,国民经济运行从整体上也影响着土地资源配置的数量与结构。土地需求从根本上说是一种引致需求,国民经济作为一个复杂系统,其良好运行必然要求土地资源的配置与其他社会资源能够相配合,在数量上具有均衡性,质量上具有级差性,时间上具有长期性,空间上具有全局性。这些条件共同支撑经济与社会的持久发展与稳定,实现自然持续性、经济持续性和社会持续性的统一。

### 3.3.5 土地资源属性与配置方式

土地资源相对于其他资源而言,具有其独特的自然属性和经济属性。

土地资源的自然属性主要有以下几方面:① 土地位置的不动性,或土地位置的固定性;② 土地的肥沃程度和土地位置优劣的差异性;③ 土地使用的耐久性,即土地使用价值的永存性;④ 土地面积的有限性。

土地资源的经济属性,是人们在使用土地时引起的经济关系,主要表现为:① 土地的有限性以及由此引起的土地经营的垄断性;② 在一定条件下土地报酬具有递减的可能性;③ 变更土地使用方式的困难性;④ 土地所有权的排他性和垄断性。

土地资源配置是指不同功能用地之间的位置关系与比例关系,以此为基础的理论主要有生态学派的土地利用理论、新古典主义土地利用理论,以及行为学派的土地利用理论。

生态学派的土地利用理论,借用优胜劣汰的理论解释不同功能集团的竞争关系。即每一个努力竞争的经济集团及其活动的位置决定了与之相对应的土地价格。主要代表人物及其理论是:1925年伯吉斯的同心圆理论、1939年贺伊特的扇形结构理论和1954年哈理斯与乌尔曼的多核心理论。值得指出的是,以上三种理论都将城市中心界定为中心商务区(CBD),这是以市场经济下的优势活动是商业活动这样观点为前提的。新古典主义土地利用理论强调运输成本与地价之间的互补性。这源于19世纪杜能提出的土地利用的"城邦模型",他认为土地价值主要是由运输成本决定的,地租是与土地区位距市中心的距离成反比的曲线。这两个理论都十分重视市场机制在土地资源配置中的重要作用,认为只有通过市场机制才能促进土地资源配置效率的提高。

行为学派的代表人物是波尔和卡斯蒂尔,他们发现了社会关系对城市土地利用模式的影响。波尔认为,在城市土地配置的过程中,地方政府、地产商、建造商、房地产经纪人以及物业用户都会从利益最大化这一原则出发,对城市空间的社会过程产生影响。他首次将政府的作用纳入对城市土地利用的空间分析程序之中。卡斯蒂尔认为,城市的空间形态反映了不同利益集团社会冲突的结果。土地和住宅不仅是商品,也是社会阶级的冲突所在,国家不能任由城市的空间结构在不同阶级的利益冲突中瓦解和分裂。因此,国家从根本上是反映统治阶级利益的,但在城市空间的建构和再建构过程中,国家必须协商不同利益集团之间的关系,以便维持劳动力的再生产。其认为国家干预土地市场的作用可以归结为以下三点:① 维护市场机制的正常运行;② 国家作为不能以明确价格出现的各种利益的代表对市场机制进行补充;③ 国家为实现某宏观目标而实行干预。

综合以上分析可以看出,市场机制和国家干预是土地资源配置不可或缺的两个方面。土地资源配置所面临的问题是如何通过适度、有效的国家干预,使市场机制纳入正常有序的轨道,使土地资源配置走上可持续发展的道路。因此,国家干预下的市场经济体制是土地利用的必由之路。

### 3.3.6 土地资源配置特点

我国土地资源配置曾经长期是以行政划拨为主导的行政配置、以协议出让主导的准市场配置,以及以招标、拍卖、挂牌出让为主导的市场配置三种配置方式并存的多轨制。随着土地使用制度改革的不断深化,土地资源配置的总发展趋势是以行政主导的配置方式向以市场为主导的配置方式发展。当前经营性用地已基本采用招标、拍卖、挂牌出让为主导的市场配置方式;工业用地虽然绝大部分仍采用协议出让为主的准市场配置方式,但不少城市进行了工业用地挂牌出让试点,取得了良好的社会经济效益,采用市场化方式配置工业用地的条件已逐步成熟;采用行政划拨方式配置的土地资源则严格限制在社会公共利益用地及少数政策性、特殊性领域用地;目前还在不断缩小划拨供地范围,最终实现仅对军事用地、特殊用地和保障性住房用地实行划拨供地。

以行政划拨为主导的行政配置方式,是我国传统计划经济体制时期对应于土地无偿、无限期、无流动使用制度下的土地资源配置的基本方式。该配置方式的基本特点是,土地供给遵循"先立项,后得地"的基本程序,即由计划管理部门根据项目立项批地,土地管理部门以行政手段把土地资源无偿分配给土地使用者。用地者只要有计划立项,就可以申请用地,无需竞争,且使用者获得土地后只能自用,不准转让、流动,土地使用者所支付的征地拆迁费仅是土地取得的成本支出,远不能反映土地的实际价值,实质是一种"需求定供给"供地机制下的行政配置方式。城镇土地使用制度改革以来,城市基础设施用地和公益事业用地等非营利性项目用地仍按这种方式配置。

我国城镇土地使用制度和配置方式改革的核心,就是通过推进土地使用权有偿出让制度,最终发挥政府宏观调控下的市场对土地资源配置的基础性作用。但在渐进式改革的进程中,由于土地管理制度改革的滞后,对土地流转程序和模式并没有做实质性变革,仍沿用计划部门负责立项，城市规划部门负责选址，土地管理部门负责供地的"需求定供给"思路。由于"需求定供给"机制体现的是供给服从需求的原则，从而颠倒了土地供应与土地需求间的关系，变成了一种"保障需求"的机制。这种供给机制不仅造成"多头供地"，而且使得国家难以真正垄断土地一级市场供应，致使招标、拍卖、挂牌等市场化程度较高的方式难以有效推行，造成相当长的时间内土地有偿出让主要以协议方式为主导。协议出让是一种一对一的谈判机制，在国家土地所有权实际缺位的条件下，其实质上仍是一种行政定价模式。因此在严格意义上讲，"需求定供给"机制下的协议出让配置方式只是一种准市场配置方式，虽然一定程度上引入了市场机制，但市场机制配置的作用范围和程度仍非常有限。

以招标、拍卖、挂牌出让为主导的市场配置方式，是我国土地使用制度改革和管理制度改革深化过程中的创新产物，是市场经济中产品（商品或资源）的"价格发现机制"。该配置方式通过建立土地收购储备制度，变"需求定供给"的传统土地流转程序为"供给引导需求"的土地供给新机制，使土地资源在土地利用总体规划、城市规划和土地供应年度计划等的严格控制下，通过招标、拍卖、挂牌等公开市场模式配置到最佳的土地使用者手中，达到通过土地的实际供给能力引导经济建设对土地的需求，通过土地供应的政策措施对经济增长方式进行调控。当前商业、服务业、居住等经营性用地、工业用地和部分基础设施和公共用品，基本上通过这种方式在一定程度上实现了市场化配置。

### 3.3.7 土地资源配置效率

不同的资源配置方式所形成的土地资源配置效率是不一样的。土地资源行政划拨配置方式，在"财政统收统支、统一核算"的传统计划经济体制下，由于地方投资项目及建设资金全部通过自上而下的计划安排、行政调配来实现，地方政府手中一无资金，二无项目，没有发展的自主权，故地方政府之间基本不存在投资项目的相互竞争，是否出现低水平重复建设完全取决于国家计划部门的安排，土地供给则完全附庸于国家计划实现的需要。而当前城市基础设施用地和公益事业用地等非营利性项目用地的行政划拨配置方式，不仅未能通过价格机制来约束地方政府的开发行为，有时还形成资源的浪费。

同样，协议出让为主导的准市场配置方式，在"需求定供给"的供给模式下，实质上仍是一种行政配置方式，地价形成并非是市场供求关系的反映，且市场机制难以发挥有效作用。同时，过低的出让地价弱化了作为用地者的企业投资决策的理性化，助长了企业待价而沽的土地投机心理，导致土地资源的低效甚至无效配置。

由此可见，从土地资源配置方式上分析，土地资源配置就是要提高土地资源市场化配置的程度，健全土地市场价格机制和竞争机制，通过地价杠杆对土地供求双方的行为形成有效的经济约束，彻底改变当前服务于地方政府"自我需求、自我供给"的缺乏供求约束的土地低价甚至无价无限供给的模式，建立"供给引导需求"机制下的以招标、拍卖、挂牌出让为主导的土地资源市场配置方式，充分发挥高效的市场机制、合理配置土地资源，引导产业布局的基础性作用。

### 3.3.8　土地出让对资源配置的影响分析

注重发挥市场对资源配置的基础性作用,是我国宏观调控的趋势性特征。在加强土地管理和调控过程中,国土资源部门全面推行并不断完善经营性用地的招标、拍卖、挂牌出让制度,充分发挥了宏观调控下的市场对资源配置的基础性作用,运用价格机制抑制多占、滥占和浪费土地的行为,加强土地的统一规划、统一转用征收、统一开发、统一供应的管理,健全土地交易管理的各项制度;加大出让后的监管力度,防止开发商圈占大量土地、浪费资源和冲击市场。从坚持中国经济市场化改革的根本大计出发,以市场规则为基础削弱政府调控土地资源的权力,是使中国走向健康发展的市场经济道路的重要保证。

土地是政府可调控的一种重要资源。土地出让改变了改革开放前我国单一的行政划拨的土地取得方式。按照土地所有权和使用权分离的原则,通过协议、招标、拍卖等方式将一定年期的土地使用权出让,提高了土地资源配置效率,有利于土地的集约高效利用。国家通过控制土地供应总量,避免各地在经济利益的驱动下滥用批地权,盲目增加土地供应量,造成土地闲置浪费。土地有偿使用制度的推行,控制了非农建设占用耕地的总量,有效抑制了耕地过快减少的势头。土地出让制度通过经济手段的调节,对于防止重复建设、乱占滥用耕地起到了一定的抑制作用,使市场配置土地资源的基础性作用得到充分发挥。

# 第4章 住宅市场发展与土地利用

## 4.1 住宅用地市场理论

### 4.1.1 住宅用地市场及其特征

在不同的社会经济体制下,以及在不同的社会经济发展阶段,住宅用地市场也有着相对特殊的内涵界定。本节将基于西方经济理论和马克思主义理论对土地市场的理解,结合我国政府和学术界的相关论述,对新时期我国住宅用地市场内涵、特征和功能进行分析。

#### 4.1.1.1 住宅用地市场的概念

(1) 西方经济理论对住宅用地市场的理解

在西方经典经济理论中,市场被界定为一种制度或机制,通过这种制度或机制可以集合特定商品、服务以及资源的买方(需求方)和卖方(供给方)(Mcconnell et al., 2012; Liu et al., 2008)。著名经济学家保罗·萨缪尔森在《经济学》教科书上也将市场定义为一种通过把买者和卖者汇集在一起交换商品的机制。从这一概念来看,土地市场显然是一种特定的商品市场。它是集合土地买卖双方的一种制度或机制,能够通过"看不见的手"的作用,以相对较低的交易成本有效调节供需各方的交易行为,使土地资源或资产达到有效配置。

不可否认的是,土地市场也是一种要素市场。众所周知,土地是最基本的生产要素。威廉·配第在17世纪阐述了"劳动是财富之父,土地是财富之母"的著名论断。当然,这都是从物质概念的角度出发对土地要素的理解。在现代城市经济与区域经济学中,土地要素被赋予了空间的内涵。在农业上,土地不仅提供了一定的土壤物质,还提供了生产空间;在城市中,土地空间就是一切。以空间为基本属性的土地,一般来说是"不能够生产"的生产要素,即本质上具有生产要素特征的同时,又具有"不消耗"性(梁绍连,2008;山田浩之,1991)。可见,无论是在农业生产中,还是在城市发展中,土地作为一项基本要素都是其他商品和要素所不可替代的。从这一认识来看,借鉴 Harvey 等对于不动产市场的理解,可以认为土地市场就是农地、建设用地等买卖双方一起决定价格,使土地要素可以交易的安排。这一安排,有时是正式的,有时是非正式的。因此,土地市场是一个抽象的名词,它综合了所有的土地交易(Harvey et al.,1999)。

总之,在西方经典经济理论看来,住宅用地市场就是一种优化配置土地资源或资产的制度和机制。它不仅要像其他商品市场一样,实现住宅用地在不同利益主体间的合理分配,而且还要做好住宅用地这种生产要素在不同主体和区间的优化配置。

(2) 基于马克思主义理论的住宅用地市场概念

马克思是西方第一个将制度引入经济研究领域的学者。按照马克思的有关理论,土地是天然存在的生产资料,它只形成使用价值,不形成交换价值。但是,由于"土地所行者垄断土地,就有可能以地租名义取得剩余价值中的一部分"。正是这个资本化的地租"表现为土地价格,因此,土地也像任何其他交易品一样可以出售"。而"要出售一件东西,唯一需要的是它可以被独占,而且可以让渡",所以在资本主义商品经济条件下,土地虽然不是劳动产品,没有交换价值,但也是可以交易、有价格的"特殊商品"。在社会主义条件下,土地作为生产要素,也应在某种程度上受市场机制运行规律的支配(文婷婷,2016)。

马克思主义理论中所讲的市场是一种广义的概念范畴,是商品交易关系的总和,指的是人们之间商品交易关系的整体。据此,土地市场便可以理解为土地这种特殊商品在流通过程中发生的经济关系的总和(周诚,2003)。土地市场既有一般商品市场所规定的经济含义,又因土地作为特殊的商品而具有特殊性。土地市场的主体是土地供需双方,即土地买卖双方或土地租让、受让双方;土地交易的客体并非土地本身,而是土地产权,包括土地所有权、土地使用权、土地租赁权或土地抵押权等(文婷婷,2016;朱海明,2007)。由于土地位置是永久固定的,并不能像一般商品那样流通,但在土地市场机制运行过程中,通过土地产权的流转,可以实现土地资源的有效配置和土地资产的合理流动,并确定适当的土地价格。总之,在马克思主义理论来看,所谓住宅用地市场就是住宅用地产权流动中所发生的住宅用地供求双方关系,以及整个住宅用地产权交易领域。只要存在住宅用地产权交易关系,就必然存在住宅用地市场(蔺雪芹等,2008;刘书楷,1994)。

(3) 其他有关住宅用地市场内涵的阐述

土地交易是我国封建社会土地资源配置的重要途径,但自进入计划经济时期,我国土地资源配置主要是靠行政手段实现的,因此土地市场的功能没有得到相应的发挥。改革开放后,特别是在20世纪80年代初实行土地有偿使用制度改革以来,市场机制逐步在土地资源配置中发挥其应有的作用。1987年,党的十三次全国代表大会《沿着有中国特色的社会主义道路前进》的报告中就已指出:"社会主义的市场体系,不仅包括消费品和生产资料等商品市场,而且应当包括资金、劳务、技术、信息和房地产等生产要素市场;单一的商品市场不可能很好发挥市场机制的作用";这里讲的房地产市场就是土地市场和房产市场的统称。1993年,党的十四大正式将发展土地市场作为培育市场体系的重点。十四届三中全会《中共中央关于建立社会主义市场经济体制若干问题的决定》进一步提出"国家垄断城镇一级土地市场。实行土地使用权有偿有限期出让制度,对商业性用地使用权的出让,要改变协议批租方式,实行招标、拍卖。同时加强二级土地市场的管理,建立正常的土地使用权价格的市场形成机制"。尽管我国政府在发展土地市场方面不遗余力,但是政府迄今并未对土地市场有过确切的含义界定,相关的解释仅仅局限于对土地市场结构和内容的描述。这一点可以从《中国改革全书(1978—1991)·土地制度改革卷》(马克伟,1992)中看出,其认为:"中国的土地市场内涵包括两个方面:① 集体土地所有权和使用权的转移;② 国有土地使用权的转移。集体土地所有权的转移反映的就是国家的征地行为,若国家按市场价格(理论上的合理价格)支付给集体征地费,那这也可以被认为是土地市场的一部分。但通常意义上所说的土地市场多数是指土地使用权的转移,即承租人向土地所有者(国家或集体)缴纳地租即买得承租期内的土地使用权的关系。"

以上是我国政府对土地市场含义的现实界定和一般解释。从已有的研究来看,国内不少学者还进一步从理论上探讨了我国土地市场的内涵和外延。周诚教授认为:"土地市场是人们进行土地商品交易所形成的相互关系,它由主体和客体所构成。主体是指从事土地资产交易的各种相关人员或单位,客体是指交易的对象,包括土地或土地权利"(周诚,2003)。还有学者基于广义和狭义两个方面来理解土地市场,他们认为广义的土地市场是指土地这种特殊商品在流通过程中发生的经济关系的总和(刘晓丽等,2008);狭义的土地市场则是指土地资源或资产交易的场所。刘书楷综合了这一广义和狭义的概念,指出:"土地市场是土地产权流动中所发生的土地供求双方关系以及整个土地产权交易领域。只要存在土地产权交易关系,就必然存在土地市场"(刘书楷,1994)。这一定义与马克思主义理论的界定是基本一致的。郑志晓等则从西方经济理论的视角出发,认为:"与其他商品一样,土地价格如果不合适,商品交换行为就不能发生。这样,人们为了寻找到一个双方都能够接受的价格以使交易成功,必须展开一系列活动(寿亦萱等,2012;郑志晓,1993)。因此,土地市场也可以说是土地买卖双方为确定土地交换价格而进行的一切活动或安排。"对此,毕宝德等人也有过类似的阐述,而且他们还从内涵角度将土地市场区分为集体所有权、使用权市场,以及国家所有权市场两大类(赵自胜,2011;毕宝德,1998)。

(4) 住宅用地市场内涵的界定

综上所述,无论是西方经济理论还是马克思主义理论,以及今天的土地经济学学者,他们各自对土地市场的理解虽然都不尽相同,但总体来看都是对西方经济理论和马克思主义理论概念界定的延伸,基本都是从商品交易的经济关系角度给出的解释。这也是一个较为宏观的概念,几乎涵盖了土地市场内涵、外延等各个方面的内容。

社会在发展,理论也在不断深化。《中共中央关于完善社会主义市场经济体制若干问题的决定》提出要完善社会主义市场经济体系,大力发展包括土地在内的要素市场,充分发挥市场在优化配置资源中的作用。"土生万物",土地是一切最终产品产生的源头,因而土地市场无疑是整个市场体系中的基础性环节。随着我国社会主义市场经济体制的深入发展,我们对土地市场的理解也要与时俱进,开拓新的认知。

过去,无论是借鉴西方经济理论,还是基于马克思主义理论的视角,我们对土地市场的认识都较为笼统。如今,随着我国社会主义市场经济建设的深化,应该对新时期的土地市场有一个全面深刻的认识。

所谓住宅用地市场,就是指有关住宅用地要素的一切交换或流通关系的总和。其完整体系包含住宅用地市场主体、客体、中介、价格、运行机制等,具体内涵是:① 住宅用地市场是买卖双方开展住宅用地要素交易的场所(包括正式的场所以及非正式的场所);

② 住宅用地市场是决定住宅用地价格的制度安排,由此看来,住宅用地市场也是住宅用地要素的定价规则;③ 住宅用地市场是住宅用地要素供求关系乃至住宅用地经济关系的集中体现。

#### 4.1.1.1.2 住宅用地市场的特征

住宅用地市场作为土地市场的重要组成部分,除了具有一般市场的基本特征外,还具有其他一些特色的性质。通过分析总结土地市场的基本特征,有利于更好地理解住宅用地市场运行的轨迹及其在市场经济体系中地位。总体而言,土地作为所谓的不动产,其市场特性在于:① 只是针对待售财产总供给量的一部分而言;② 所关注产品的位置固定性;③ 产品的非标准化和异质性;④ 影响交易的特别法律条例;⑤ 对当地供求状况的依赖性;⑥ 绝大多数是高额交易;⑦ 习惯上采用信贷方式;⑧ 普通买者非经常性的市场参与;⑨ 广泛的经纪人服务(雷利·巴洛维,1989)。这一阐述较为全面地概括了土地等不动产市场的特征。下面围绕其主要特征作些进一步的阐述。

1) 地块层次的异质性。一般的商品,如机械设备、电子仪器、日用工业品等,都是由工业部门按统一的标准、规格成批量地生产出来的,因而可以在市场上成批量地进行交易(赵自胜,2010)。而在土地市场上,由于土地的自然异质性和空间区位的差异性,任何土地交易都只能个别估价、个别成交(毕宝德,1994)。这不仅由于土地交易的影响因素比较复杂,涉及一般因素、区域因素、个别因素等众多因素(林英彦,2006),也由于一些土地要素还涉及情感以及其他难以判断乃至不可知的原因(高金兰等,2011)。

2) 区域层次的差异性。由于土地的不同质和位置的固定性,使土地市场基本上是一个地方性市场,具有强烈的地域性特点。其他商品由于具有流动性,受市场的供求关系和价格水平的调节,地域性影响小,各地价格水平也相差不大。而土地在各地域性市场中,供给需求状况均不相同:首先,不同地区以及同一城市不同空间范围的土地市场差异性大,这一区域土地用途以及投资收益的差异性密切相关;其次,同一地类在不同的地域空间其供求特征差异大;最后,对于可转移性投资,如工业投资,工业用地价格在区域之间具有竞争性。有一段时期我国各地竞相出让土地,吸引工业投资,而农用地、住宅用地则相对具有较强的地域性特征。

3) 市场需求的引致性。如前所述,土地需求是引致性需求,这是因为土地虽然是重要的生产要素,但却不是人们直接消费的产品。正如前面所提到的,土地是整个经济发展不可或缺的生产要素。因此,土地市场对经济发展具有明显的引致性。例如,住房市场需求旺盛以及收益高,则将导致更多的土地资源投入到房地产开发用地中,乃至于相应的土地投机行为以及非法的土地市场都可能会因此而活跃。同样,若粮食安全问题突出,政府将追加对于粮食生产以及粮食的补贴,从而将导致休耕土地以及闲置土地可能会投入到粮食生产中。

4) 财产权的主导性。土地市场交易的对象其实是财产权,以及财产权所带来的效用。土地位置的固定性使得土地不能像其他商品一样能以实物流动的形式完成交易。因此,在土地市场中交易的只能是土地的权利。这种权利既包括完全所有权,也包括从完全所有权中分离出来的一系列排他性权利。当然,这些权利也是受到限制的,例如:规划对于用途以及周边土地利用方式的限制;法规的限制,如必须具有排除其他人干预的权利。此外,由于土地资产的特征,土地权利具有长期性。

5) 易垄断性。依据市场竞争的类型,可以将市场划分为完全竞争型市场和不完全竞争型市场。完全竞争型市场是一个没有外部力量控制的市场,既没有政府的干涉,也没有企业之间的勾结或许多企业的集体行动。但是,一般认为由于土地本质上的独占性与受自然条件固定的限制,供需法则无法完全运作(韩乾,2001)。因此,对某一地块而言,土地市场不是完全竞争型市场。当然,这并不排除土地市场的竞争性特征。如商品房用地拍卖,使得竞买者之间形成激烈竞争;而为了降低区域经济发展的用地成本,吸引更多工业投资者,工业用地出让中各地政府往往竞相压价。当前我国农用地有时也存在较为激烈的竞争,如1995~1999年南京市统一组织了几次荒地拍卖,由于一下子推出几十宗地块,虽然也有众多买家,但是市场信息较充分,反而造成荒地拍卖价格低于协议出让价格(金晓斌等,2004;黄贤金等,2003)。中国土地市场的竞争性在很大程度上受到以下因素的影响:① 政府是土地尤其是城市土地的主要供应者(有的则是代表政府进行城市土地市场运作的机构,如土地储备中心),直接影响乃至决定着地价;② 土地产品具有异质性,每一宗地都存在差异性;③ 生产要素的流动(尤其是土地要素的流动)受到严格限制,包括用途、流向等;④ 土地交易者难以完全了解交易对象——具体地块的所有信息,包括土地供给、土地需求、土地质量、土地区位、地上定着物等影响土地价格的全部信息,尤其是针对不同用途的土地信息充分性,如农业用地还包括水土资源配置情况以及土壤养分等。土地市场表现为不完全竞争性,还因为:① 由于政府通过规划控制对土地市场进行干预,土地用途的决定不受市场的独立支配;② 土地所有者期望可以接受的价格,将使他们拒绝某种比他们希望在目前或将来得到的更低价格;③ 城市土地总是由愿意支付当时最高租金的活动所使用;④ 因为土地有了新用途,土地的占有者可能不愿意离开土地或者被他人取代;⑤ 取得土地用于开发不仅取决于土地所有权,还依赖于土地租用者的合法权利,即他们的使用权是否有保障等(艾伦·伊文思,1992)。

6) 技术性。由于土地产权内容复杂,使土地交易方式、程序和内容远比其他商品市场复杂,导致土地市场的交易一般都有中介机构(经纪人)参与,提供土地市场信息、相关技术咨询、价格评估、地籍测量、业务代理、法律仲裁等项服务。没有土地中介机构(经纪人)的参与,土地交易成本往往可能很高,从而使得与土地市场交易有关的技术性中介服务得到快速发展,并成为土地市场的重要内容与有效保障(任辉等,2013)。

### 4.1.2 住宅市场构成要素

特定区域或类型的住宅用地市场也是由各种要素组成的系统,包括住宅用地市场主体、客体、规则。构成结构市场模式一般是指有关商品交换活动的各个要素及其相互作用、相互制约的经济体系,亦即市场主体、客体的结构及运行规则、市场信号和调控体系的总和。结合前面对住宅用地市场基本概念和特征等方面的理解,住宅用地市场的一般模式也可以概括为住宅用地交易活动的构成要素及其相互作用、相互制约的经济关系,即住宅用地市场主体与客体及其运行规则、市场信号与调控体系的总和(黄贤金,2009)。

#### 4.1.2.1 住宅用地市场主体

住宅用地市场主体是指住宅用地交易活动的参与者,包括住宅用地买卖双方、住宅用地交易中介(经纪人)等。一般而言,政府、集体、企业、个人等都可以成为住宅用地市场交易的主体,当然这里可以区分为住宅用地供给主体和住宅用地需求主体。所谓供给主体,即卖者,是指向住宅用地市场提供住宅用地资源的经济行为主体,包括住宅用地出让者、住宅用地转让者以及土地被征用者等。需求主体即买者,是指有一定支付能力并具有取得土地产权愿望的经济主体。

1)政府。在我国,国有土地事实上归各级政府分别占有,政府是国有土地所有权主体的代表。由于农村集体土地所有权歧视的存在,村级组织的行政化,以及政府、"村主任"、征地者"铁三角"关系的存在,政府对农村集体土地所有权具有高度的干预性、参与性。因此,无论是在国有土地出让还是农村集体土地转权让利或其他形式的市场交易中,政府都起到了主导或重要作用。政府既是土地的"卖主",有时也是土地的"买主",包括政府投资建设的基础设施、公益性用地乃至一些直接或间接经营的用地等,也是通过政府这一"买主"占有土地的。

2)农村集体。农村集体包括乡镇集体、村集体和村民小组集体,是农村集体土地所有权主体。农村集体既是"卖主",也是土地的"买主",包括进行农村基础设施、公益性事业建设以及用地回租、回购等。此外,还有村集体直接参与的经营性用地,如农村土地股份合作制、乡村企业投资建设等。

3)金融机构或部门。金融机构或部门既是土地市场交易的重要支撑,提供了资金保障或担保,也是土地市场交易的直接参与者,因此是重要的土地市场主体。

4)土地市场中介。土地市场中介涉及地籍登记、土地评估、土地市场机构等,有的是企业化的机构,有的是行政或事业性质的机构(如土地储备中心等)。

此外,还有其他企业、居民等各类用地者,其既可能是土地的"买主",也可能是土地的"卖主"。

#### 4.1.2.2 住宅用地市场客体

住宅用地市场客体是指住宅用地交易的对象,即土地权益,包括土地所有权以及从所有权中分离出来的占有权、使用权、租赁权、抵押权等一系列权利。由于土地市场交易对象即客体的差异性,也相应地形成了土地所有权市场、土地使用权市场、土地抵押市场、土地租赁市场等土地市场类型。从国有土地使用权取得的方式来看,还可以分为土地出让市场、土地划拨市场、土地流转市场等。从土地出让方式的差异来看,又有拍卖市场、招标市场、挂牌市场之分。

#### 4.1.2.3 住宅用地市场信息

住宅用地市场信息,即有关住宅用地市场各类资讯的总和,包括政府发布的有关住宅用地市场供求、住宅用地价格、住宅用地政策等相关信息,也包括企业、居民等发布或传递的有关住宅用地市场供求、住宅用地价格乃至住宅用地市场走势的判断及分析。还有金融部门有关土地抵押市场、银行利率、金融政策,尤其是直接与用地有关的行业发展信息及报告,如城市规划、土地规划、区域规划、主体功能区规划、房地产业发展、房地产市场、工业投资状况等。

#### 4.1.2.4 土地市场管理者

为了保障住宅用地市场的健康、可持续发展,政府也设立有关部门对住宅用地市场进行监控与管理,以维护住宅用地市场秩序,理顺土地经济关系,促进有形土地市场体系的形成。我国涉及住宅用地市场的管理者有:国土管理部门、城市规划部门、建设部门、房产管理部门、工商部门、财税部门、物价部门、农林部门等。

#### 4.1.2.5 住宅用地市场运行规则

住宅用地市场运行规则,是指住宅用地市场运行程序的规范化和法制化,如住宅用地市场的交易方式、交易程序等。市场运行的规范化,必然形成一种市场运行机制,将住宅用地市场的主体、客体与市场信号有机地结合起来,实现土地资源的有效配置,促进社会经济的发展。住宅用地市场的运行机制由价格机制、供求机制、竞争机制等构成。

### 4.1.3 住宅市场运行机制

市场机制主要由价格机制、供求机制和竞争机制等相互联系、相互作用的具体机制构成(王克强等,2005)。住宅用地市场运行机制,就是在住宅用地市场系统各种市场要素之间的相互联系、相互依存、相互作用以及市场运动的内在机制。住宅用地的供求机制和价格机制是住宅用地市场运行机制的核心(刘洪洁,2015)。

#### 4.1.3.1 价格机制

价格由价值决定,受市场供求关系影响,是指示市场主体的市场行为和市场客体基本流向的基本信号。价格机制是实现价值规律作用的基本形式。价格机制由四个层次构成(刘洪洁,2015;李东方,1994):① 作为其核心的价格形成机制;② 价格运行机制;③ 价格约束机制;④ 价格调控机制。

住宅用地市场价格机制,就是在住宅用地市场竞争过程中,市场价格变动与商品供求变动之间的有机联系和相互作用。

住宅用地价格是由住宅用地的供给与需求两者共同决定的。在某一住宅用地市场,如果住宅用地的价格持续上升、住宅用地的供给量增加,但住宅用地的需求量减少,则最后该市场的住宅用地供给量就会超过需求量,出现过剩,从而使部分住宅用地卖不出去,住宅用地价格就会下降;相反,当住宅用地价格持续下降时,住宅用地需求量就会增加,但住宅用地供给量会减少,最后该市场的住宅用地需求量就会超过供给量,出现短缺,从而会使住宅用地价格上涨。需求与供给两者相互作用的结果,最终使住宅用地的供给和需求在某一价格上相等。这样的价格就称为均衡价格。

住宅用地价格的运行与土地价格的形成产生于同一过程。在完全竞争的住宅用地市场价格运行过程中,"供求-价格-供求"形成一个自我调节的循环,使市场价格不断地偏离供求均衡点,又不断地趋向新的供求均衡点,从而形成一个内在的使价格趋向合理的自动调节机制。然而,市场不是万能的,通过住宅用地市场配置资源也会带来一些不利影响。

住宅用地市场价格机制的建设是一项复杂的社会经济技术系统工程,并非住宅用地市场本身所能决定的。就住宅用地市场而言,最终要实现地产交易的公开化、契约化、货币化,从而实现住宅用地价格的合理化。

#### 4.1.3.2 供求机制

供求机制就是市场运行中需求与供给关系的变化同其他市场要素之间的相互联系和相互作用。它不仅反映供求与价格之间的关系,同时还反映了供求变动与其他市场要素的关系和相互作用。

住宅用地需求是在某一特定时间内,在某一住宅用地市场,住宅用地在某一价格下被购买或租用的数量。土地作为一种生产要素,其需求是一种派生需求。消费者对土地产品的欲望和需求最终引致投资者对土地的需求。

一般而言,住宅用地的自然供给是不变的,但是由于土地用途是可以改变的,因此对住宅用地而言,土地的经济供给也是可以变化的。由于土地开发投入的资金量较大,开发期较长,且土地用途在短期内很难改变,土地的经济供给一般跟不上需求的变化,导致土地供给具有滞后性。因此在短期内土地的经济供给也很难改变,变现为无弹性或弹性很小。决定土地经济供给量的因素主要有:土地自然供给状况、土地价格、财税政策、土地利用计划和规划、土地开发成本、建筑技术、房产需求、农产品需求等。

#### 4.1.3.3 竞争机制

住宅用地市场竞争有一般市场竞争的特点,最直接的表现是住宅用地供需双方围绕交易条件而展开的讨价还价。我国土地是公有的,因此住宅用地市场竞争有其特殊性。在国有土地出让市场上,政府是唯一的供给者,在房地产用地出让中,由于政府垄断,其价格趋升性较为明显。但房地产市场波动也将带来一定程度的住宅用地价格波动。此外,农村集体土地出让、出租中也存在类似问题。

## 4.2 住宅地价理论

### 4.2.1 住宅地价内涵

如前所述,土地价格是供求关系作用的结果。供求关系作用所形成的土地的售价,一般是指土地所有权的售价;在实行土地批租、出让制度的国家或地区,主要是土地的批租价格、出让价格;此外,广义的地价还包括土地租赁价,即租金。而从资产角度来看,价格也是购买商品的投机机会成本的反映(刘卫东等,2007)。一般而言,住宅用地价格具有以下内涵。

#### 4.2.1.1 地价是地租的资本化

任何一定的货币收入都可以资本化。马克思认为假定平均利息率是5%,那么一个每年200磅的地租就可以看作一个4000磅的资本的利息。"如果一个资本家用4000磅购买的土地每年提供200磅地租,那么,他从这4000磅得到5%的平均年利息,这和他把这个资本投在有息证券上,或按5%的利息借出去完全一样。因而,土地价格=地租/土地还原利率"。

伊利也认为土地的收益是确定它价值的基础。土地的使用所产生的收益流,就是经济地租流:"把预期的土地年收益系列资本化而成为一笔价值基金,这在经济学上就称为土地的资本价值,在流行词汇中称为土地的售价"(伊利等,1982)。因此,土地价格就是土地收益的资本化。

可见,土地资本化实际上是地租的资本化,本质上是土地所有权资本化。在我国市场经济体制中,特别是在现代产权结构及其权能条件下,土地资本化主要是通过土地使用权资本化实现的。对土地使用权实行资本化,就是通过一定的手段寻找能够带来等值收益的"资本"价值的工具(王洋,2013;葛扬,2007)。

4.2.1.2 地价是供求关系作用所导致的资源配置的结果

对于土地资源配置的认识学术界较为一致。例如,王万茂认为土地资源配置是指对于人类所需要并构成生产要素的、稀缺的、具有开发利用选择性的土地资源,在时间和空间上、部门间(用途间)数量的分布状态(王万茂,1994);马克伟认为所谓土地资源配置,就是把土地资源通过市场或行政手段具体配置给用地者使用并确定具体地块的用途,从而实现土地资源在产业部门空间上的配置(马克伟,1992)。可以看出,土地资源配置是土地资源在供求关系的作用下,与其他经济资源在时间、空间及不同产业部门间的优化组合,而并非土地资源的单项经济行为。因此,从经济学本质来看,地价应是社会资源综合配置的结果,或者是社会经济发展对土地资源稀缺程度的评价,当然这一配置的过程,从根本上来看是通过供求关系来实现的。

地价必须使不同层次及同一层次市场之间的关系协调化、比例化并形成一个有机整体,从而优化资源,确保市场体系的有序运行;否则,若地价忽高忽低,比价不合理,或与其他社会资源或产品价格不协调,资源优化配置则成空谈,经济运行也难以持续、协调、稳定。例如,近年来出现开发区热、房地产热,土地低价出让,造成社会资源(资金、钢材等)分配均倾向于房地产业,不仅增加了经济运行的风险,而且还造成其他行业资金短缺、钢材供给不足等不正常或无序经济现象,严重妨碍了市场经济的规范运行。因此,地价是土地市场运行的指示器,地价评估从资源配置高度着手,克服就土地论土地之局限,可以提高地价评估的合理性、科学性,从而为市场活动提供稳妥、可靠的信号。

另外,地价评估还必须克服区域狭隘性,将地价纳入宏观空间系统去评估。从区域经济学角度看,价格信号旨在引导资源在不同区域间的配置,从而实现整体最优。然而,中国目前开展的土地估价,带有强烈的区域狭隘性,就封闭的地域空间评估地价,舍去了其他区域尤其是邻近区域的辐射效应,从而导致各区域或城市所评估的地价缺乏可比性,难以协调甚至误导资源在不同区域间的宏观配置。因此,地价评估也必须遵循"全国一盘棋"的思想,综合考虑各区域特征,以合理确定市场发展的地域指向,实现产业合理布局。

4.2.1.3 地价是土地资源最佳配置预期效益的体现

预期收益是土地利用者追求的目标,因此,购地者是依据对土地预期收益的预测来确定地价支付能力的。来自土地的效益取决于土地资源的配置情况,只有处于最佳配置状态,土地资源才能取得最好的预期效益,从而使土地所有者或转让者愿意成交,而土地的使用者也可以取得最佳的土地使用效益,使双方得益。就农地而言,农地与非农业地比例关系,农地内部比例结构及国家有关农业生产及农地利用政策、农副产品价格、城市化、工业化政策现状与走向等,都会从宏观上影响农地资源优化配置,影响农业生产效益,从而影响农地价格。而各农用地使用者的生产积极性、投入能力、经营技能、社会化服务落实情况、地块区位、规模等都影响农地开发利用的预期效益,从而影响地价。地价是由预期效益所决定的,是纯粹地租的资本化。

#### 4.2.1.4 稀缺价格及其构成

土地价值的特殊性决定了土地价格的特殊性。依据马克思的观点:价格形式不仅可能引起价值量和价格之间(即价值量和它的货币表现之间)的量的不一致,而且能够包藏一个质的矛盾,以致货币虽然只是商品的价值形式,但价格可以完全不是价值的表现。有些东西本身并不是商品,例如良心、名誉等,但是也可以被它们的所有者出卖以换取金钱。并通过它们的价格,取得商品的形式。因此,没有价值的东西在形式上可以具有价格。在这里,价格表现是虚幻的,就像数学中的某些数量一样。另一方面,虚幻的价格形式——如未开垦的土地价格,这种土地没有价值,因为没有人类劳动物化在里面。

虚幻性是由土地物质的无价值和社会支付土地资本过多所决定的,而真实性则是由土地资本个别劳动价值决定的(王书斌,2013)。然而,这只是土地价格的一方面,是已开发土地的价格;而另一方面,未开发土地的价格则只是一种虚幻的价格形态。土地价格的这种特性,归根到底是由土地价值的二元性决定的。就土地特点而言,其虚假的社会价值、虚幻的价格的产生,是由于土地的稀缺性即土地绝对数量有限、相对价值随时间递增而产生的。因此,土地价格即稀缺价格。当然,从实践角度来看,地价构成又可以作更为具体的分析,如从投资角度来看,土地价格构成包括土地未改良(原始)价值、公共投资与环境改良(非私人本身以外其他人)价值、私人投资改良价值、未来价值四项因素组合在地理空间上展现出来的土地加以货币值。还有研究者认为,城市地价包括可达性价值、转换成本、不确定价值、净预期增长价值和纯农地租金价格五部分(冯恩国,2007;Capozza et al.,1994)。

### 4.2.2 住宅地价特征

土地价格具有不同于一般商品的特征,这些特征也包含了地价的运行规律。

#### 4.2.2.1 垄断性

地价不同于一般物价,就本质而言地价中没有土地所有者投入的成本,因为土地是天赋资源,且由于土地总量供给弹性为零,极度稀缺,所以就总体而言,是土地需求决定地价。随着人口增长,社会经济发展对土地的需求越来越大,地价因此上涨。因此,地租、地价源自土地产权的垄断,地价即土地收益权价格。

在旧中国,由于土地具有垄断性,掌握政权的官僚、地主拥有强大经济实力,从事土地垄断、土地投机、土地兼并生意。如抗日战争时期,大量游资流入后方,四川地价扶摇直上,比战前增加了100%~200%乃至300%。地价上涨又促成土地投机,形成土地集中并造成大批土地闲置不用。待价而沽的土地投机生意,造成粮食生产不足,粮价高涨,加重了整个经济形势危机(张羽威,2012;詹玉荣,1994)。

#### 4.2.2.2 地域性

土地即不动产。由于土地固定于某个地段,不可移动,因而地域性很强,与周围环境关系(经济、政治、社会及自然条件等综合系统)极为密切,属地方性市场。不同城市间巨大的地价差异性即是很好的例子。具体到某类地产市场,影响其个性的因素更繁多。以农用地为例,其影响因素有风俗习惯、气候条件、地质状况、交通设施、环境灾害情况、给水排水、电力设备、农地规模、水利设施、土壤情况等众多物质设施和自然条件,还有社会治安、技术进步、政治稳定、经济繁荣、人口状况、农业生产政策、农产品价格政策等社会经济因素。

#### 4.2.2.3 周期性

周期性循环一般被定义为(经济的)上升运动与下降运动的周期性重复,包括扩张、后退、收缩、复苏四个阶段,大体分为长期性循环(以15~22年为一个周期)和短期性循环(以3年为一个周期)。周期性不仅存在于地产市场运行的全过程,也存在于市场构成的个别部门,如地产开发、金融、投资、房产交易等。例如,中国房地产市场经历的从1990年复苏、1992年扩张至1993年后收缩,2000年前后再次发展、到2008年收缩这样一个周期性的循环。日本在第二次世界大战后曾经三次出现过地价上涨幅度较大的情况:第一次是在1961年前后,由于工业化速度加快,导致了以工业用地为主的地价上涨;第二次是在1973年前后,随着"日本列岛改造论"的提出而产生了以住宅用地为主的地价上涨;第三次始于1985年前后,至1990年前后结束,是以商业用地为中心的地价上涨。日本地价循环周期大致10年左右(吕志芳,2016;谭纵波,1994)。

#### 4.2.2.4 趋升性

地价与一般物价运动规律的重大区别在于:在较长期间内,一般商品的生产成本随着技术进步和劳动生产率的提高而降低,因而其价格有下降趋势;而土地超额利润则有随着经济发展而不断上升的趋势(黄小虎,1993)。中国古代对此早有认识,如《恒产琐言》称:"若田产之息,月计不足,岁计有余;岁计不足,世计有余。"地价运动具有的趋升性,其原因即在于"田地贵少,寸土为金"。

由于土地价格具有趋升性,在采取土地出让或批租方式出售土地时,还要考虑到由于经济社会快速发展以及政府进行环境改造、基础设施建设所带来的土地增值。因此,出让土地需要缴纳一定的年租金或土地增值税,以达到"涨价归公"(当然征租对象不应该包括业主投资增值的部分)的目的。

#### 4.2.2.5 追溯性

土地需求是引致需求,地价上涨的传导性,是从末端产品向土地取得价格追溯从而传导的。从房地产价格的构成来看,地价是房地产价格的重要组成部分,而从房地产价格变化来看,由于房地产价格的上涨带动地价的上涨,从而也使得农地征用价格持续上涨。因此,从土地收益分配机制来看,首先是末端产品的销售者获得更多土地收益,使得土地转让者或被征用者有分享更多土地收益的诉求,从而带动土地流转价格以及农地征用价格的增长。

### 4.2.3 住宅地价影响因素

影响住宅地价的因素很多,凡是影响土地的供给与需求,或影响土地纯收益(地租)和土地还原利率的因素都是影响地价的因素(毕宝德,1998)。这些因素可分为以下三类。

#### 4.2.3.1 一般因素

一般因素是指影响土地价格的一般的、普遍的、共同的因素,它对土地价格的总体水平产生影响。这些因素一般包括经济发展状况、财税体制、相关政策、城市规划、城镇化发展速度、土地资源禀赋、土地产权状况等宏观因素。

1) 经济发展状况。主要指经济发展速度、财政收支状况、储蓄投资水平、居民消费能力等。经济发展越快,公共投资和私人投资水平越高,因建设需要而增加对土地的需求,地价就会上涨;反之,如果经济不景气,投资减少,对土地的需求就会减少,地价就会下降。居民收入越高,消费能力也越强,住房需求及其他生活配套设施需求就会增加,地价也会上涨。

2) 财税体制。国家的财税体制不同,对土地的供给与需求影响也不同。在政府收入主要用于公共服务的财政体制下,政府对经济发展速度的影响能力有限,投资主要受市场引导,由私人进行,在正常情况下对土地需求会较为平稳;若政府收入主要用于发展经济的投资,政府通过财政对经济的干预程度较大。在我国当前的财政体制下,地方政府为追求地方经济的发展而不断提高投资水平,从而增加土地的需求,引致地价上涨。在税收体制上,如果以土地为主体的土地增值税和财产保有税制度较健全,土地囤积、房产囤积和房地产投机就会减少,地价也会较平稳;反之,则会出现剧烈波动。我国目前住房的财产保有税(如房地产税)尚未开征,房地产投机活动较多,导致对土地需求增加而使地价上涨。

3) 相关政策。对地价影响较大的相关政策主要有房地产开发政策、地价政策、金融政策、税收政策等。例如,目前中国政府对协议出让土地实行最低限价政策,就是一种地价控制政策,它在一定程度上能遏制低价出让行为。再如,金融政策中的住房消费信贷政策和房地产开发信贷政策,对地价影响巨大,如我国自2001年以来为鼓励住房消费和房地产开发,贷款条件放宽,引致住房消费迅速上升,土地需求增加,使城镇住宅用地价格上升很快。

4) 城市规划。城市规划对城市的性质、功能及宏观区位产生决定性影响,从而在整体上影响城市地价水平。城市规划决定了不同区位的土地用途及土地利用强度,土地因其用途和利用强度不同而具有不同的收益能力,因此会形成不同的地租、地价水平。同一宗土地,如规划为商业用地,其地价水平一般高于居住用途;即使是同一用途,规划容积率高的地块地价就高,容积率低的地块地价就低。

5) 城镇化发展速度。在发展中国家,经济发展到一定水平之后就会进入城镇化的快速发展期,城镇人口会在较短时间之内快速增长,随之对城镇建设用地的需求增加,从而提高城镇地价水平;反之,城镇化发展速度较慢,对城镇土地需求较少,地价增长就会较为平缓。

6) 土地资源禀赋。一个国家、一个地区的土地资源禀赋,决定了土地资源的总供给水平。我国人多地少,特别是耕地资源匮乏,优质耕地又主要分布在东中部地区,这决定了我国耕地资源的供给和东中部城镇建设用地的供给压力很大,地价水平总体上必呈上涨趋势。而美国、加拿大、俄罗斯等土地资源丰富的国家,土地供给充足,地价变动会较为平稳。

7) 土地产权状况。土地产权界定明晰,土地交易就会依市场规则正常进行,土地价格一般能较准确地反映土地产权的价值,土地的财产价值也能得到有效保障。如果土地产权不明晰,土地产权人难以有效保护自己的土地权利,外来力量就会更容易侵害权利主体的土地产权,从而使建设用地产权缺乏明确的产权主体和权利内涵,很容易受到国家公权力和其他非产权人的侵害。例如,我国目前农村集体建设用地产权不是十分明晰,不能正常进入市场流转,因而其市场价值也就难以得到正常体现。

#### 4.2.3.2 区域因素

区域因素是指对区域地价有总体影响的自然、社会、经济因素。区域是一个均质区概念,在区域内,土地的利用条件和利用方向大体一致。区域因素主要包括区段位置、基础设施条件、规划限制和环境质量等。

1) 区段位置。区段位置是指该区域在市场中所处的经济区位,它用空间距离和行程时间来衡量。如距商业中心的距离、距污染源的距离等。一般而言,与正效应因素(如商业中心)距离越近,地价就越高,反之则越低;距负效应因素(如污染源)距离越远,地价越高,反之则越低。

2) 基础设施条件。主要指对外交通、供水、供电、通信等基础设施和医院、学校等公用设施的状况。这些投资有的包含于土地之中,对地价产生直接影响;有的则通过影响区域周围的环境,间接影响土地价格。

3) 规划限制。城市规划对地价的作用主要表现在对区段的土地利用性质、用地结构、用地限制条件等方面,往往对区域地价有决定性的影响。

4) 环境质量。环境质量主要指自然环境、社会环境和人文环境的质量,包括地质、地势、水文、气候、社会治安、居民素质、人口密度、景观等。

同一区域因素对不同用途土地价格有不同的影响。例如,区段位置就商业用途而言最佳者,就居住、工业而言则不一定最好。

#### 4.2.3.3 个别因素

个别因素是指宗地本身的条件和特征对宗地地价的影响。如宗地面积、形状、临街宽度、宗地开发程度、土地利用状况及规划条件、土壤肥力和地质条件等。土地用途不同,各因素对地价的影响程度也不同。例如,宗地位置和临街宽度对商业用途特别重要;地质条件和土地规划限制对居住用地影响较大;土壤肥力对农用地价格影响较大,而对建设用地却没有影响。

## 4.3　土地出让与住宅市场发展

### 4.3.1　住宅用地出让制度演变

我国目前的住房用地供应制度是在经济体制改革、土地制度变革的大背景下逐步形成的,市场化是主要取向。总的来看,从1949年起,住房用地供应制度改革的基本方向是从"无偿划拨"的计划供应方式逐步转向"有偿有期限出让"供应,最终形成目前商品住房用地全面实行"招拍挂"制度的市场化方式。这一制度在充分体现土地资本化价值、防止国有土地资产流失、促进各地区经济社会发展等方面,起到过不可替代的重要作用。但目前这套土地供应制度也面临着非常突出的问题,表面上体现在供应主体单一、供应结构不合理和供应规模不匹配等方面,其实质是原有的"以地谋发展"的传统增长模式已难以为继,需要借助供地制度在内的土地制度改革,推动经济发展方式的实质性转变。在这一转变过程中,将会对包括房地产市场在内的各类用地市场造成深远影响(任兴洲,2013;邵挺,2013)。

我国从1998年建立商品住房制度以来,经历了若干轮房地产宏观调控,每一轮调控都有涉及住宅用地供应量的调整,有些还涉及供应方式的调整与完善。但从实践效果看,除2004年实施"暂停供地"等严厉措施外,其他几次虽然调整程度各不相同,但都是"大稳定、小调整",许多政策措施并没有真正落到实处。这是土地政策参与住房市场调控效果不佳的主要原因。

4.3.1.1　计划经济体制下的无偿划拨土地供应(1949~1982年)

从1949年到改革开放前,我国长期实行社会主义计划经济体制,城镇住宅用地政策也历经了从"新民主主义"到"社会主义"的重大转变。新中国成立初期颁布和实施的《中国人民政治协商会议共同纲领》和1954年《宪法》等重大法律法规条文,都承认和保护"城市居民的土地和私房,允许自住或出租"。当时的城市房屋所有权属于私人,拥有完整的使用权、收益权和转让权。经过三年社会主义改造,大量居民的经租房转归国家所有,但城镇里仍有大量居民的自用房。这些自用房的居民仍拥有住房所有权及其他相关权利。即使在"文化大革命"期间,部分城镇居民拥有房屋所有权的事实也没有得到改变。1975年《宪法》第6条明确规定,"国家可以依照法律规定的条件,对城乡土地和其他生产资料实行征购、征用或者收归国有"。此时的城市土地并非都是归国家所有,部分城市居民仍拥有住房和土地的所有权。

1982年之前,部分城市土地仍然不归国有,但在新建住宅中的所有土地供应都实行政府统一的无偿计划供应,即"划拨土地供应"。当时的宪法规定,"任何组织或者个人不得侵占、买卖、出租或者以其他形式非法转让土地",只有国有单位作为城市土地的使用者,才能无偿、无限期、无流转地占有国家土地。原因是,国有单位和城市土地都是属于国家所有,因此国有单位占有国家土地,是可以无偿和无限期的。形象地讲,就是"肉都烂在一个锅里",因此不必使用价格机制。当时还规定,即使在国有单位间也不允许流转。上述各项规定统一起来看就会发现,1982年前的城市土地市场是不存在的,当然也就不存在建立在土地市场交易基础上的房地产行业。

4.3.1.2 市场化改革阶段Ⅰ:有偿有限期出让和转让(1982~1999年)

1982年修订后的《宪法》第10条明确规定,"城市的土地属于国家所有"。这是第一次以最高法形式明确我国土地分为集体土地和国有土地。城市土地所有权的确定,为接下来的国有土地使用权有偿出让制度奠定了最高法的基础。1987年,为解决外资企业使用土地的政策困境,我国修订了《土地管理法》,从严禁"土地流转"改为"有条件允许转让"。1987深圳市率先实行国有土地有偿使用制度,同年上海市出台了《上海市国家建设征用土地费包干使用办法》。1988年修改的《宪法》增加了"土地使用权可以依照法律规定转让"的条款。土地所有权和使用权正式分离,土地使用权可以依法转让,在最高法上确立了土地的有偿使用制度。1988年12月,新修订的《土地管理法》规定,通过征收土地使用费、开展土地使用权有偿出让等形式,逐步将市场机制引入到土地供应过程中来。上述相关法律法规对土地产权的界定和确立,推动了土地有偿出让制度的形成。

1990年,国务院在总结深圳等沿海开放城市土地制度改革的基础上,颁布了《城镇国有土地使用权出让和转让暂行条例》(国务院第55号令)(简称《条例》)。《条例》规定,国家是城市土地的所有者,各级政府代表国家向各类土地使用者提供城市土地,国有土地的使用权可采取"协议、招标和拍卖"等市场交易方式进行出让。这就在全国层面正式开启了城市土地制度及供应的市场化改革。1992年《划拨土地使用权管理暂行办法》,对传统的行政审批用地进行重新规范。1994年《城市房地产管理法》,详细规定了城市土地使用权的取得方式、房地产转让抵押时土地使用权转变等内容。在这一阶段,国家正式确立了两类土地供应方式:一是无偿行政划拨供应,又称为非市场化土地供应方式,主要用于行政机构和政府单位的办公用地、城市基础设施和公用设施、绿化等建设项目的土地使用需求;二是有偿出让,即市场化土地供应,主要用于商业、办公、工业、住宅等经营性土地使用需求。

土地有偿出让制度使城市土地的资产、资本、资源三大基本属性逐渐显现,极大地促进了我国房地产行业的发展。但总体上讲,这一时期土地供应方式仍以协议出让等市场化程度不高的形式为主,以公开"招拍挂"形式进行出让的比例还不高,寻租空间较大,这也是造成20世纪90年代初房地产圈地热,以及多头供应、低价出让、圈占土地、寻租炒地皮等现象层出不穷的重要原因。为避免城镇土地的非市场化配置造成的土地收益流失,国家开始加大招标、拍卖出让的执行力度。1999年《关于进一步推行招标拍卖出让国有土地使用权的通知》强调,要严格限定行政划拨供地的范围,除按《土地管理法》和《城市房地产管理法》规定可以行政划拨供地的以外,其他建设用地必须以有偿方式提供;严格限制协议出让国有土地使用权的范围,除划拨土地使用权转让、国有企业改革中处置划拨土地使用权以及特殊用途等用地外,都不得协议出让国有土地使用权。

这一阶段是住宅用地供应方式从无偿划拨向有偿出让转化的过渡期,无偿划拨的比例逐步减少、有偿出让比例逐步增多,总体上朝着供应市场化的方向推进。但离住宅用地全面确立"招拍挂"出让制度仍有很大一段距离。

**4.3.1.3 市场化改革阶段Ⅱ：住宅用地"招拍挂"出让（2000~2004年）**

从实践效果看，1999年《关于进一步推行招标拍卖出让国有土地使用权的通知》的内容没有得到认真执行，土地出让仍以协议为主。一方面，有较强政府背景的开发商通过协议出让获得大量廉价土地，存在不少暗箱操作空间。但另一方面，地方政府也开始认识到土地资源对本地工业化、城市化推进的重要性，受自身利益驱动，也积极推动土地供应从土地协议出让制度向政府垄断一级开发、土地储备和土地招拍挂出让等制度的转变。

2001年4月，国务院《关于加强国有土地资产管理的通知》规定土地市场要建立建设用地统一供应制度、建设用地总量控制制度、土地使用权入市交易制度、基准地价更新和公布制度等六项基本制度。2002年6月，国土资源部发布《招标拍卖挂牌出让国有土地使用权规定》，正式叫停了沿用多年的协议出让供地方式，明确"自2002年7月1日起，全国范围内凡商业、旅游、娱乐和商品住宅等各类经营性用地，必须以招标、拍卖、挂牌等方式出让国有土地使用权"；2004年3月，《关于继续开展经营性土地使用权招标拍卖挂牌出让情况执法监察工作的通知》规定自"8月31日起，城市土地市场不能再以历史遗留问题为理由采用协议方式出让经营性国有土地使用权，只能采取公开招标、拍卖和挂牌的方式"。2004年8月31日后，我国基本停止了经营性用地协议出让方式，全部改成"招拍挂"出让方式。

从"有偿出让"到全面实行"招拍挂"，标志着我国住宅用地供应由非完全市场化配置资源向完全市场化的转型，市场化程度显著提高。另外，这一时期我国对协议出让的住宅用地也作了严格规定，防止两种出让方式之间的巨大利益被非法占有。2003年8月1日起实施的《协议出让国有土地使用权的规定》，促进了城市国有土地使用权从"双轨制"供应向统一公开的市场化交易方式转化，完善规范土地协议出让的管理程序、协议出让最低价、土地用途变更等事项。在经济适用房方面，2004年专门制定了《经济适用住房管理规定》，对经济适用房的协议出让土地做出规定：经济适用住房建设用地以划拨方式供应；严禁以经济适用住房名义取得划拨土地后，以补交土地出让金等方式，变相进行商品房开发。经过这一阶段，包括住宅用地在内的经营性用地，已全面实行"招拍挂"的市场化出让方式。以后住宅用地供应制度没有经历大的调整，只是根据每年经济社会和住房市场发展情况，进行供应结构、供应量的调整。

**4.3.1.4 住宅用地供应制度的调整完善（2005年至今）**

2007年开始实施的《物权法》第137条规定"工业、商业、旅游、娱乐和商品住宅等经营性用地以及同一土地上有两个以上意向用地者的，应当采取招标、拍卖等公开竞价的方式出让"。这使土地使用权"招拍挂"出让方式由国家政策上升为法律规定。住宅用地全面实行"招拍挂"的市场化配置方式后，最直接的结果是大幅提高了土地成交价格和楼面均价，对住房价格快速上涨也起到间接作用。2005年开始，从保持住房市场健康平稳可持续发展的角度，实施了系列以土地供应制度为核心的土地宏观调控政策和措施。

第一，调整土地供应结构。主要是提高中低价位普通商品住房和保障性安居工程建设用地供应量的比例。2006年《关于调整住房供应结构稳定住房价格意见》（国办发

〔2006〕37号文）提出,"加大土地供应调控力度,严格土地管理,各地区要在严格执行土地利用总体规划和土地利用计划的前提下,根据房地产市场变化情况,适时调整土地供应结构、供应方式及供应时间。对于居住用地和住房价格上涨过快的地方,适当提高居住用地在土地供应中的比例,着重增加中低价位普通商品住房和经济适用房建设用地的供应量""优先保证中低价位、中小套型普通商品住房（含经济适用房）和廉租房的土地供应,其年度供应量不得低于居住用地供应总量的70%"。这是首次提出住宅用地"70%"占比的政策。这一规定在此后几年被反复提及,目前已成为住宅用地供应结构调整的一个约束性指标。

第二,继续探索完善土地交易方式,调整完善土地招拍挂出让政策。对出让程序、开工和竣工时间进行严格规定,建立"溢价率过高"地块的监测和上报机制,防止高地价扰乱市场预期。2011年《关于坚持和完善土地招标拍卖挂牌出让制度的意见》（国土资发〔2011〕63号）,明确提到要"调整完善土地招拍挂出让政策",严格落实三项措施：一是限定房价或地价,以挂牌或拍卖方式出让政策性住房用地。以"限房价、竞地价"方式出让土地使用权,要根据拟出让宗地所在区域商品住房销售价格水平,合理确定拟出让宗地的控制性房屋销售价格上限和住房套型面积标准,以此作为土地使用权转让的约束性条件,一并纳入土地出让方案,符合条件、承诺地价最高且不低于底价的方可成为土地使用权竞得人。以"限房价、竞地价"方式出让土地使用权的,要根据拟出让宗地的征地拆迁安置补偿费、土地前期开发成本、同一区域基准地价和市场地价水平、土地使用权转让条件、房屋销售价格和政府确定的房价控制目标等因素,综合确定拟出让宗地的出让价格,同时应确定房价的最高控制价（应低于同区域、同条件商品住房市场价）,按照承诺销售房价最低者（开发商售房时的最高售价）确定为土地竞得人。二是限定配建保障性住房建设面积,以挂牌或拍卖方式出让商品住房用地。以"商品住房用地中配建保障性住房"方式出让土地使用权的,确定出让宗地配建廉租房、经济适用房等保障性住房的面积、套数、建设进度、政府收回条件、回购价格及土地面积分摊办法等。三是对土地开发利用条件和出让地价进行综合评定,以招标方式确定土地使用权人。在依法确定土地出让底价的基础上,将土地价款及交付时间、开发建设周期、建设要求、土地节约集约程度、企业以往出让合同履行情况等影响土地开发利用的因素作为评标条件,合理确定各因素权重。经综合评标,土地利用综合条件最佳者,可确定为土地使用者。2012年《关于进一步严格房地产用地管理巩固房地产市场调控成果的紧急通知》（国土资电〔2012〕87号）规定,房地产用地出让不能超过面积上限,不得捆绑出让、"毛地"出让。住宅用地容积率不得小于1。各类住房建设项目要在划拨决定书和出让合同中约定土地交付之日起一年内开工建设,自开工之日起三年内竣工。严格实施竞买人资格审查,落实不得使用银行贷款缴交土地出让价款的规定。土地出让竞买保证金不得低于出让最低价的20%。土地出让成交后,必须在10个工作日内签订出让合同,合同签订后1个月内必须缴纳出让价款50%的首付款,余款要按合同约定及时缴纳,最迟付款时间不得超过一年。地价是衡量房地产状况的重要指标,过高过快的地价变化影响市场预期,该通知要求"对预判成交价创历史总价最高,或单价最高,或溢价率超过50%的房地产用地,包括商服、住宅或商住综合,要及时调整出让方案,采用'限房价、竞地价'或配建保障房、公共设施等办法出让土地"。

第三,加大对住宅闲置用地的处置力度,切实提高住宅用地有效供应量。利用土地市场动态监测监管系统显示的闲置土地预警信息,做到早发现、早制止,促进已供土地及时形成有效供应。2012年《闲置土地处置办法》(国土资源部第53号令),首先严格界定了闲置土地的概念。闲置土地,是指国有建设用地使用权人超过国有建设用地使用权有偿使用合同或者划拨决定书约定、规定的动工开发日期满一年未动工开发的国有建设用地。另外,已动工开发但开发建设用地面积与应动工开发建设用地总面积不足1/3或者已投资额占总投资额不足25%,中止开发建设满一年的国有建设用地,也可以认定为闲置土地。该办法还规定:除属于政府、政府有关部门的行为造成动工开发延迟的外,未动工开发满一年的,按照土地出让或者划拨价款的20%征缴土地闲置费。土地闲置费不得列入生产成本;未动工开发满两年的,无偿收回国有建设用地使用权;闲置土地设有抵押权的,同时抄送相关土地抵押权人。2012年《关于进一步严格房地产用地管理巩固房地产市场调控成果的紧急通知》(国土资电发〔2012〕87号)指出,市、县国土资源主管部门要逐宗清理超期1年未开工构成闲置的土地,进一步加大处置力度。对用地者欠缴土地出让价款、闲置土地、囤地炒地、土地开发规模超过实际开发能力以及不履行土地使用合同的,市、县国土资源管理部门要禁止其在一定期限内参加土地竞买。

第四,切实保证保障性安居工程用地的供应。《关于切实做好2011年城市住房用地管理和调控重点工作的通知》(国土资发〔2011〕2号)明确提到,对保障性安居工程建设用地总量、各类房用地供应计划和新增建设用地指标,在住房用地供应计划中实行单列。确保2011年1000万套保障性安居工程建设任务落地,确保保障性住房、棚户区改造和中小套型商品房用地不低于住房建设用地总量的70%。对不能完成该比例的地区,年底前不得出让大户高档商品住宅用地。确保城市住房用地供应计划总量不低于前两年年均实际供应总量。在房价高的地区,应增加中小套型限价住房建设供地数量。要在盘活利用存量土地的同时,对依法收回的闲置土地和具备"净地"供应的储备土地以及农转用计划指标,应优先确保以保障性住房为主的上述各类住房用地的供应。

### 4.3.2 住宅市场发展过程中的土地政策运用

1998年以来,针对不同时期房地产市场形势的不同特点,我国住房(调控)政策经历了四次较大调整。根据调控政策目标取向的不同,可以分为四个阶段,每一阶段都涉及了土地供应政策的调整(任兴洲,2013;邵挺,2013)。

第一阶段:1998~2004年,国家确立了市场化导向的住房市场制度,房地产成为国民经济中一个重要行业。为更好促进房地产市场平稳健康运行,这一阶段国家出台若干调控政策,加强土地市场的调控,提出"土地供应过量、闲置建设用地过多的地区,必须限制新的土地供应。普通商品住房和经济适用住房供不应求、房价涨幅过大的城市,可以按规定适当调剂,增加土地供应量"。六部委意见,以及《中国人民银行关于进一步加强房地产信贷业务管理的通知》(银发〔2003〕121号)、《国土资源部、监察部关于继续开展经营性土地使用权招标拍卖挂牌出让情况执法监察工作的通知》(国土资发〔2004〕71号)两个文件,对房地产开发企业在获取信贷和土地方面提出了一系列抑制措施,规定企业自有资金不低于开发项目总投资的30%,对土地储备贷款额度不得超过所收购土地评估价值的70%;规定经营性用地必须采用招标、拍卖、挂牌方式供应,明确各地要在2004年8月31日前处理完毕《招标拍卖挂牌出让国有土地使用权规定》实施前的历史遗留问题。8月31日后,不得再以历史遗留问题为由,继续采用协议方式出让经营性土地使用权。

第二阶段:2005~2008年三季度,房地产调控的目标主要是控制房地产投资过快上升和房价过快上涨。这一期间涉及土地供应的调控政策有:

2005年5月出台的"国八条"明确提出:加大土地供应调控力度,严格土地管理,对居住用地和住房价格上涨过快的地方,适当提高居住用地在土地供应中的比例,着重增加中低价位普通商品住房和经济适用住房建设用地供应量。

2006年5月,《关于调整住房供应结构稳定住房价格的意见》指出,从2006年6月1日起,凡新审批、新开工的商品住房建设,套型建筑面积90平方米以下住房(含经济适用住房)面积所占比例,必须达到开发建设总面积的70%以上。要保证中低价位、中小套型普通商品住房土地供应,加大对闲置土地的处置力度。

2006年8月,国务院出台《关于加强土地调控有关问题的通知》(国发〔2006〕31号),指出"严把土地'闸门'任务仍然十分艰巨",并在"规范土地出让收支管理、禁止擅自将农用地转为建设用地、强化对土地管理行为的监督检查、严肃惩处土地违法违规行为"等方面提出更严格的要求。

第三阶段:2008年四季度至2009年,调控基调是加快保障性住房建设、鼓励住房合理消费和促进房地产市场健康发展。这一期间涉及土地供应的调控政策如下。

2008年12月,国务院办公厅发布《关于促进房地产市场健康发展的若干意见》(国办发〔2008〕131号),提出"要科学合理地确定土地供应总量、结构、布局和时序,保证房地产开发用地供应的持续和稳定"。从各地的实施意见看,普遍把增加住房用地供应作为主要手段,并在不同程度上放松了土地出让的条件。例如,北京市出台的《关于贯彻国办发〔2008〕131号文件精神促进本市房地产市场健康发展的实施意见》(京建办〔2009〕43号)指出:对以招拍挂方式出让的房地产开发用地,在不影响土地市场公平竞争的前提下,受让方由于困难不能按时付款的,市国土管理部门可根据实际情况批准延期并公示,延期最长不超过6个月。在批准延期期间,土地补偿款部分由受让方按银行同期贷款利率支付利息,政府土地收益部分由受让方按月息2%支付资金占用费。

第四阶段:2010年至今,遏制房价过快上涨、促进房价合理回归成为调控新目标。这一阶段与土地供应相关的调控政策如下。

2010年1月,《国务院办公厅关于促进房地产市场平稳健康发展的通知》(国办发〔2010〕4号)指出,"增加住房建设用地有效供应,提高土地供应和开发利用效率。各地要根据房地产市场运行情况,把握好土地供应的总量、结构和时序。城市人民政府要在城市总体规划和土地利用总体规划确定的城市建设用地规模内,抓紧编制2010~2012年住房建设规划,重点明确中低价位、中小套型普通商品住房和限价商品住房、公共租赁住房、经济适用住房、廉租住房的建设规模,并分解到住房用地年度供应计划,落实到地块,明确各地块住房套型结构比例等控制性指标要求。房价过高、上涨过快、住房有效供应不足的城市,要切实扩大上述五类住房的建设用地供应量和比例。要加强商品住房项目的规划管理,提高规划审批效率。要及时向社会公布住房用地年度供应计划,对需要办理农用地征转用手续的,要加快审批工作,确保供地计划落到实处"。

2010 年 4 月,《国务院关于坚决遏制部分城市房价过快上涨的通知》(国发〔2010〕10 号)中强调要"增加居住用地有效供应",在坚持和完善土地招拍挂制度的同时,探索"综合评标""一次竞价""双向竞价"等出让方式,抑制居住用地出让价格非理性上涨。并要求"调整住房供应结构,保障性住房、棚户区改造和中小套型普通商品住房用地不低于住房建设用地供应总量的 70%",并优先保证供应。

2011 年 1 月 26 日,《国务院办公厅关于进一步做好房地产市场调控工作有关问题的通知》(国办发〔2011〕1 号)中提到,各地要增加土地有效供应,认真落实保障性住房、棚户区改造住房和中小套型普通商品住房用地不低于住房建设用地供应总量的 70%的要求。2011 年的商品住房用地供应计划总量原则上不得低于前两年年均实际供应量。进一步完善土地出让方式,大力推广"限房价、竞地价"方式供应中低价位普通商品住房用地。房价高的城市要增加限价商品住房用地计划供应量。对已供房地产用地,超过两年没有取得施工许可证进行开工建设的,必须及时收回土地使用权,并处以闲置一年以上罚款。要依法查处非法转让土地使用权的行为,对房地产开发建设投资达不到 25%以上的(不含土地价款),不得以任何方式转让土地及合同约定的土地开发项目(黄小虎,1993)。

2011 年 7 月 20 日,国务院常务会议研究部署近期加强土地管理的重点工作,其中强调要"做好保障性安居工程用地供应",依法加快供地进度,保证今年 1 000 万套保障性安居工程建设用地,提前做好明年保障性安居工程建设用地供应的储备和预安排。另外,要采取多种措施增加普通商品住房用地供应。坚持和完善土地招标、拍卖、挂牌出让制度,推进商品住房用地供应由价格主导向双向定价、配建保障房等方向转变。

2012 年 2 月 15 日,《国土资源部关于做好 2012 年房地产用地管理和调控重点工作的通知》(国土资发〔2012〕26 号)中,重申了"增加住房用地有效供应"和"调整用地供应结构"的内容。其中包括,严格控制高档住宅用地,不得以任何形式安排别墅类用地;积极探索"限房价、竞地价""限房价、限套型、竞地价、竞配建"等有效的公开出让方式,推动土地供应转向"稳定市场、保证民生、促进利用"等多目标统筹兼顾的管理;强化住房用地的供后监管。切实解决好已供土地开发利用中闲置土地、违法转让、擅自改变用途性质、违反合同条款建房等问题的及时发现、及时处置;促进已供住房用地开发建设,尽快形成住房有效供应。

2013 年 2 月 26 日,《国务院办公厅关于继续做好房地产市场调控工作的通知》(国办发〔2013〕17 号)指出:要增加普通商品住房及用地供应,原则上 2013 年住房用地供应总量应不低于过去 5 年平均实际供应量;住房供需矛盾突出、房价上涨压力较大的部分热点城市和区域中心城市,以及前两年住房用地供应计划完成率偏低的城市,要进一步增加年度住房用地供应总量,提高其占年度土地供应计划的比例;各地区住房城乡建设部门提出商品住房项目的住宅建设套数、套型建筑面积、设施条件、开竣工时间等要求,作为土地出让的依据,并纳入出让合同。

# 第5章 制造业发展与土地利用

## 5.1 工业用地市场理论

### 5.1.1 工业用地市场及其特征、功能

根据最新版的《城市用地分类与规划建设用地标准》(GB50137—2011),工业用地的定义为:工业用地是指独立设置的工厂、车间、手工业作坊、建筑安装的生产场地、排渣(灰)场地等用地。其中还包括为工矿企业服务的办公室、仓库、食堂等附属设施用地。新标准根据工业用地对其周边环境的影响又将工业用地细分为三个等级:第一类工业用地为对周围环境无影响或者影响程度较轻的工业用地,比如新能源产业、通信电子产业、工艺品制作加工产业等;第二类工业用地为对周边环境具有一定影响但影响程度不严重的工业用地,比如生物技术产业、食品饮料加工产业、木材家具产业等工业用地;第三类工业用地为对周边环境影响较为严重的工业用地,比如石油化工产业、造纸印刷产业、金属冶炼产业、建筑建材产业等。

工业用地市场是指各工业市场主体之间的土地交易行为,但不包括中央政府内部、地方政府内部对于土地利用的决策行为。我国工业用地市场的供给方只有政府,因此是具有垄断因素的竞争性市场,其主要特征表现为:

1)主体合法。市场主体是市场构成的基本要素。市场主体必须符合法律规定,取得能够进入市场活动的合法资格,否则就会给土地市场带来混乱。合法的市场主体,除政府和个人外,还包括具有法人资格的公司、企业和其他经济组织。

2)产权明晰。土地市场上交易、流动的实际上是土地使用权和他项权利。土地产权关系明晰是进行土地正常交易的基本前提。土地产权关系必须明晰同时还表明,无论土地使用权在市场上如何合法流动,国家作为土地所有者,拥有土地所有权总是享有土地收益权和土地的最终处置权。

3)交易规范。土地交易行为是否规范对土地市场能否健康运行关系极大。违反土地交易行为,不仅逃避了行政监管,造成国有土地资产流失,而且破坏了整个土地市场秩序。要规范土地市场,关键是要规范土地交易行为,基础是建立有形的土地交易市场,核心是建立健全规范土地交易的各项规章制度,把土地交易纳入依法、公平、公开、公正、有

序、规范的交易轨道。

4）信息公开。要公开土地交易的各种信息，特别是公开土地成交价格，提高土地市场价格的透明度，要充分发挥价格对市场供求的信号和导向作用，使土地市场主体能依据价格高低自觉调整自己的经济行为。

5）竞争公平。在土地市场中，市场竞争秩序、竞争规则需要营造健全、公平的竞争氛围，反对欺诈和权力竞争引起的不公正现象，让竞争机制发挥应有作用，调动和保护市场主体的能动性、积极性。

6）环境配套。土地市场是市场体系的一个有机组成部分，土地市场整体功能的发挥要依靠其他市场的配套和完善，特别是金融、房产等与土地市场关系密切的市场。同时，国民的整体素质、市场意识、市场行为，政府的行政管理水平、行政管理效能，也需要不断提高以适应市场化进程。政府部门的高效勤政、民主行政、依法行政、科学行政、廉洁从政影响着社会市场大环境，也至关重要。

7）政府多角色重合。政府作为城市土地所有者，行使土地所有权，是工业用地的宏观供给者；同时政府还是土地市场的宏观管理者，行使市场管制权。政府公共职能和经营职能的重合，模糊了政府和市场的边界；同时，行政权和国有土地产权人身份的重合，使得国有土地产权相对于集体产权处于优势地位。

8）供给弹性小。工业用地与一般土地一样，不仅自然供给弹性小，而且经济供给弹性较低。政府可以根据人们生产活动的需求，通过调整地类，控制工业用地的供给数量。从经济学角度来看，工业用地的供给是有弹性的，但是也基于自然供给的基础之上，因此经济供给弹性也较低。

9）地域差异性。由于土地位置的固定性。使得土地市场具有强烈的地域性特点。在各地域性市场中，土地供求状况均不相同，其价格水平也不一样。土地交易一般在各地域市场里进行，难以形成全国统一市场。工业用地市场亦是如此。

除上述主要特征外，工业用地市场还具备一般土地市场所具有的功能：

1）优化配置土地资源。行政划拨方式是计划经济条件下的土地资源配置方式，由于这种方式是政府应用行政手段来配置土地资源，其效率较为低下，容易造成土地资源的巨大浪费。合理、优化配置土地资源，确保每一块土地都处于最优利用状态，是实现土地利用效益最大化的前提。将土地资源投放到市场，让其同其他生产生活资料一样通过市场进行调配，可有效提高土地资源的利用效率。市场配置手段中，价格机制发挥作用，通过市场看不见的手对工业用地市场发挥资源优化配置作用。竞争机制能有效激发市场主体的经济活力。优胜劣汰是竞争的强制机制，也是企业必须承受的外在压力。一方面，促使用地需求者提高自身的生产经营能力，不至于得到土地后无力生产经营而闲置土地，从而最大限度地杜绝土地炒买炒卖现象，使竞争机制引导社会资源的合理流动和优化配置。另一方面，市场竞争的结果，使土地资源流向效益好、竞争活力强的企业，从而提高土地资源的利用效率，实现土地资源的优化配置，减少闲置土地等现象。

2）调整产业结构，优化生产力布局。产业结构的优化，要求要素和价格相对应，满足边际要素的投入和边际要素产出相对应。通过地租、地价的杠杆作用，可以有效引导土地资源在各个产业中实现合理配置,从而优化社会经济发展的产业布局。例如,当一个城市工业用地供给过多,而其他用地供给相对不足时,工业用地的价格就会因为供过于求而下降;当其他用地因供不应求而价格上升,作为土地所有者代表的政府就会减少工业用地的供给,增加其他用地的供给,从而保障土地资源在不同产业间的合理配置。

3)充分实现土地价值。通过行政划拨的方式配置土地资源,难以体现土地的经济价值。土地权利人要想让其所拥有的土地权利在经济上得以实现,就必须通过土地市场对其进行交易。

4)合理分配土地收益,调节各方利益。土地收益的分配,关系到土地所有者、土地使用者和土地经营者等多方利益相关者的利益。我国是土地社会主义公有制国家,土地收益的分配涉及国家、农村集体经济组织、农民、企业和个人等多方利益。传统土地无偿行政划拨方式产生的结果,只能是土地使用者受益最多而其他方无法分享土地的增值利益。长此以往,增值收益不公平分配,既影响国家的稳定和发展,也影响经济的高效运转。而这一不公平问题可通过土地市场中地租、地价、利率和国家税收的杠杆得以解决。

### 5.1.2 工业用地市场构成要素

工业土地市场由交易场所、市场主体、市场客体、市场价格和组织方式等基本要素组成。

1)固定的交易场所是一个有形市场形成所必需的基本要素。《国土资源部关于建立土地有形市场促进土地使用权规范交易的通知》(国土资发〔2011〕11号),对土地市场的建设提出明确的要求,即建立有形市场,通过设立固定场所,健全交易规划,提供相关服务,形成土地使用权公开、公平、公正交易的市场环境。

2)土地市场的主体指土地市场的参加者,包括供给者、需求者、中介和管理者。工业土地市场是政府垄断的市场,政府根据市场的需求有计划地以多种方式向市场供地,有用地需求的土地使用者在市场上以相应方式取得土地使用权。

3)土地市场客体即土地交易的对象,主要指用于土地交易的各项权利。在工业用地市场上主要表现为有期限的国有土地使用权。

4)土地价格是土地市场的重要因素之一,反映了土地市场供求状况,是交易双方能否达成交易的关键。土地市场的组织方式主要是场内交易,即在固定的、有形的场所内进行的,特点是便于管理、利于提高质量和效率。对于个别地方发生的场外交易,属于非法的或半非法的,应依法予以取缔。

### 5.1.3 工业用地市场运行机制

土地市场运行机制是指土地产权和土地政策激励约束下,土地市场运行的客观规律和发展趋势;土地市场运行机制则是指土地市场运行所依托的机构制度,以及这种机构制度下市场的表现形式(如供求机制、价格机制、收益分配机制)。前者主要用于分析土地市场整体或每一细分的市场;后者主要用于研究细分市场内部状况。

运行机制是商品市场中的一个复杂、综合的问题。市场运行机制的核心是价格形成与作用机制。土地运行机制,一方面是价值规律在土地市场中的体现,另一方面它又是土地使用制度的实现机制,同时还是政府实施宏观调控和行政管理监督的重要载体,包括土地价格机制、竞争机制、土地供求均衡机制、土地市场交易机制和政府宏观调控机制等内容。

(1) 土地价格机制

价格是市场的灵魂,价格机制在市场运行过程中是发挥作用最强、最直接的一种机制。在工业土地市场中,土地出让价格以土地收益为主要依据,以市场交易为参考评估形成基准地价,然后以此为标准通过协议招标或拍卖的方式最后形成出让价格。出让价格的形成既遵循了地租规律,也服从了市场竞争机制,其实质是国家作为土地所有者收取地租,体现了国家的土地所有权的经济收益。工业土地价格机制的作用,首先是调节土地供求关系,土地价格高,土地供应就会逐渐增加,土地需求受到抑制;反之亦然。其次,调节土地储备和流通,当价格趋涨时,土地就会由储备转入流通,土地交易活跃;价格趋跌时,土地就会由流通转入储备,土地交易减少。再次,调节土地收益分配,土地价格高,土地供给方和政府收益增加,土地开发成本加大;土地价格低,则相反。

(2) 竞争机制

竞争机制是市场运行的动力机制。竞争应在公开、公平的前提下依法进行,反对权力干扰等不正当竞争。竞争与市场应当是依存的关系。竞争能促使社会福利达到最大化,能够让资源达到最佳的市场配置。竞争同许多经济运作机制一样,也有其本身的缺点,但是对于刺激经济增长来说,竞争是无可替代的措施。竞争的价值性表现为对强者的遏制,对竞争参与者决策权的倡导和尊重。个人逐利行为能导致资源的最佳配置和促使社会利益最大的实现。竞争机制以经济效率为基础。我国人多地少,人民生活生产的无限需求与有限土地资源之间存在着紧张关系,通过引入市场竞争作为降低土地转让成本、增大土地竞价的机制,达到工业土地资源最优配置与最高效利用,让工业用地资源以价值极大化的方式在市场竞争中分配与使用。

(3) 土地供求均衡机制

土地市场运行的管理目标是满足各类土地需求,促进土地资源的优化配置与合理利用。土地的需求是多样的,逐渐增长的,而土地的自然供给是刚性的,经营供给则是有弹性的。这是土地市场能够正常运行的前提。土地市场需求的满足,主要是通过出让、转让、租赁供给的渠道,在价格机制下来实现。其中出让供给是国家通过垄断出让供给,间接调节土地转让价格而实现市场的供求平衡。转让和租赁中的供给,纯粹是市场行为,交易双方通过价格机制来实现市场的供求平衡。

(4) 土地市场交易机制

商品交换是市场的核心问题,没有交换就没有市场。土地的交易比一般商品交易复杂得多,因而存在交易机制。土地市场的交易机制是指交易双方的交易动机、交易场所、交易方式、交易合同签订等活动的总称。可以说,交易土地行为是否规范,交易环节是否公开、合法,是判断一个土地市场运行好坏的重要标志。

(5) 政府宏观调控机制

对土地市场进行宏观调控的目的,是为了实现供需平衡,优化资源配置,合理分配收

益,抑制土地投机,保持市场繁荣稳定,促进社会经济健康快速、持续发展,其方式为:

1)健全法制。立法部门制定合乎市场经济体制的土地管理法规,其关键内容在于土地的产权和长期使用权要确定清楚,土地的产权不能被随意损害,特别是界定权属和权益方面;此外,确定土地的交易和出租规则,不能暗箱操作和暗中出租,从中谋利;还需确定国家对土地的有关管理和收取增值部分的权利。

2)加强规划监督。在土地制度理顺后,要重视土地规划监督,放宽土地供给审批。各级政府先要规划土地的使用方向,特别是城市的土地要规划功能分区,不能随意乱建;在规划使用的范围内,土地的供求交易双方,可以对土地自由买卖和出租。长期来看,国家将不再对每一块土地进行用地审批,但是城市政府必须对土地的使用情况进行监管,主要是防止和纠正土地使用用途不符合国土规划和城市规划、改变容积率、绿化率、土地交易暗箱操作、土地遭受重大污染的情况发生。

3)强化计划管理。年度计划作为指令性的计划指标,对宏观调控土地利用和经济发展具有重大作用。同时要垄断土地出让一级市场,加强对一级市场行为的控制,在深入调研的基础上,摸清土地市场供求关系,对土地需求总量和需求结构进行科学分析,科学编制年度供地计划,严格控制土地出让供给总量,以实现土地供应的计划性、有序性。

4)信贷、利率机制。土地是价值量巨大的不动产,要顺利发展土地市场,离不开金融信贷的大力支持。用于土地开发、经营的资金,无论是自有资金还是介入资金,都有利息问题,利息的多少影响着土地经营者的成本和利润,因此,信贷、利率机制对土地市场的影响是非常大的。

## 5.2 制造业变迁与驱动因素

### 5.2.1 制造业及其发展历程

制造业是指对各种资源,如物料、能源、设备、信息、技术等,根据市场需求进行生产加工,使其转化为人们需要的工具、工业品和生活用品的行业。根据国家统计局 2011 年发布的《国民经济行业分类》(GB/T 4754—2011),制造业属于第二产业中的 C 门类,下属 30 个大类,具体分类如表 5-1 所示。

表 5-1 国家统计局 2011 年《国民经济行业分类》(GB/T 4754—2011)制造业分类

| | | | |
|---|---|---|---|
| C13 | 农副食品加工业 | C20 | 木材加工和木、竹、藤、棕、草制品业 |
| C14 | 食品制造业 | C21 | 家具制造业 |
| C15 | 酒、饮料和精制茶制造业 | C22 | 造纸和纸制品业 |
| C16 | 烟草制造业 | C23 | 印刷和记录媒介复制业 |
| C17 | 纺织业 | C24 | 文教、工美、体育和娱乐用品制造业 |
| C18 | 纺织服装、服饰业 | C25 | 石油加工、炼焦和核燃料加工业 |
| C19 | 皮革、毛皮、羽毛及其制品和制鞋业 | C26 | 化学原料和化学制品制造业 |

续　表

| | | | |
|---|---|---|---|
| C27 | 医药制造业 | C35 | 专用设备制造业 |
| C28 | 化学纤维制造业 | C36 | 汽车制造业 |
| C29 | 橡胶和塑料制品业 | C37 | 铁路、船舶、航空航天和其他运输设备制造业 |
| C30 | 非金属矿物制品业 | C38 | 电气机械和器材制造业 |
| C31 | 黑色金属冶炼和压延加工业 | C39 | 计算机、通信和其他电子设备制造业 |
| C32 | 有色金属冶炼和压延加工业 | C40 | 仪器仪表制造业 |
| C33 | 金属制品业 | C41 | 其他制造业 |
| C34 | 通用设备制造业 | C42 | 废弃资源综合利用业 |

资料来源：中华人民共和国国家统计局，2011。

1）新中国成立之前，我国制造业的发展大致分为三个阶段：

① 19世纪60~90年代，清政府的"洋务派"发起了"洋务运动"，共创办了24家军工厂和船厂。在大力发展军事工业的同时，还兴办了涵盖采矿、交通运输、纺织和电报等行业的近代民用工业企业，其中较为著名的有轮船招商局、基隆煤矿、开平煤矿、漠河金矿、上海机器织布局、湖北织布官局等。"洋务运动"是我国最早的发展制造业的尝试，然而由于其浓厚的封建性，在技术和生产上严重依赖国外，最终在甲午战争的硝烟中走向没落。

② 20世纪初，随着两千多年的封建统治结束，资产阶级政权在我国范围内初步建立，我国的民族制造业有了较大的发展。特别是在第一次世界大战期间，一方面西方国家忙于战争，针对我国的经济侵略有所减弱；另一方面我国的民族制造业因为得到了不少的战争订单而迅速地发展起来。但随着战争的结束，西方国家的军事和经济侵略又重新加强，我国的民族制造业又陷入停顿。

③ 20世纪30~40年代，日本军国主义在占领我国东北后，为满足战争的需要，掠夺我国的资源，日本开始在东北兴建一批以钢铁、煤炭为核心的重工业企业。同时，为了支援我国的抗日战争，美、英等西方国家帮助我国建立了一批为战争服务的军事制造企业。但这些企业主要属于为战争服务的军事工业，并没有真正成为国民经济的支柱产业，也没有形成具有经济规模的基础产业。

回顾我国制造业这一百多年的发展，可以发现事实上我国的制造业并未真正成为国民经济的支柱，我国基本上还是一个纯农业国。由于缺少稳定的政治、经济环境，我国的制造业发展始终没有取得实质性的进展。

2）新中国成立之后，1950~1952年，我国政府用了三年时间进行国民经济恢复工作。鉴于当时国际环境的压力，以及苏联计划经济模式的"示范效应"，1953~1978年，我国政府实行了中央集中计划经济体制下的进口替代工业化战略。我国的制造业伴随着工业化的发展，进入了全面发展时期。这一阶段依据不同时期的发展特征，大致分为以下三个时期：

① 1953~1957年的初始期。这一时期是发展国民经济的第一个五年计划时期，我国集中力量进行以苏联援助的156个建设项目为中心，由694个大中型建设项目组成的工

业建设。随着这些工业建设项目的完成，我国的工业体系初步建立起来。这一时期工业基础建设投资额中，重工业投资占工业投资总额的85%。

② 1958~1972年的波动时期。这一时期由于受"大跃进"的冲击，我国工业结构严重失衡。与此同时，我国与苏联的友好关系破裂，失去了外部援助。直到1962年底，工业生产（特别是轻工业生产）方才开始出现转机。到1965年，各项调整任务基本完成，国民经济超过了1957年的水平，工农业比例关系也趋于合理。1966~1970的第三个五年计划期间，由于"文化大革命"和越南战争的影响，1965年的全国计划会议提出，将工业生产和建设的指导思想和具体规划转移到以备战越南为中心，经过三年调整的轻重工业比较协调的关系很快被再次打破，重工业平均增长速度再次明显快于轻工业。

③ 1972~1978年进口替代工业化的第二次引进高峰。随着1971年我国恢复了在联合国的合法席位，与一些国家建立外交关系，我国与西方工业化国家之间的经济贸易关系发展出现了有利的国际环境。这一时期以重化工业为主的基础工业，生产技术已大都具有当时世界先进水平，我国石化、钢铁、机械和能源等基础工业领域因此新增了一批骨干企业。

3）体制过渡时期，随着1978年中共十一届三中全会的召开，改革开放在全国范围内全面铺开，我国的国民经济也开始进入由计划经济体制向社会主义市场经济体制转变的过渡时期。这一时期依据不同阶段的发展特征，可大致分为以下阶段：

① "五五"期间的工业调整。在这一阶段，我国国民经济进入全面调整时期，优先促进轻工业的增长，对于轻工业从银行贷款、外汇分配和技术引进、能源供应、原材料、基础建设以及技术改造六大方面采取明显的政策倾斜。国务院采取措施压缩重工业生产能力，改善其内部结构，缩减重工业的生产能力。这一阶段工业结构的比例关系发生了明显变化，轻工业的发展速度超过重工业，多年来轻工业产品紧缺的现象也开始缓解。但同时，有些经济效益差、产品质量低劣的轻纺工业盲目发展的现象也比较严重。

② "六五"和"七五"期间的工业增长。在这一阶段，随着"六五"和"七五"计划的基本完成，国民生产总值和国民收入水平都在不断增长，工农业总产值也在增长，期间工业总产值年均增长13.1%，轻工业总产值年均增长14.1%，重工业总产值年均增长12.2%。

4）我国制造业的发展现状：

随着知识经济时代的到来，科技创新已经成为制造业发展的根本推动力，制造业的科技创新能力已经成为决定未来各国制造业竞争的关键因素。目前，我国制造业中最具有优势的产业依然是劳动密集型制造产业，技术含量不高，导致我国产品附加值低，资源耗损大，对环境污染严重，所获利润微薄，劳动生产率仅仅是几个制造强国的5%左右，虽然有"世界工厂"的美誉，却难以与世界发达国家相抗衡。追根溯源，关键我国制造业科技创新能力还有待提升，与发达国家有一定差距，缺乏拥有自主知识产权的先进制造技术，企业核心竞争力不强，各行各业的核心技术几乎都掌握在国外企业手中；企业发展长期依靠发达国家提供的关键技术，长时间处于技术引进、吸收、引进的追赶阶段，整体发展受制于国外企业的供给。

随着全球变暖的日益加剧和环境的恶化，制造业对环境的影响备受人们关注。我国的二氧化碳排放总量目前位居世界第一,其中80%的二氧化碳排放是在制造业生产制造过程中产生的。工厂和全球运输网络使传统制造过程留下了大量的碳足迹,排放了大量的温室气体。制造业的发展所带来的环境问题,很可能会使得我国陷入"增长的极限"。此外,制造业的发展离不开能源、资源的供给,我国的能源、资源结构一直处于"煤多、气少、缺油"的状态,而且我国人口基数大,人均资源占有量距世界平均水平还有很大的差距。从我国长期经济发展目标来看,到2020年我国将实现GDP总量在2000年的基础上翻两番。经济的发展也意味着能源消费的需求量不断上涨,这样一来,能源供应将会出现严重的短缺现象,将会再次成为制约我国制造业可持续发展的关键因素。我国制造业未来的发展模式,已经不能再走原来的粗放型发展道路,必须考虑到经济、能源和环境三大要素的最优化协调发展,提升我国制造业的可持续发展能力。

从制造业对我国国民经济增长的贡献状况来看,制造业的发展对我国民经济增长的贡献是巨大的。2009~2013年,我国制造业对国民经济的增加值占GDP的比例分别为32.3%、32.6%、32.1%、32.1%、33.8%,可知我国制造业发展对于经济增长的贡献率基本保持稳定状态,是拉动我国经济增长的重要部门。随着科技进步和制造业效率提高,在未来一段时间内,制造业对经济增长的贡献可能会进一步加大。即使没有技术变革,制造业也随着产出规模的提升,单位产品生产成本的下降,必然也会出现规模报酬的递增效应,持续为我国国民经济增长做出巨大的贡献。

从我国制造业与其他国家的对比来看,我国制造业中最明显的优势就是庞大的市场规模和大量的劳动力资源。从2014~2015年的全球竞争力报告中可以看出,我国制造业的市场规模竞争力排名高达世界第二,而技术就绪度和高等教育程度的排名比较靠后,这严重影响了我国制造业国际竞争能力的提升。现阶段,我国也不再享有廉价劳动力的优势。因此,必须在创新方面做出更多的努力,提升我国制造业的科技创新能力,研发更多的先进技术,不断改善我国的环境问题,提升我国制造业的国际竞争能力。

### 5.2.2 制造业发展驱动因素

(1) 制造业发展理论

在经济效率理论看来,所谓制造业的"企业效率",指的是企业在生产经营中配置资源的效率,用投入产出比来衡量。对于"效率"的理解可以从两个方面来看。首先是技术方面,考察的是企业生产经营以及配置资源过程中投入与产出的技术性比率。其次是制度方面,考察的是投入与产出的技术比例变化所产生的经济后果,即是否实现帕累托最优。新古典经济学的经济人假设中,"自利"的动机和"理性"的行为模式未考虑社会习俗与传统对个人偏好和选择的影响,从而排除任何主观或客观利他主义的结果。

工业生态理论对制造业发展驱动因素的看法,与经济效率理论不尽相同。工业生态理论,又称工业生态学,简单来说就是生态环保概念框架在具体工业生产应用上的研究,通过对生态学理论和实践经验的借鉴,寻求建设生态化新型工业的框架与方法。在开放系统中,资源在经过一系列变化之后产生的最终结果只有两种:一部分以有用的产出形式出现,另一部分则变成垃圾废物。工业生态理论所研究的主要内容,是通过人为活动改变和干预开放系统的运行,将其转变为循环密闭的系统,目的是为了将前一轮产生的废物以新"资源"的形式进入到后一轮的系统运行之中,循环往复。工业生态理论认为,可以将工业系统类比生态系统,即工业系统里的各种能源、物质以及信息的运动和储存并非简单的叠加,也非孤立存在,而是像生态系统之中的食物链那样不断循环。工业生态系统是工业生态学研究的主要对象,各类工业部门共同组成工业生态系统。工业生态网络的主要功能体现在其生产中的能量流、物质流以及信息流三方面。工业生态学所研究的重点是工业系统内部的结构,以及自身与外界环境间的关系问题。

此外,可用来解释制造业发展驱动因素的理论还有规模经济理论。所谓规模经济,是指生产规模扩大后经济效益的增加,它反映生产要素的集中程度与经济效益的关系。规模经济一般表现为大规模经营具有优越性,但不是说规模越大越好。随着生产经营规模的变化,企业的经济效益依次表现为递增、不变、递减的变化状态。这种由于企业生产经营规模变动引起的经济效益的变化,称为规模报酬。马歇尔在讨论工业组织问题时,以制造业为例,得出了随着产量的增加、平均成本的下降,企业会获得规模经济。其规模经济理论对于制造业的解释确实比较合适,因为制造业具有固定资产投资大的特点,随着产量的提高,分摊在单位产量的平均成本会逐渐降低,由产量带来的规模经济性会明显地表现出来。这样的规模经济特点在汽车工业、机械产品工业、化工行业中具有明显的体现,但是对于一些前期投资成本小、变动成本较大的行业则不是很适用。基于企业层面,马歇尔把规模经济归结为两类,即内在经济和外在经济。但是从总体上来看,他着重分析了内在经济的形成机制。实际上,随着经营规模的变化,企业规模报酬变化的原因可以从内部规模经济、外部规模经济和外部规模不经济等方面考虑。内部规模经济又称内在经济,是由于内部生产效率的提高而使长期平均成本降低、增加收益的经济,包括分摊固定成本、分工协作、提高劳动效率、降低单位产品管理成本、综合利用副产品增加企业收入、降低单位产品交易费用、节约信息费用、强化控制能力等。外部规模经济又称外在经济,是指整个行业规模扩大时,给个别厂商带来的利益,它也会使长期平均成本下降。外在经济来源于一个行业整体规模的扩大,该区域相应的配套服务就会逐步完善,个别厂商可以在信息、技术、人才、维修、运输等方面均获得便利条件。但如果行业规模过大时,有可能出现竞争过度、市场相对缩小、污染加剧、生产要素短缺和价格上涨、交通运输紧张等问题,导致个人厂商生产成本上升,经营收益减少,这就是外部规模不经济,或外在不经济。这要求制造业发展应在生产资源投放总量上做到适度,即适度规模。不论是一个企业、一个行业还是一个地区,客观上都有适度规模问题。适度规模的原则,就是要使规模报酬递增或者固定不变,而不能使规模报酬递减。

（2）制造业发展驱动因素

经济发展是工业发展方式转变的基础。经济增长是衡量一个国家总体经济实力的重要标志,是一切人类活动与社会发展的基础。经济增长关系每个国家和民族的前途和命运,虽然高速的经济增长会带来一系列的问题,但大多数国家仍把增长作为经济政策的核心目标。因此,经济发展毫无疑问是我国工业发展方式转变最根本的基础,脱离经济增长谈工业发展方式转变是不切实际的。

人力资本是劳动者通过教育、医疗、技能培训的购买或被动接受，进而获得并且凝结在其身上，有助于提高劳动效率的知识、技能、经验、健康等特质的总和。人力资本对制造业尤其是先进制造业的影响，主要体现为具有丰富知识与经验、较高技能水平、较好身体素质的高素质人才对于先进制造业影响。高素质人才是企业采用先进制造技术与先进管理技术的前提。先进制造业包括高新技术产业，以及经过先进制造技术改造升级后的生产传统工业品的企业，但无论哪一种企业都要求采用先进制造技术。先进制造技术是传统制造技术的升级，或者是依据企业、市场需求新发明的技术，包括将传统制造技术与现代信息技术、计算机通信技术、机械工程技术、新材料、新能源的融合。这种技术往往跨专业、学科交叉，因而具有无比的复杂性。制造业企业采用的制造技术，需要员工的理解与掌握，这就对劳动者的素质提出了更高的要求。即使是将技术附在各种机器设备上，操作这样的机器设备也要求劳动者具有较高的素质，以便读懂各种指标、符号。先进的管理技术将管理过程通过计算机程序的形式加以实施，这也要求企业的管理者和被管理者都会熟练操作计算机，并有现代管理学理论知识。高素质人才是制造业企业技术与产品更新的源泉，制造业企业想要具有竞争优势，不被时代所淘汰，就必须牢牢把握住创新——对技术和产品进行创新，创造出更加高效、节约的生产方式。

固定资产投资对制造业发展的影响，主要体现在宏观层面。首先，一国或地区经济社会对于固定资产的购买可以形成有效需求，有效需求能够增加社会总需求，从而引起社会总产出的增长。社会总产出的增长带动经济的繁荣，处于经济社会中先进制造业企业的产品就更容易销售掉。其次，一国或地区的固定资产投资往往在于建立新兴部门，采用更加先进的技术设备，以及社会基础设施建设等方面，包括铁路、公路与机场等设施。采用先进的制造技术可以提高制造企业的生产效率，而基础设施的改进可以降低制造业企业的外部成本，从而增强企业的竞争力。再次，固定资产投资的方向往往和国家的产业政策密切相关，针对不同的产业政策，一国或地区政府会对固定资产投资的方向加以限制。例如，当前我国政府想要转变经济发展方式，调整工业结构，提高制造业企业的比例，就会向制造业进行更多的固定资产投资。

研究与开发为制造业企业提供技术更新的源泉，增强企业的竞争力；帮助制造业企业根据消费者需求的不断变化提供和更新产品。随着经济社会的不断发展和进步，以及消费者消费能力的提高，消费者在满足了其基本的生活需要之后转而追求更加多样化的消费需求，在制造业产品方面越来越追求个性化和多样化。制造业企业想获得市场的认可，就必须深刻理解消费者的个性化需求，同时为他们提供满意的商品服务。近些年来，科技创新体系不断完善，政府和企业对于技术研发的投入力度也不断加大，这使得我国整体的科技创新能力不断增强，制造业产品的国际竞争力不断提升。

越来越多的统计表明，全球化把企业的集聚效应变成了一种具有普遍性的世界经济活动。集聚效应是指某个具有比较优势的区域，吸收生产要素及产生一系列经济活动后，演进成能够带动周围经济发展的极核地带的过程。集聚过程一旦完成，就会形成一个自我积累的自发发展过程。经济开发区或工业园是经济活动发展过程中集聚效应的表现形式。集聚效应在制造产业中称为产业集群，也称为产业集聚，是大量相关企业和关联机构按照产业链"链接"的关系集中在特定地理区域。国家发展和改革委员会《中国民营经济发展前沿问题》将产业集群定义为在特定产业领域同时具有竞争与合作关系的若干企业及相关法人机构,由于相互具有某种共同性和互补性而连接在一起。产业集群区域不仅仅是企业数量的增加与集中,更重要的是表现为显著的人才、资本和管理的集中。管理有利于减少投资风险,并避免投资者由于信息不对称造成的投资选择失误。产业集聚效应可以通过规模经济和范围经济有效降低产业集群内制造企业的交易成本,从而提升其在市场上同其他企业进行竞争的能力。产业集聚效应除了在交易成本方面给予制造业优势外,还可以给予制造业企业技术外溢效应与学习效应。处于同一工业园区或经济园区的企业员工之间的交流更多,通过不同企业员工之间的交流促进了技术的外溢。

## 5.3 土地出让与制造业发展

### 5.3.1 工业用地出让制度及其演变

工业建设用地是非农建设用地的一个重要组成部分,改革开放以来,表现尤为明显。随着工业化、城镇化进程的加速推进,工业建设用地占非农建设用地的比例越来越高。据统计,在土地利用实践中,工业用地约占土地供应总量的 60%~80%。加强工业用地管理,实行高效集约使用土地,显得十分迫切和必要。长期以来,我国实行土地无偿、无限期、无流动的使用制度,国有企业和城镇集体企业用地,采用无偿划拨方式供应,乡镇企业和村办企业采取无偿使用方式供应,用地企业只要对拥有集体土地的农民做出适当补偿安置和交纳一定税费,土地便可无偿无限期使用。自 1990 年《城镇国有土地使用权出让和转让暂行条例》颁布后,国有土地使用走上了市场化配置、有偿使用的道路。在 20 世纪 90 年代末,随着产权制度改革的推进,国有、集体企业和乡镇、村办企业纷纷改制,对企业原先使用的土地也做了安置。除少数改制企业实行租赁外,大多数企业通过补办土地出让或流转手续,只要交纳少量的土地出让金或流转金,便取得了几十年的土地使用权。对于使用增量土地的外商投资企业和民营企业,一般采取征用集体土地,然后协议出让给中外企业使用的方法。然而,在近些年我国工业化、城镇化进程中,一些地方政府却把协议出让变成了"低价出让",在招商引资中以土地为筹码搞恶性竞争,不惜以低于成本的价格,以至"零地价"、甚至"负地价"出让工业用地。其危害十分严重,助长了某些工业低水平的重复建设,影响了中央宏观调控政策的有效实施。同时还助长了地区之间的恶性竞争,破坏了公平、公正、公开的土地市场环境。

不同的配置方式会对土地资源的利用产生不同的影响。我国土地使用制度改革以来,虽然采用了土地批租制,政府也逐渐垄断供地,但在这一过程中,经营性用地的市场化特别是工业用地出让并未成为主流,经营性用地供给主要采取协议出让的方式。土地收购储备制度的采用,促进了经营性用地的招拍挂出让,但直到 2004 年的"8·31 大限",国务院规定经营性用地一律采取招拍挂的方式之后,才结束了协议出让的历史。对于工用地,地方政府一直不受约束的协议出让,是地方政府招商引资的重要砝码。地方政府通过协议出让的方式参与激烈的引资竞争,使得工业用地的均价不断下降。有的地方政府甚至出台最高限价政策,以低于土地成本出让,工业用地市场俨然变成了买方市场。由于协议出让条件下土地取得成本过低,用地者就会多占土地,以取代要素价格较高的资本、技术等,其结果就是土地的粗放利用。目前我国城市土地的集约还有很大的潜力可挖掘。为保护耕地和促进城市土地集约利用,中央政府实施了垄断供地政策;加之地方政府面临的财政压力,促成地方政府采取招拍挂方式供应经营性用地。直到2006年国务院发布31号文件,要求建立工业用地出让最低标准统一公布制度,工业用地必须招拍挂出让,且不得低于最低价出让,工业用地出让才逐渐规范起来。出让方式的市场化程度是衡量土地市场化程度的一个重要指标,因为协议、招标、拍卖、挂牌出让方式存在差异,不同的方式下土地价格的形成机制很不相同,其对土地资源配置的作用和土地收益分配的影响也是不同的。这一转变,降低了中央政府土地供给(数量)的监督成本,增强了中央政府对地方政府的土地产权约束,有利于提高中央政府的耕地保护能力。但是地方政府靠土地供给吸引投资、提高政绩、获取收益的动力并未降低。

(1) 协议出让

协议出让国有土地使用权,是指市、县国土资源管理部门以协议方式将国有土地使用权在一定年限内出让给土地使用者,由土地使用者支付土地使用权出让金的行为。协议出让土地使用权规则比较简单,操作环节少,准备过程短,成本低,而且可以实现多社会目标,对社会的引导作用大。但协议出让不能引入竞争机制,不利于土地使用者公平竞争。在以前的实践中,各地方政府过多采用协议方式,导致土地使用权出让金普遍偏低,损害了国家的利益。这种出让方式更深层的危害性,在于土地作为稀缺资源,其应有的价值得不到体现。同时,协议出让也为权力与利益的交换提供了空间。就地方政府而言,协议出让最能体现行政权力,甚至可以说最能体现行政官员的意志。由于其既无固定程序,过程也不公开,较其他出让方式而言,负责协议出让的行政官员在执行公务的过程中有利用手中的权力,以牺牲国家和社会的利益来换取个人利益的机会;就土地使用者而言,不用通过竞争方式而取得的土地使用权往往可以支付较低的地价,取得更满意的出让条件,因而也乐于积极采取行动,使负责协议出让的官员尽快与其达成合意。然而,这并非是一个正和博弈。因此,法律对协议出让进行了越来越严格的限制,使其一般只适用于福利性事业、非营利性用地的国有土地使用权出让。

(2) 招标出让

招标出让国有土地使用权,是指市、县国土资源管理部门发布招标公告或者发出投标邀请书,邀请特定或者不特定的法人、自然人和其他组织参加国有土地使用权投标,根据投标结果确定土地使用者的行为。该方式引进了市场竞争机制,但其最大的特点是投标者只能一次报价,且中标者不一定是投标价的最高者。因为在评标时,不仅要考虑投标价,而且要对投标规划设计方案和投标者的信贷情况等进行综合评价。如果该方式采用得当,是最能兼顾市场买卖双方利益的一种方式,但是,由于缺乏相应的具体操作规范及监督管理机制,土地招标出让昙花一现,没有被广泛地采用过。另外,政府职能错位现象严重，政府的职能应该是宏观调控而不是土地招标等具体的微观操作。出于地方利益或部门利益或小团体利益，政府及其所属部门有可能滥用政府职权，形成政府对市场的垄断，降低市场效率，破坏正常的市场经济秩序。

（3）拍卖出让

拍卖出让国有土地使用权，是指市、县国土资源管理部门发布拍卖公告，由竞买人在指定时间、地点进行公开竞价，根据出价结果确定土地使用者的行为。该方式竞争性强，公平、公正、公开，使国有土地使用权的价值得到了最充分的实现，为政府提供最高的地价收入，提高了土地利用的集约度和土地资源的配置效率。然而，该方式实际上不符合1997年的《中华人民共和国拍卖法》。该法在第10条规定："拍卖人是指依照本法及《中华人民共和国公司法》设立的从事拍卖活动的企业法人。"土地行政管理部门及所属的事业单位进行国有土地使用权的出让拍卖，显然与《中华人民共和国拍卖法》相违背。

纵观目前国内已经举行的土地拍卖，实力雄厚的外资房地产公司很少竞得地块，不是因为外资公司的实力不济，而是他们的决策行为更为理性；当其参与拍卖时，已对欲竞投地块进行过详细的可行性分析，如果竞投结果超出限价即退出拍卖。此外，拍卖使地价"虚高"。一般情况下，拍卖方在拍卖时会确定一个比市场价格略低的起拍价以吸引参与者，调动拍卖场上的气氛，确保拍卖的成功。有时，主拍者的经验、临时气氛的烘托、竞拍者的冲动会将价格哄抬得很高。土地拍卖出让的最大缺憾是过分追求土地的市场价值，政府无法控制市场成交价，更谈不上充分发挥政府对资源的调控职能。

（4）挂牌出让

挂牌出让国有土地使用权，是指市、县国土资源管理部门发布挂牌公告，按公告规定的期限将拟出让宗地的交易条件在指定的土地交易场所挂牌公布，接受竞买人的报价申请并更新挂牌价格，根据挂牌期限截止时的出价结果或现场竞价结果确定土地使用者的行为。挂牌出让由于可以多次报价且中标者是报价最高者，因此这种出让方式比招标出让的一次报价即决定能否中标，更受竞买人青睐；对于挂牌截止时仍有多家报价的情况，2006年发布的《招标拍卖挂牌出让国有土地使用权规范》要求挂牌宗地现场竞价，价高者得，这与拍卖形式有相同之处；对于仅有一个竞买人报价且报价高于底价的，挂牌宗地可以成交，这与协议出让又有点类似。正是因为挂牌方式兼具招标、拍卖和协议方式的多种特点，更具灵活性和操作性，因此从其产生之日起，便体现了强大的生命力，在"招拍挂"出让中，挂牌出让无论面积或价款，均高于招标和拍卖方式的总和，有后来居上的趋势。

### 5.3.2 工业用地出让时空分析

在工业化进程中，地方政府具有利用土地资源促进招商引资活动的行为偏好，其中工业用地出让最明显。卢建新等利用2004~2013年全国252个地级市的土地出让数据、经济数据、环境数据，分析工业用地出让对中国经济和环境的影响，认为工业用地协议出让招商引资在长期内会对经济、环境造成严重的负面影响，不利于经济和生态环境的可持续发展（卢建新等，2017）。杨其静等基于2007~2011年中国地级市工业用地出让的面板数据，研究发现地方政府增加工业用地的出让面积，可显著拉动当地非房地产城镇固定资产投资、工业增加值、GDP 和财政收入;但是,若地方政府以协议出让工业用地的方式来吸引投资,则将会显著地抑制上述拉动作用,即协议出让工业用地所引来的项目质量较差(杨其静等,2014)。彭山桂等以广东省为例,利用 2007~2012 年地级市层面的面板数据,实证分析了地方政府工业用地地价出让财政激励的内在逻辑。工业用地低价出让行为普遍具有财务上的合理性,并非不惜成本的非理性竞争。但其不具备价值上的合理性,价值损失可视为地方政府以土地要素换资本要素这种引资竞争方式的成本(彭山桂等,2015)。孙伟等基于中国土地市场网 2009~2013 年制造业用地出让数据,分析了长三角、珠三角、京津冀、长江中游和成渝 5 个典型城市群新增制造业用地分布特征,以及城镇体系耦合特征差异;分析了新增制造业各行业用地在 5 个城市群中呈现出的集聚特征,并认为长三角、珠三角城市群新增制造业发展较为均衡;京津冀、长江中游和成渝城市群发展协调性仍有待提升(孙伟等,2016)。

### 5.3.3 制造业发展面临问题

中国制造业作为国民经济的主体,其发展取得了令世人瞩目的成就,在国际市场上具有重要地位,但却面临着大而不强的问题。从空间上看,其发展长期呈现"极度东倾"的格局,由此带来土地低效利用、产业同构、产能过剩以及环境污染等社会经济问题。造成中国制造业困境的主要原因有以下几点。

1) 劳动力成本不断上升。随着人口红利的消失和人口老龄化的不断加速,中国的劳动力人口比例逐渐减少,沿海制造业加工区域(如珠三角地区)出现了用工荒,许多企业都出现了招工难的问题。劳动力的短缺造成了劳动力成本的上升。有研究指出,近十年间制造业劳动力平均工资增长了将近 4 倍,且在全球范围内,我国的人均工资也具有相对较快的增长率。根据国际劳工组织出版的《2014/2015 全球工资报告》显示,近几年来,全球工资一直处于上涨状态,但增长主要由新兴和发展中经济体带动,而中国作为这些经济体中具有重要影响力的大国,对全球工资的增长具有相当突出的影响,占据着较大的比例。这除了因为中国市场的庞大外,更主要是因为中国较高的实际工资增长率。较高的工资增长率对以劳动密集型产品生产占主要部分的中国制造业来说是巨大的打击。中国曾凭借充足而廉价的劳动力,吸引了许多外商前来投资设厂,但近年来随着劳动力成本的不断上升,昔日的劳动力成本优势正在逐渐丧失,许多外资相继转移至东南亚进行投资,一些外商设立的工厂也逐渐退出中国,选择到劳动力成本更低的东南亚国家设厂。

2) 研发投入不足。科学技术是第一生产力,提升企业的科技创新能力有助于提高企业的核心竞争力。对于制造业企业来说,拥有自主创新的核心科技,更直接关系到企业能否获得较高的收益。长期以来,我国制造业走的是"重模仿、轻创新"的发展道路,其后果是大量低水平重复建设,以及产品同质化严重。核心技术对外依存度高,近 80% 的高端芯片依赖对外进口(数据源自《中国制造 2025》)。在工程技术领域,相当一部分核心技术引自国外,关键技术为自主研发的占比较小,尚未完全形成在消化吸收基础上自主研发的良性循环。在产品设计理论方面也比较薄弱,往往忽略疲劳强度理论和测试技术,而这些理论和技术在国外早已得到广泛应用。在产品开发上,市场反应速度较慢,导致周期过长,平均研发周期达到 18 个月,而美国同行业的平均研发和试制周期为 3 个月(杨基,2017)。我国研究与试验发展(R&D)经费支出在持续增加,但仍与传统的制造业强国,如美国、德国、日本、韩国相比,存在较大差距。R&D 经费投入不足使中国制造业生产出来的产品技术含量低,产品附加价值也难以提高,从而导致产品价格较低。在生产成本不断提高的今天,产品价格难以提高,将导致中国制造业企业利润越来越低,严重打击制造商的生产热情,加大中国制造业的下行压力(何亭等,2016)。

3)人民币升值阻碍产品出口。2005 年 7 月,人民币开始实行汇率改革,中国的汇率政策从过去国家严格管理和控制的汇率政策,变成了以市场供求为基础,参考一揽子货币进行调节,有管理的浮动汇率制度。从此,人民币开始了升值的道路。近十年间,人民币兑美元的汇率已经累计升值了近 30%左右。人民币的升值对制造商特别是以从事出口商品为主的制造商来说影响很大。中国的出口产品大多为劳动密集型产品,产品附加价值低,企业所获得的利润也比较少,这些产品大多以低廉的价格进入其他国家,价格优势便成为商品竞争最大的优势。可随着人民币升值,出口产品在国外市场的价格逐步提高,削弱了产品的国际竞争力,使出口减少,损害了制造商的利润,也减少了制造业的利润。

4)能源利用率低。中国经济增长飞速,制造业也得到了快速的发展,但大多数制造业企业仍为粗放式发展,生产技术水平低,能源的利用率也较低。中国的能源利用率与世界其他制造业发达的国家相比还具有一定的差距。且仅通过大量的人力、物力、财力的投入,依靠能源的高投入,不解决高排放问题来获取经济利益,各类环境问题必然会随之而来。近年来,我国能源结构有了新的变化,水电、风电、太阳能产能不断上升,多座新的核电站正在筹建,但新能源总体占比仍旧较低。我国仍是中央政府主导、以行政手段层层分配减排指标的机制,通过市场配置手段利用一次能源,利用"阶梯"定价的方式调控二次能源。这种靠行政约束的机制难以实现企业的自觉行动,需出台更全面的长效机制控制能源消耗和浪费等问题。中国制造业的能源利用率还存在提升空间,生产方式还需要进一步转变才能减少二氧化碳的排放量,实现绿色生产,承担起大国对世界环境问题应负的责任。

5)产品结构问题突出。改革开放以来,我国制造业呈现"平推式"模式。借助资源优势和政府资助,通过大力招商引资,从扁平的技术层面扩充生产能力,占领国外市场,这产生了量的效果,但在质的方面却呈现出很大的局限性。例如,缺乏创新活力和创新耐心、产品技术层次低、同质化严重。另外,我国制造业已逐渐由资源、劳动密集型制造业,转变为资本、技术密集型制造业。但由于结构性问题,后者经济效益的提升却往往落后于前者。我国制造业整体优势没有得到充分发挥。

# 第6章 中国住宅地价发育状况及住宅市场健康度评价

土地市场是土地资源市场化配置的场所,其发育程度直接影响土地利用效率的提升(王良健等,2011)。地价作为土地市场运作的重要信息和价值判断标准,是国家宏观调控土地市场的重要手段之一。随着市场经济的不断发展,其在提高土地资源利用效率和优化土地空间配置中的作用日益突出(高金龙等,2014;常疆等,2011)。住宅用地市场是土地市场中最为活跃的部分,其发育程度与人民生活改善、社会经济发展、城镇化进程、住房政策实施等息息相关(王青等,2007)。住宅市场发展在带动相关产业形成、创造国民经济价值的同时,也会出现住宅(用地)价格飙升、住宅市场非均衡发展等现象。住宅市场发育的健康程度直接关系到土地资源的优化配置、政府对土地市场的有效管理和企业正确的房地产投资决策(宋佳楠等,2011),进而影响到区域之间的协调发展,以及社会的公平与稳定。因此,面对中国住宅市场在土地取得方式等方面的特殊性,综合采用能全面反映住宅市场变化的评价指标,探索系统内部不同区域地价空间差异和驱动因素,深入分析住宅市场发育的健康程度,进而探究区内不同城市住宅市场健康度的空间分异特征,具有重要的理论和现实意义。

## 6.1 数据处理

### 6.1.1 住宅地价核算

目前,用于分析区域住宅地价状态的数据,包括城市基准地价数据、城市地价动态监测数据(以下简称监测地价)、市场交易样点地价数据等,而适合大范围分析、可动态体现土地市场价格的数据,多依托城市地价动态监测网系统(http://www.landvalue.com.cn)提供的监测点地价数据。该数据采用在城市内部特定区域设置能代表一定土地级别、地价区段和土地用途的地价监测点,对其进行动态监测,从而获取代表区段水平的地价(张靖苗,2017;王良健等,2011;吕广朋,2006)。但这一数据覆盖城市数量有限(目前纳入监测体系的城市共105个)、地价更新较慢(更新周期一般为1年),其所反映的住宅市场交易动态性有待提升。为了全面分析研究期内中国住宅地价发育状况,本研究采用原国土资源部土地市场网(http://landchina.mlr.gov.cn/)公布的以市场化方式(通过招标、拍卖或挂牌形式)出让的住宅用地数据。该数据覆盖全国,包括了各宗用地的供应方式、土地级别、宗地面积、交易金额等,可以全面反映全国住宅用地出让的空间分异和变化情况。研究期内全国共出让住宅用地41.13万宗,总面积60.67万 hm²,其中以市场化方式出让的住宅用地共360 973宗,总面积513 530 hm²(表6-1、图6-1)。由于政策性住宅(包括保障性住房、经济适用房、廉租房等)用地具有政策性强、且政府统一规划统筹建设等特点,难以有效反映住宅市场对宏观经济、市场需求等因素的响应状况,故本研究仅选取非政策性住宅用地出让数据作为研究的基础数据。

表6-1 2009~2013年中国住宅用地出让情况

| 年 份 | 出让宗数/宗 |  |  | 出让面积/hm² |  |  |
|---|---|---|---|---|---|---|
|  | 小 计 | 市场性 | 政策性 | 小 计 | 市场性 | 政策性 |
| 2009 | 73 678 | 54 849 | 18 829 | 85 472.69 | 71 338.10 | 14 134.59 |
| 2010 | 87 017 | 78 234 | 8 783 | 127 848.19 | 109 779.28 | 18 068.91 |
| 2011 | 86 999 | 77 888 | 9 111 | 133 875.49 | 108 372.39 | 25 503.10 |
| 2012 | 72 618 | 62 861 | 9 757 | 116 444.49 | 87 714.52 | 28 729.97 |
| 2013 | 90 945 | 87 141 | 3 804 | 143 030.57 | 136 326.07 | 6 704.50 |
| 合计 | 411 257 | 360 973 | 50 284 | 606 671.43 | 513 530.36 | 93 141.07 |

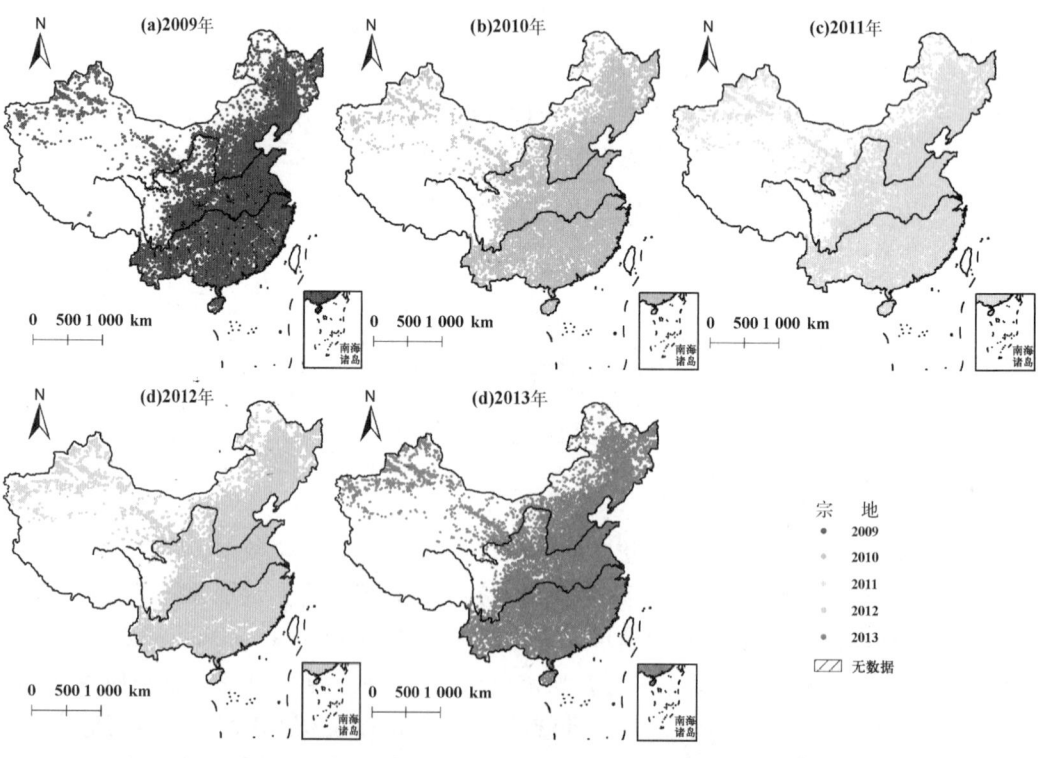

图6-1 2009~2013年中国住宅年出让宗地点位空间分布

注:国界线底图源自自然资源部标准地图服务系统(http://bzdt.ch.mnr.gov.cn);未统计香港、澳门、台湾等地区数据。

本研究所采用的数据虽覆盖全面、数量丰富,但也面临因地块位置、级别以及个体条件差异导致的研究单元内部地价波动较大的问题。同时,部分地区某些年份出让宗数过少也会显著影响其平均地价水平。为使基于综合后的住宅地价能有效反映区域地价特征,本研究以 2012 年的行政区划为基础,以县级行政区域为评价单元(共 2 534 个),采用级别修正、宗数修正等步骤,对基于宗地的住宅用地价格进行综合和修正,形成修正地价。

首先,参考国家地价动态监测系统的地价分区方案,将全国分为东北、华北、华东、西北、西南和中南六个大区,根据纳入地价动态监测网络的 105 个城市住宅基准地价,采用距离衰减法对六个大区内 1~7 等级地价进行插值,计算各大区内各等级土地间的比率关系,结果见表 6-2。

表 6-2 全国监测地价体系中各等级住宅基准地价比率

| 区域 | 包含省份 | 一级/二级 | 二级/三级 | 三级/四级 | 四级/五级 | 五级/六级 | 超过六级以上各等级比率 |
|---|---|---|---|---|---|---|---|
| 东北区 | 黑龙江、吉林、辽宁 | 1.35 | 1.36 | 1.34 | 1.36 | 1.23 | 1.23 |
| 华北区 | 河北、河南、山东、北京、天津 | 1.27 | 1.29 | 1.30 | 1.37 | 1.24 | 1.24 |
| 华东区 | 福建、广东、海南、江苏、浙江、上海 | 1.26 | 1.28 | 1.31 | 1.41 | 1.30 | 1.30 |
| 西北区 | 甘肃、内蒙古、宁夏、青海、山西、西藏、新疆 | 1.27 | 1.28 | 1.35 | 1.48 | 1.38 | 1.38 |
| 西南区 | 广西、贵州、陕西、四川、云南 | 1.29 | 1.28 | 1.36 | 1.49 | 1.30 | 1.30 |
| 中南区 | 安徽、湖北、湖南、江西、重庆 | 1.33 | 1.36 | 1.36 | 1.38 | 1.29 | 1.29 |

其次,根据研究期内出让的各等级土地宗数,确定各研究单元住宅土地的中心等级。对出让等级不是中心等级的,按照该研究单元所在区域的各等级地价比率将其修正到中心等级的地价水平。

最后,根据中心等级,利用级别修正法计算各研究单元逐年市场性住宅均价。中心等级和住宅均价的计算方法如下:

$$C_j = \sum_{i=1}^{18} (d_{i,j} \times a_{i,j}) \quad (6-1)$$

$$P_j = \sum_{i=1}^{18} (y_{i,j} \times b_{i,j} \times \beta_{i,j}) \quad (6-2)$$

式中,$C_j$ 为 $j$ 研究单元住宅地价中心等级;$P_j$ 为 $j$ 研究单元住宅平均地价;$d_{i,j}$ 为 $j$ 研究单元出让的住宅用地中 $i$ 级别土地等级数(最大级别为 18);$a_{i,j}$ 为 $j$ 研究单元 $i$ 级别土地在研究期内出让的宗数占该单元所有级别土地出让宗数的比值;$y_{i,j}$ 为 $j$ 研究单元 $i$ 级别土地出让均价;$b_{i,j}$ 为 $j$ 研究单元 $i$ 级别土地在当年内出让的宗数占该单元所有级别土地该年出让宗数的比率;$\beta_{i,j}$ 为 $j$ 研究单元 $i$ 级别土地修正到中心等级的系数比。

为了消除特殊年份由于出让宗数较少而产生的均价偏差,本研究将部分研究单元年出让宗数小于 3 宗的年份的地价用该单元其余四年平均地价替换。

### 6.1.2 住宅地价验证

为验证地价修正结果的有效性,本研究采用分区对比、位序比较方法,对修正后的住宅地价进行检验。

(1) 分区对比

基于数据的可获得性,本研究采用平均值法将县级住宅地价上升到市级层面,并将其与城市地价动态监测网中的 105 个城市进行比较。不同区域修正地价与监测点地价的对比结果见图 6-2。

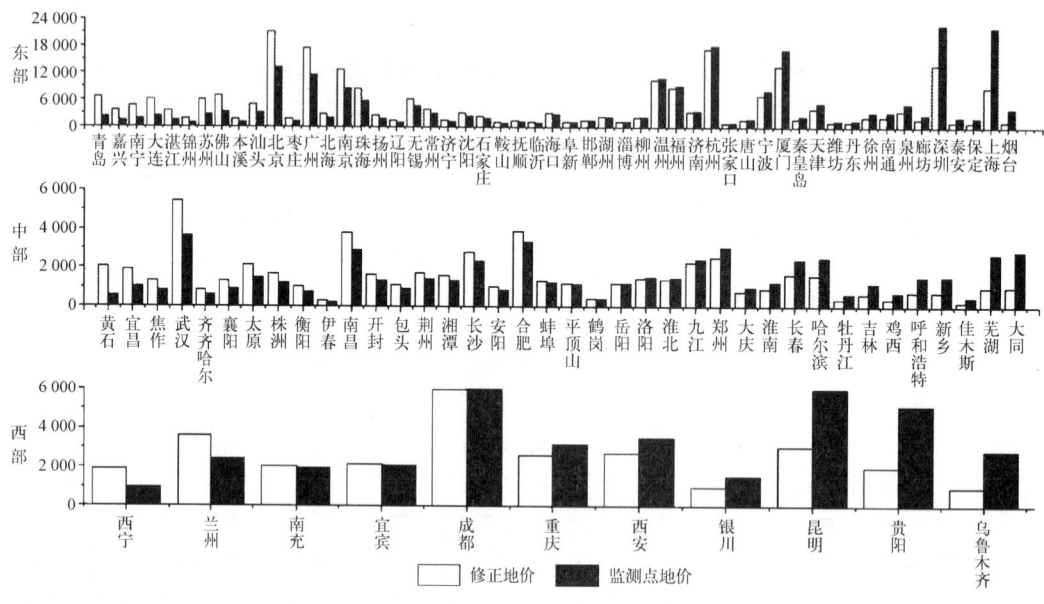

图 6-2 市场交易修正地价与城市动态监测地价比较(单位:元)

通过比较,在分区对比方面,修正地价和监测点地价基本一致,这也与曹飞等(2013)和陈霖等(2015)对石家庄的研究结论一致。全部 105 个监测点的修正地价均值为 3 327 元/m²,监测点地价均值为 3 274 元/m²,差异率为 1.62%;全国东、中、西部地区的修正地价分别为 4 791 元/m²、1 513 元/m²、2 544 元/m²,相应的监测点地价分别为 4 529 元/m²、1 499 元/m² 和 3 363 元/m²,差异率分别为 5.78%、0.93% 和 24.35%。

(2) 位序比较

对修正地价和监测点地价中位于前十位和后十位的城市进行位序对比(表 6-3)。从位序排列结果看,监测点地价中位列前十的城市中,有 9 个城市也位列修正地价的前十位;而在位序中列后十位的城市中也有 6 个城市在修正地价的后十位之列。

表 6-3 市场交易修正地价与监测点地价位序

| 位 序 | 修正地价前十位 | 监测点地价前十位 | 修正地价后十位 | 监测点地价后十位 |
| --- | --- | --- | --- | --- |
| 第一位 | 北京市 | 深圳市 | 佳木斯市 | 伊春市 |
| 第二位 | 广州市 | 上海市 | 伊春市 | 鹤岗市 |

续 表

| 位　序 | 修正地价前十位 | 监测点地价前十位 | 修正地价后十位 | 监测点地价后十位 |
| --- | --- | --- | --- | --- |
| 第三位 | 杭州市 | 杭州市 | 牡丹江市 | 佳木斯市 |
| 第四位 | 深圳市 | 厦门市 | 鸡西市 | 黄石市 |
| 第五位 | 厦门市 | 北京市 | 鹤岗市 | 齐齐哈尔市 |
| 第六位 | 南京市 | 广州市 | 吉林市 | 牡丹江市 |
| 第七位 | 温州市 | 温州市 | 新乡市 | 鸡西市 |
| 第八位 | 上海市 | 福州市 | 呼和浩特市 | 衡阳市 |
| 第九位 | 福州市 | 南京市 | 大庆市 | 锦州市 |
| 第十位 | 珠海市 | 宁波市 | 齐齐哈尔市 | 焦作市 |

此外,运用 ArcGIS 软件中的 Mean Center 功能计算两者重心,结果也相重合。基于上述比较,可以认为修正地价可较好地反映研究期内中国市场性住宅出让地价水平,可作为中国住宅市场发育状况及健康度评价的数据基础。

## 6.2　评价方法

### 6.2.1　住宅地价发育状况评价指标

住宅出让地价发育主要体现在地价水平值、地价增长率以及市场化出让活跃程度等方面,分别代表区域现阶段地价发展程度、后期发展态势和住宅市场化程度。在地价发育过程中,可发挥划分城市发展阶段(曹飞,2013;黄志英等,2004)、衡量与经济发展关系(曹飞,2013;赵津,1999)以及驱动土地集约(邓永旺,2015;王良健等,2011)等作用。为了有效分析住宅出让地价发育状态,选取地价水平值($\theta_1$)、地价增长率($\theta_2$)和市场活跃度($\theta_3$)作为评价指标,具体释义见表6-4。

表6-4　住宅出让地价发育分区指标及其含义

| 指标 | 名称 | 单位 | 公式 | 分级标准 | | 说　明 |
| --- | --- | --- | --- | --- | --- | --- |
| $\theta_1$ | 地价水平值 | 元/m² | $\frac{1}{5}\sum_{j=2009}^{2013} P_{ij}$ | <671<br>[671, 1 114)<br>[1 114, 1 573)<br>[1 573, 2 604)<br>≥2 604 | 低水平<br>较低水平<br>中等水平<br>较高水平<br>高水平 | 表示住宅地价的水平高低。将平均地价值分为5级,按照频率曲线,以20%作为间隔,价格最高的前20%定义为高水平,其后依次定义为较高水平、中等水平、较低水平和低水平 |
| $\theta_2$ | 地价增长率 | % | $\left(\sqrt[4]{\dfrac{P_{i2013}}{P_{i2009}}}-1\right)\Big/\omega$ | <0<br>[0, 1)<br>[1, 2)<br>≥2 | 负增长<br>低速增长<br>中速增长<br>高速增长 | 表示研究期内地价增长的幅度。为了衡量地价增长与经济发展的协调程度,通过与研究期内人均GDP平均增长率$\omega$(13.1%)的比值关系对地价增长率进行分级 |

续 表

| 指标 | 名称 | 单位 | 公式 | 分级标准 | | 说　明 |
|---|---|---|---|---|---|---|
| $\theta_3$ | 市场活跃度 | % | $\dfrac{\delta_i - \delta_{min}}{\delta_{max} - \delta_{min}}$ | <0.021<br>[0.021, 0.086)<br>≥0.086 | 不活跃<br>中等活跃<br>高活跃 | 表示住宅市场的活跃程度。$\delta_i$ 表示研究单元 $i$ 采用招拍挂方式出让的住宅用地宗数，$\delta_{max}$、$\delta_{min}$ 分别为招拍挂出让宗数的最大值和最小值。按频率曲线进行分级，活跃度最高的前25%定义为高活跃，25%~75%为中等活跃，后25%为不活跃 |

### 6.2.2　住宅市场健康度评价指标

　　住宅用地市场是我国土地市场中最为活跃的部分，其健康程度与人民生活改善、社会经济发展、城市化进展、住房政策实施等息息相关（王海玫，2008；王青等，2007）。住宅用地市场发展在带动相关产业形成、创造国民经济价值的同时，也会出现住宅（用地）价格飙升、住宅市场非均衡发展等问题。住宅市场发育的健康程度直接关系到土地资源的优化配置、社会的公平与稳定、居民幸福感的提升、和谐社会的建设、房地产市场的健康发展以及社会的可持续发展等（任一澎，2017；徐子衿，2017；王洋等，2013b）。

　　在我国，住宅用地市场的健康发展，受到宏观经济运行以及影响住宅市场的其他经济系统的制约。首先，住宅用地市场的健康发展，需要住宅用地市场规模与城市经济发展的规模相适应，即住宅用地价格增长速度与城市经济发展速度相适应；其次，住宅用地市场的健康发展，需要住宅用地价格水平与当地居民的收入水平相适应，即住宅价格应当在居民的可承受范围之内（周华，2005）；第三，住宅用地市场的健康发展，需要与地区社会发展相适应，即住宅用地出让收入不宜成为地方政府财政收入的唯一主要来源；第四，随着我国土地市场招拍挂供地制度的确立，住宅用地市场的市场化交易程度不断提高，住宅用地市场的健康发展需要较高的市场化配置水平，即住宅用地一级市场的市场化配置比例应保持较高水平；最后，住宅用地供需状况是检验住宅用地市场调节机制的重要标志，住宅用地市场的健康发展需要土地供应者（政府）调节土地供给弹性，满足市场需求，从而使市场达到均衡（雷潇雨等，2014）。

　　目前，对于我国住宅用地市场是否健康暂无明确定论，因此有必要建立一套综合评价指标体系，对当前住宅用地市场运行状况进行全面评价。本研究认为，健康的住宅用地市场在规模、价格、交易等方面，其市场运行状况与宏观经济运行、社会发展水平相互适应、相互促进、相互协调；其市场发展是与社会经济均衡、可持续的发展；其内涵特征体现在住宅地价与经济发展相协调、住宅地价与居民收入相协调、地方财政对土地财政依赖较小、土地一级市场市场化交易率高和土地市场交易较为活跃五个方面。因此，本研究提出"住宅用地市场健康度"这一概念，作为衡量住宅用地市场在经济发展、供需关系、城市建设等多因素影响下运行状态的综合评价标准（王立言，2014）。

　　为了有效分析住宅用地市场健康度，本研究从住宅用地市场健康度的内涵出发，定义地价-经济协调度、地价收入比、土地财政贡献度、土地市场化交易率和土地市场交易活跃度作为评价指标。考虑到各项评价指标的性质不同,指标间数值相差较大,故采用极差标准化或理想值标准化方法对各项指标进行标准化处理,将其调整至[0,1]区间内,标准化后的各值均为正向指标,指标值越接近1评价效果越好。指标具体解释和标准化方法见表6-5。

表6-5 中国住宅市场健康度评价指标及其含义

| 指标 | 名称 | 公 式 | 说 明 | 标准化方法 |
|---|---|---|---|---|
| $X_1$ | 地价-经济协调度 | $\dfrac{(\sqrt[4]{P_{i,2013}/P_{i,2009}}-1)}{(\sqrt[4]{G_{i,2013}/G_{i,2009}}-1)}$ | 表示住宅地价变化幅度与宏观经济发展的协调性。$P_{i,2013}$ 和 $P_{i,2009}$ 分别表示单元 $i$ 2013年和2009年的住宅地价水平,$G_{i,2013}$ 和 $G_{i,2009}$ 分别表示该单元2013年和2009年的GDP | 小于0(即地价与经济发展状况相背离)和大于2(即地价涨幅远高于经济发展速度)的单元赋值0,其余单元以1作为理想值(即1)进行标准化 |
| $X_2$ | 地价收入比 | $\dfrac{(P_{i,2010}\times\delta\times S)}{(I_{i,2010}\times 3)}$ | 表示住宅地价水平与居民收入的匹配性。$P_{i,2010}$ 表示单元 $i$ 2010年的住宅地价水平,$\delta$ 表示房价地价比*,$S$ 表示平均家庭住宅面积,$I_{i,2010}$ 表示单元 $i$ 2010年的城镇居民人均可支配收入 | 选取地价收入比6作为理想值(王洋等,2013),显著超过此值(>12)的单元赋值0;得分在6~12的,利用线性函数 $Y=(12-X)/6$ 进行标准化处理 |
| $X_3$ | 土地财政贡献度 | $\dfrac{\sum\limits_{j=2009}^{2013}r_{i,j}}{\sum\limits_{j=2009}^{2013}(R_{i,j}+r_{i,j})}$ | 表示土地出让收入在地方财政中的贡献度。$r_{i,j}$ 表示单元 $i$ 在 $j$ 年的住宅用地出让收入,$R_{i,j}$ 表示单元 $i$ 在 $j$ 年的地方财政一般预算收入 | 结合线性函数,以 $Y=1-(X-X_{\min})/(X_{\max}-X_{\min})$ 进行标准化处理 |
| $X_4$ | 土地市场化交易率 | $\dfrac{\sum\limits_{j=2009}^{2013}a_{i,j}}{\sum\limits_{j=2009}^{2013}A_{i,j}}$ | 表示住宅用地按市场化方式配置的程度。$a_{i,j}$ 表示单元 $i$ 在 $j$ 年以招拍挂方式出让的住宅用地面积,$A_{i,j}$ 表示单元 $i$ 在 $j$ 年的住宅用地出让总面积 | 利用线性函数 $Y=(X-X_{\min})/(X_{\max}-X_{\min})$ 进行标准化处理 |
| $X_5$ | 土地市场交易活跃度 | $\dfrac{\sum\limits_{j=2009}^{2013}n_{i,j}}{\left(\dfrac{1}{2454}\sum\limits_{j=2009}^{2013}N_j\right)}$ | 表示住宅用地市场交易的活跃程度。$n_{i,j}$ 表示研究单元 $i$ 在 $j$ 年的住宅用地交易宗数,$N_j$ 表示 $j$ 年全国住宅用地交易宗数 | 利用线性函数 $Y=(X-X_{\min})/(X_{\max}-X_{\min})$ 进行标准化处理 |

\* 参考2009年国土资源部公布的全国重点城市居住用地的地价房价比均值,本研究取 $\delta=3$。

### 6.2.3 系统聚类方法

因新型城镇化带来的地域功能分工,使得我国住宅市场各评价参数呈现不同的分区特征。为了分析各评价状态是否存在空间组合特征,探索住宅地价发育各方面在空间格局上的集群规律,考虑到 Ward 聚类在组合因素特征识别功能和异质区域差异中的有效性,采用该方法对特征参数进行综合分区,以综合反映中国近年来基于市场性交易的住宅地价的发育特征。Ward 聚类方法将同时用于住宅用地市场健康度综合分区。

Ward 系统聚类法又称离差平方和法,是目前应用较广、较为成熟的聚类方法,可进行多因素、多指标的分类和特征识别(张文彤,2011),突出类型区内的同质性和类型区外的差异性,能有效辅助地理分区决策(张娟锋等,2011;杨志恒,2010)。该方法基于方差分析思想,以欧氏距离作为标准,先将集合中每个样本自成一类;在进行类别合并时,计算类重心间方差,将离差平方和增加的幅度最小的 2 类首先合并,再依次将所有类别逐级合并(项晓敏等,2015)。具体算法如下:

将 $n$ 个区域样本分成 $k$ 类: $G_1$, $G_2$, $\cdots$, $G_k$, 用 $X_j^{(t)}$ 表示 $G_t$ 中的第 $j$ 个样本(此处 $X_j^{(t)}$ 是 $P$ 维向量,即有 $P$ 个系统聚类指标), $n_t$ 表示 $G_t$ 中的样本个数, $\overline{X}^{(t)}$ 是 $G_t$ 的重心(即该类样本的均值),则 $G_t$ 中样本的离差平方和 $S_t$ 为

$$S_t = \sum_{j=1}^{n_t} (X_j^{(t)} - \overline{X}^{(t)})'(X_j^{(t)} - \overline{X}^{(t)}) \quad (6-3)$$

则 $k$ 个类的类内离差平方和 $S$ 为

$$S = \sum_{j=1}^{k} S_t = \sum_{t=1}^{k} \sum_{j=1}^{n_t} (X_j^{(t)} - \overline{X}^{(t)})'(X_j^{(t)} - \overline{X}^{(t)}) \quad (6-4)$$

## 6.3 住宅地价发育状况评价

### 6.3.1 住宅地价发育状况单指标评价结果

分别以 $\theta_1$、$\theta_2$、$\theta_3$ 作为分类字段在 ArcGIS 中显示,研究期内中国住宅出让地价水平值、地价增长率以及市场活跃度综合状态见图 6-3。为分析三者相互关系,进一步使用 Getis-Ord Gi* 工具对各指标进行热点分析,确定三项指标的热点范围,综合分析中国住宅出让地价的状态特征。

1) 地价水平。总体空间格局基本与"胡焕庸线"相一致,全国地价重心位于湖北省东北部,总体呈现沿海地价高于内陆、低纬地区高于高纬地区、经济发达区高于欠发达、城市群高于非城市群、城市群中心城市地价高于周边地价并逐渐向外递减的趋势。较高水平地价仍然处在已建成的城市群,正在建设和潜在城市群的地价逐渐显现中心化趋势。较高水平地价区主要位于京津冀、长三角、珠三角、成渝、长江中游、台湾海峡西岸等城市群,较低水平地价主要位于内蒙古高原、东北平原、黄土高原以及云贵高原南部等地区。

2) 地价增长率。研究期内,有 515 个(占 20%)研究单元的平均地价增长率小于 0,685 个(占 27%)地价增长率小于同期全国人均 GDP 增长率(占 13%),581 个(占 23%)地价增长率小于全国人均 GDP 平均增长率的 2 倍,753 个(占 30%)的地价增长率更高。总体而言,地价高增长区中西部多于东部,西北、东北中部和南部、四川盆地、河西走廊以及长江中下游地区是地价高增长的聚集区。

3) 市场活跃度。研究期内,全国平均年市场性住宅交易宗数为 57 宗,总体呈阶梯状分布,活跃度较低的地区大多处于第二阶梯上,活跃度较高的地区主要分布在山东半岛、长三角、长江中游、辽宁中部、哈尔滨、成渝、滇中、呼包鄂等城市群。

综合三项指标的热点分布图,地价水平、地价增长率以及市场活跃度之间存在着相互

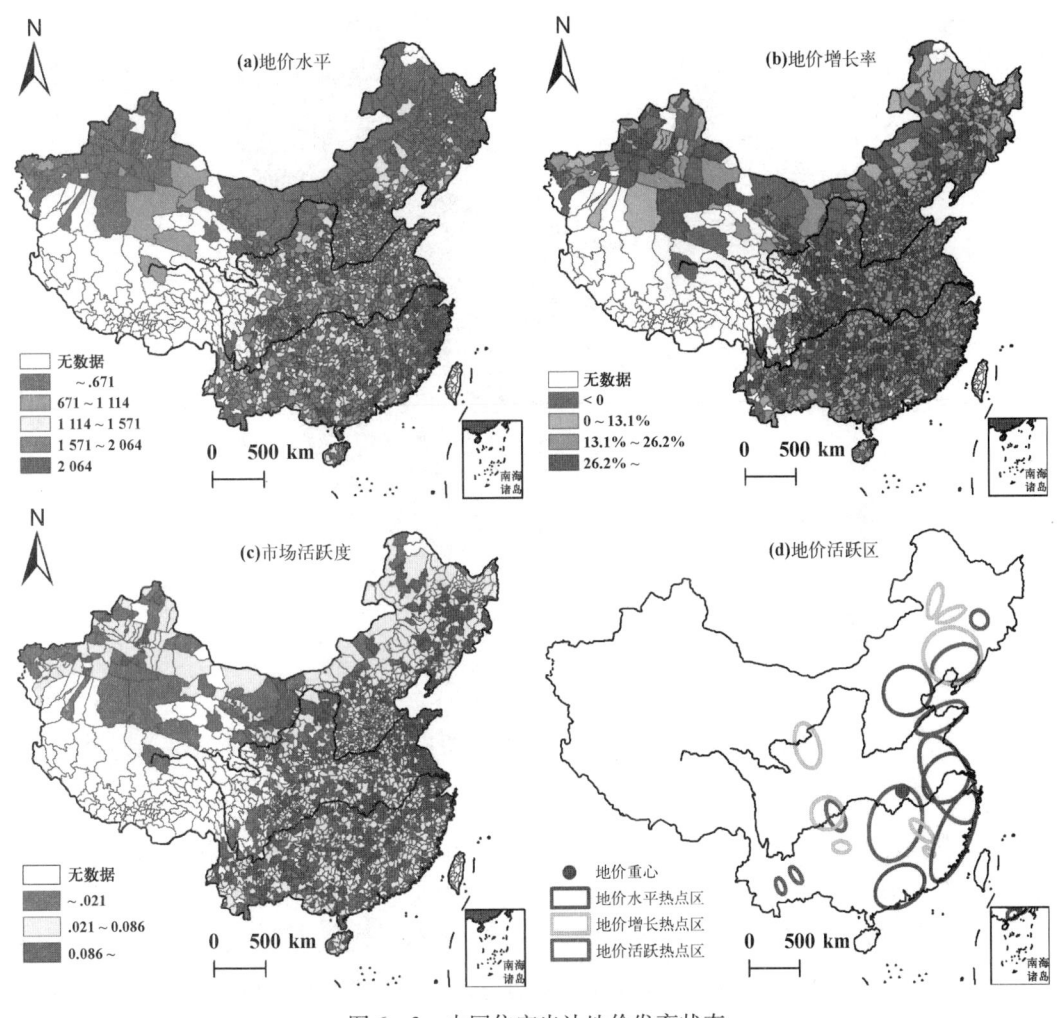

图 6-3 中国住宅出让地价发育状态

注：国界线底图源自自然资源部标准地图服务系统(http://bzdt.ch.mnr.gov.cn)。

促进、相互影响的关系。大多地价热点区周边也表现为地价增长和市场活跃的热点区。由此可以推断，较高的地价会刺激周边地区住宅交易市场的繁荣，带动周边地价的增长；活跃的市场交易也会促进地区住宅地价的上涨，导致地价增长热点区也成为市场活跃热点区，并可能成为未来地价的快速增长区。

## 6.3.2 住宅地价空间发育特征

依次对住宅出让地价特征参数进行 Z-Score 标准化，利用 SPSS 软件中 Hierarchical Cluster 功能，采用欧氏距离度量标准，进行 Ward 聚类；采用 Means 过程对分类结果进行方差分析，结果显示，各分区指标的 Sig 值均为 0，分类结果有效(项晓敏等，2015)。将分类结果导入 Arcgis 制图，得到中国市场性住宅地价空间发育类型图(图 6-4)。

根据各区综合指数特征，可将研究期内中国市场性住宅地价空间发育分成以下五种形态。

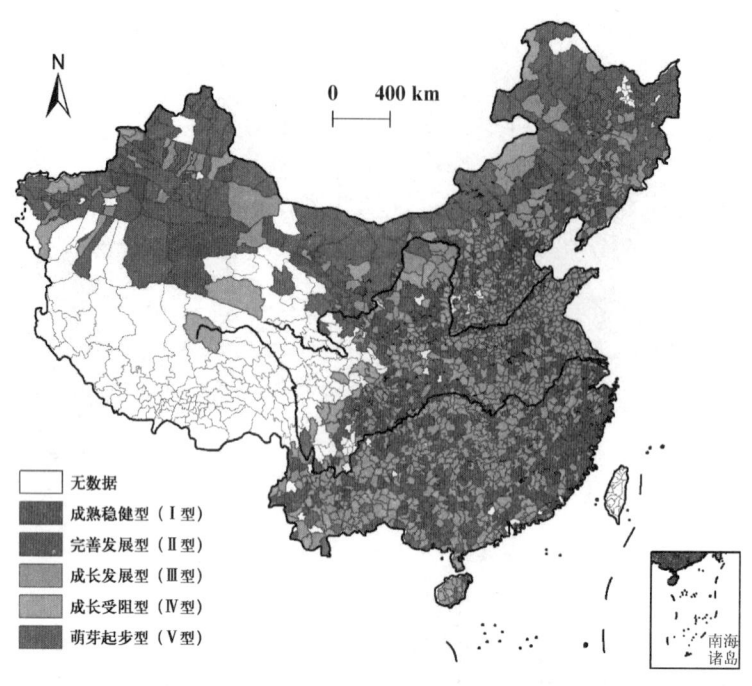

图 6-4　中国市场性住宅地价空间发育类型

注：国界线底图源自自然资源部标准地图服务系统（http：//bzdt.ch.mnr.gov.cn）。

1）成熟稳健型（Ⅰ型）。该类地区住宅地价平均综合指数为（6 528，0.26，0.060），发育特征上表现为高地价水平、低速地价增长率和中等市场活跃度。处于该类研究单元共 380 个，占总研究单元的 15%。该类型主要位于京津冀、东南沿海等经济发达区，尤以北京、天津、上海、重庆四个直辖市为主导。较其他地区而言，该类地区是全国人口最为密集、经济最为发达的地区，对资本和人口的吸引力巨大，密集的人口和不断增加的资本引发的强烈住房（或投资）需求，使得这类地区住宅市场活跃，住宅地价水平最高，但高企的地价水平基础使得其增长速度较其他类型缓慢。

2）完善发展型（Ⅱ型）。该类地区地价平均指数为（2 453，3.36，0.039），发育特征上表现为较高地价水平、高速增长率和中等市场活跃度。处于该类地区的研究单元共 668 个，占比为 26%。该类地区主要位于直辖市外围区、珠三角、辽东半岛以及中原城市群和长株潭城市群，在国家城市群发展战略和区域性发展规划的带动下，地价增长速率最快，住宅市场发展前景较好，地价水平有较大的增长空间。

3）成长发展型（Ⅲ型）。该类地区地价平均指数为（1 357，1.04，0.123），发育特征上表现为中等地价水平、中速增长率和高市场活跃度。处于该类地区的研究单元共 909 个，占比为 36%。该类地区主要位于中国的华北平原、云贵高原以及东南丘陵西北部、东北平原中部和南部，随着城市化率提高，其市场活跃度不断增加，住宅市场交易繁盛，导致地价增长率加快，进而提高了住宅地价水平。

4）萌芽起步型（Ⅳ型）。该类地区地价平均指数为（285，1.11，0.038），发育特征上表现为低地价水平、中速增长率和中等市场活跃度。处于该类地区的研究单元共 252 个，占比为10%。该类地区主要位于我国北部,分布在内蒙古、黑龙江、吉林以及新疆中部和西部地区,该区土地面积广阔,人口密度相对较低,目前住宅地价水平最低,但活跃度显著提升,地价提升将可能成为后期发展的趋势。

5）成长受阻型（Ⅴ型）。该类地区地价平均指数为(1 120, −0.75, 0.020),发育特征上表现为中等地价水平、负地价增长率和市场不活跃。处于该类地区的研究单元共324个,占比为13%。该类地区主要分布在黄土高原、太行山、昆仑山等中西部内陆地区,无显著的空间集聚特征。可能受地方经济转型受阻,总体发展水平较低等内、外部环境限制,这类地区的住宅市场活跃性差,地价水平低且总体呈下降趋势。

## 6.4 住宅市场健康度评价

### 6.4.1 全国住宅市场健康度

在ArcGIS软件中分别以$X_1$、$X_2$、$X_3$、$X_4$和$X_5$作为分类字段,应用自然断点法(边振兴等,2016)将指标值分为三类,得到中国住宅用地市场健康度单要素状态图,如图6-5至图6-9所示。

1）地价-经济协调度。研究期内,全国平均地价-经济协调度$X_1$为0.31(图6-5)。地价-经济增长较为协调($X_1 \geq 0.51$)的研究单元共634个,占总研究单元的25.84%,主

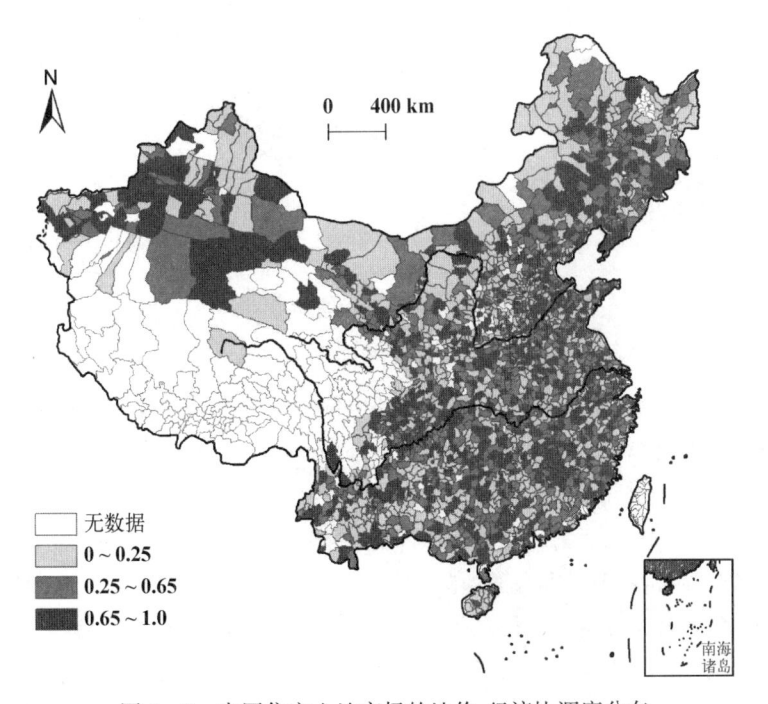

图6-5 中国住宅土地市场的地价-经济协调度分布

注：国界线底图源自自然资源部标准地图服务系统(http://bzdt.ch.mnr.gov.cn)。

要分布在新疆西部、内蒙古中东部、环渤海地区、成渝地区和江西南部等地,具体包括辽东半岛、四川平原和两广丘陵等;地价-经济增长协调性较差($X_1 < 0.20$)的研究单元有 1820 个,占比为 74.16%,主要分布在西北、东北、华中、西南和东南沿海地区,其中地价-经济协调性最差(地价增长率/经济增长率>2 或<0.2)的研究单元共 1326 个,占比 54.03%,主要分布在新疆北部、黑龙江中东部、安徽、云南、广西等地。

2) 地价收入比。研究期内,全国平均地价收入比($X_2$)为 0.61(图 6-6)。地价收入比合理($X_2 \geq 0.76$)的研究单元共 1297 个,占总研究单元的 52.85%,主要分布在西北、东北、华北、中南和西南地区,包括黑龙江、吉林、辽宁、新疆、内蒙古、宁夏、山西、河北、山东和云南等地;地价收入比不合理($X_2 \leq 0.33$)的研究单元共 767 个,占总研究单元的 31.26%,主要分布在甘肃南部、北京、天津、四川、重庆、广西以及东南、华南地区。

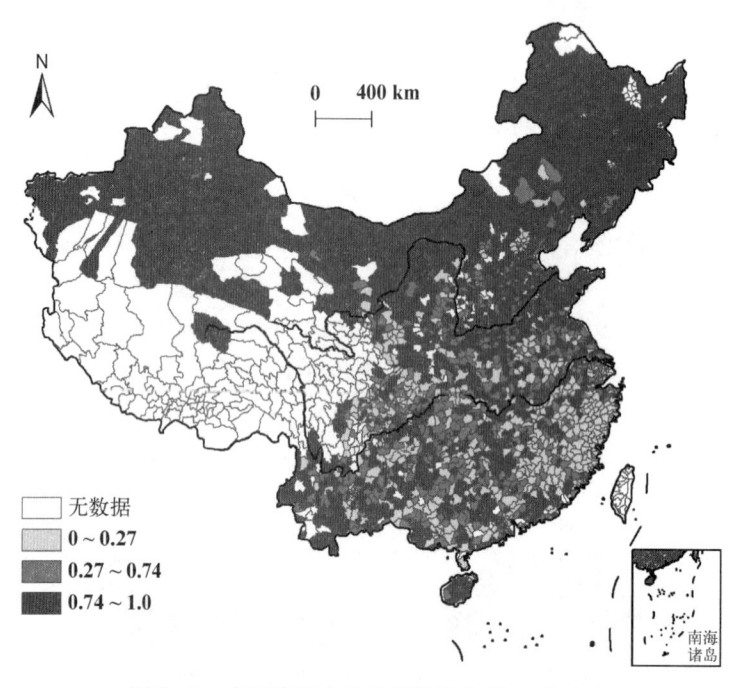

图 6-6 中国住宅土地市场的地价-收入比分布

注:国界线底图源自自然资源部标准地图服务系统(http://bzdt.ch.mnr.gov.cn)。

3) 土地财政贡献度。研究期内,全国平均土地财政贡献度为 0.68(图 6-7)。土地出让对地方财政贡献低($X_3 \geq 0.87$)的研究单元共 539 个,占总研究单元的 21.96%,主要分布在西北、东北和西南地区,具体包括内蒙古、山西、吉林东部、四川西部、贵州西部和广东西部等地;土地出让对地方财政贡献相对较高($X_3 \leq 0.58$)的研究单元共 748 个,占总研究单元的 30.48%,主要分布在西南腹地和东部地区,具体包括四川东部、安徽、浙江和福建等地。

4) 土地市场化交易率。研究期内,全国平均土地市场化交易率($X_4$)为 0.88(图 6-8)。由于国土资源部于 2002 年 5 月颁布实施《招标拍卖挂牌出让国有土地使用权规定》,并在 2004 年第 71 号令《关于继续开展经营性土地使用权招标拍卖挂牌出让情况执法监察工作的通知》中规定,2004 年 8 月 31 日以后所有经营性用地出让全部实行招

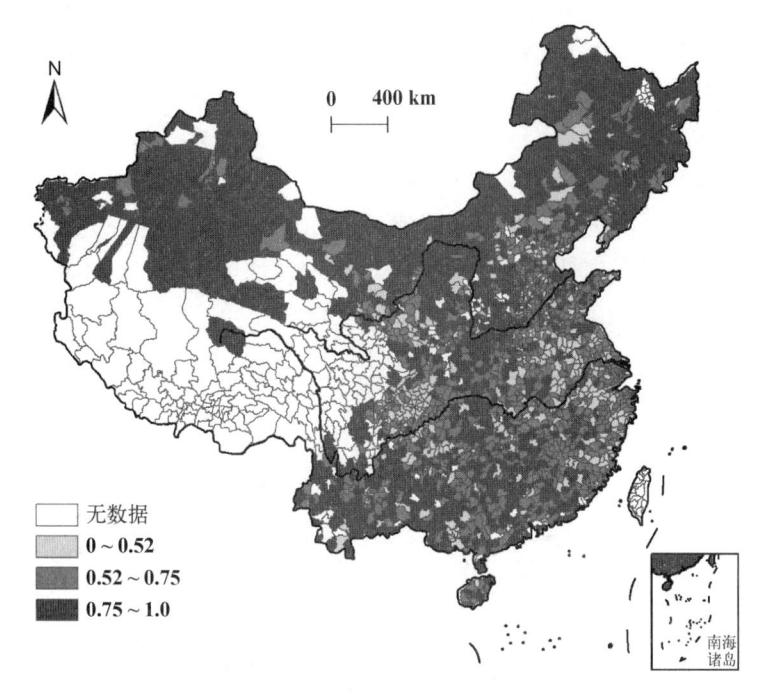

图 6-7 中国住宅土地市场的财政贡献度分布

注：国界线底图源自自然资源部标准地图服务系统（http://bzdt.ch.mnr.gov.cn）。

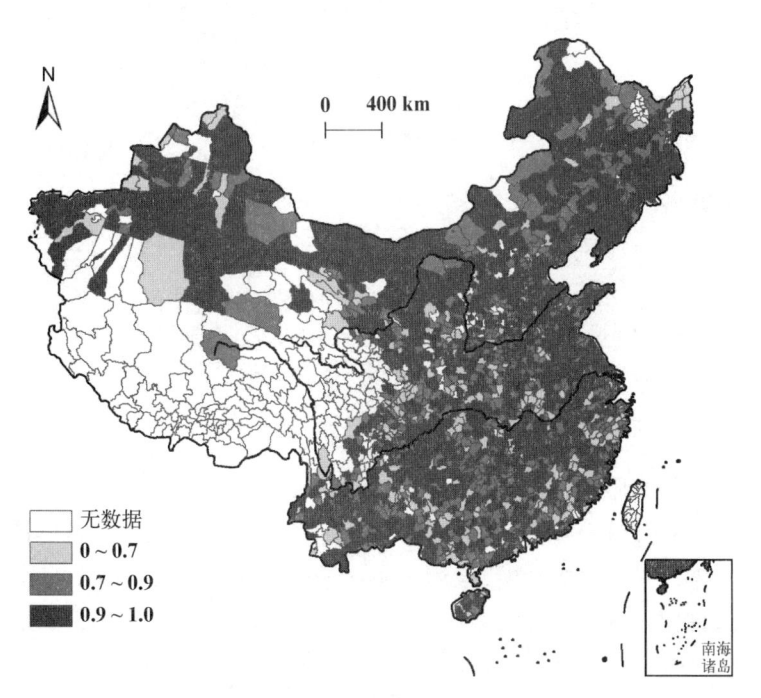

图 6-8 全国住宅土地市场的市场化交易率分布

注：国界线底图源自自然资源部标准地图服务系统（http://bzdt.ch.mnr.gov.cn）。

拍挂制度,因此,全国大部分地区的土地市场化交易率较高,土地市场化交易率较低($X_4 \leq 0.70$)的研究单元共 333 个,占总研究单元的 13.57%,主要分布在新疆、青海、甘肃、贵州、广西、浙江和福建等地。

5) 土地市场交易活跃度。研究期内,全国平均土地市场交易活跃度($X_5$)为 0.46(图 6-9)。交易活跃度较高($X_5 \geq 0.59$)的研究单元共 807 个,占总研究单元的 32.89%,主要分布在东北、华北、西南、中南和东南地区,具体包括哈(哈尔滨)长(长春)地区、环渤海地区、成渝地区、滇中地区、长江中游地区、长三角地区、珠三角地区和北部湾地区等主要城市化地区;交易活跃度低($X_5 \leq 0.26$)的研究单元共 822 个,占总研究单元的 33.50%,主要分布在新疆、内蒙古、青海、甘肃、陕西、山西、贵州南部和广东东部等地。

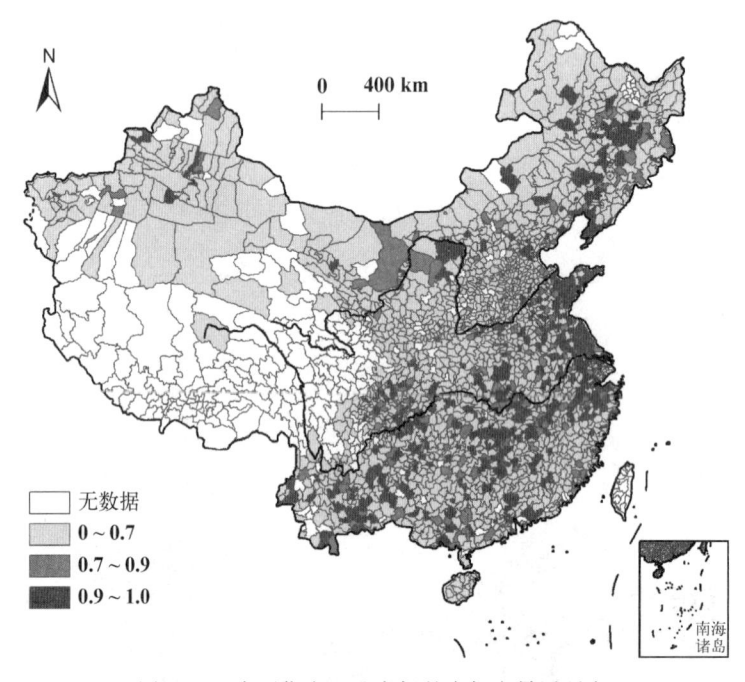

图 6-9 全国住宅土地市场的市场交易活跃度

注:国界线底图源自自然资源部标准地图服务系统(http://bzdt.ch.mnr.gov.cn)。

### 6.4.2 全国住宅市场健康度综合分区

以住宅用地市场健康度评价指标($X_1$, $X_2$, $X_3$, $X_4$, $X_5$)作为分区因子,对各因子进行 Z-Score 标准化后,利用 SPSS 软件中的 Hierarchical Cluster 功能,选用 Ward 聚类方法,选取欧氏距离度量标准进行聚类分析,采用 Means 过程对分类结果进行方差分析,显著性检验结果显示各分区指标的 Sig 值均为 0,分类结果有效(史炜等,2013;项晓敏等,2015)。将分类结果导入 ArcGIS 中制图,得到中国住宅市场健康度综合分区图,研究期内中国住宅市场健康状态分为协调发展型、需求旺盛型、经济偏离型、财政依托型和结构失调型 5 种类型。

1) 协调发展型（Ⅰ类）。该类研究单元的平均住宅用地市场健康度综合值为 0.36，平均地价-经济协调度为 0.63，平均地价收入比为 0.93，平均土地财政贡献度为 0.68，平均土地市场化交易率为 0.89，平均土地市场交易活跃度为 0.55，如图 6-10 所示。

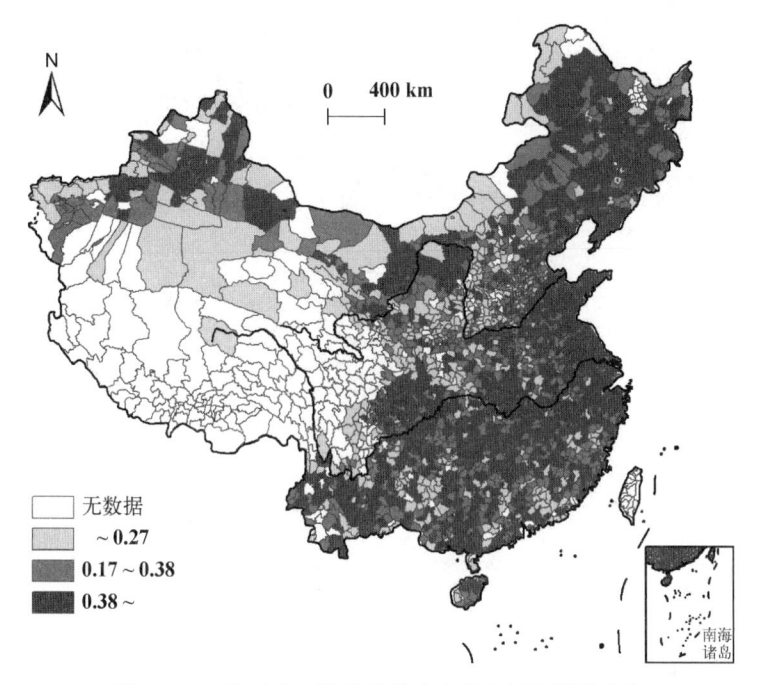

图 6-10 基于多面体法的住宅土地市场协调性分布

注：国界线底图源自自然资源部标准地图服务系统（http://bzdt.ch.mnr.gov.cn）。

协调发展型研究单元在健康度特征上表现为地价-经济增长较协调，地价收入比合理，土地出让收入对地方财政贡献较小，土地市场化出让率高，土地市场交易较活跃。该类型区为研究期内中国住宅市场健康度最优的类型区，共包含 846 个研究单元，占比为 34.48%，主要分布在天山南麓、东北平原、山东半岛和洞庭湖区等地。这些研究单元的经济发展稳定、住宅地价适中、城镇居民收入对住宅价格的承受能力较高，住宅用地出让收入在地方财政中的占比较低，住宅市场的市场化程度高且出让交易比较活跃。

2) 需求旺盛型（Ⅱ类）。该类研究单元的平均住宅用地市场健康度综合值为 0.15，平均地价-经济协调度为 0.67，平均地价收入比为 0.13，平均土地财政贡献度为 0.62，平均土地市场化交易率为 0.81，平均土地市场交易活跃度为 0.44，如图 6-11 所示。

需求旺盛型研究单元在健康度特征上表现为地价-经济增长较协调，地价收入比不合理，土地出让收入对地方财政贡献较小，土地市场化出让率高，土地市场交易较活跃。该类型共包含 562 个研究单元，占比为 22.90%，主要分布在四川中东部、江西、福建中部、浙江中南部、广西北部、上海和北京等地，这些研究单元的住宅地价与经济发展的协调性较好，土地财政比例较低，住宅市场的市场化程度高，出让交易也较为活跃，但这些研究单元人口较为密集，不断增加的住房（或投资）需求导致当地住宅地价水平远高于居民的收入水平。

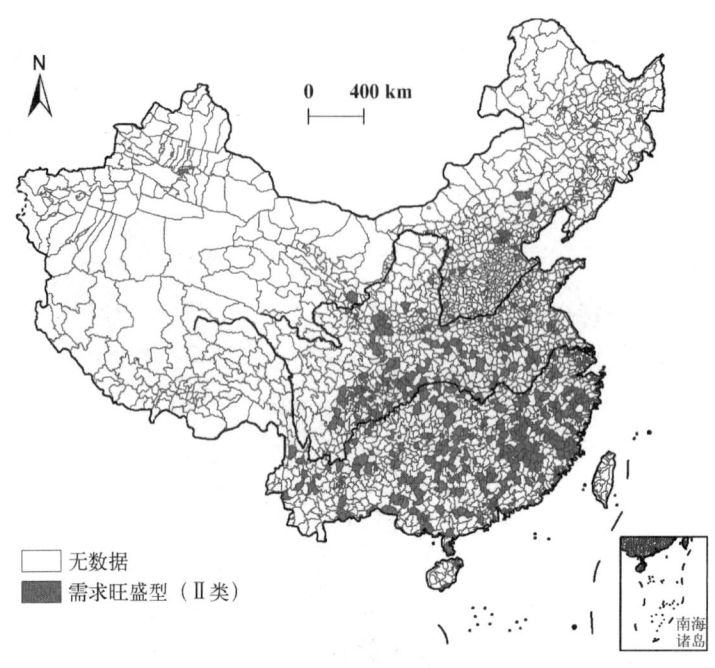

图 6-11 需求旺盛型

注：国界线底图源自自然资源部标准地图服务系统(http://bzdt.ch.mnr.gov.cn)。

3）经济偏离型（Ⅲ类）。该类研究单元的平均住宅用地市场健康度综合值为 0.22，平均地价-经济协调度为 0.12，平均地价收入比为 0.95，平均土地财政贡献度为 0.83，平均土地市场化交易率为 0.88，平均土地市场交易活跃度为 0.31，如图 6-12 所示。

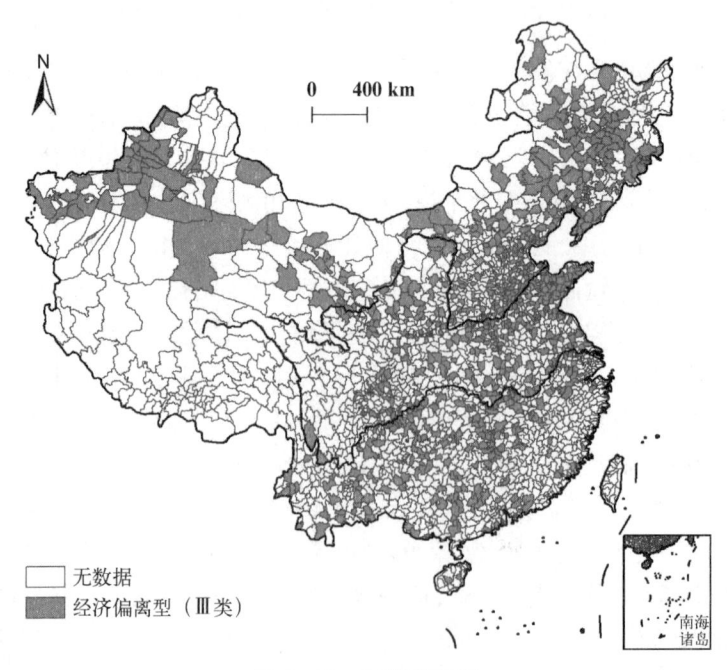

图 6-12 经济偏离型

注：国界线底图源自自然资源部标准地图服务系统(http://bzdt.ch.mnr.gov.cn)。

经济偏离型研究单元在健康度特征上表现为地价-经济增长不协调,地价收入比合理,土地出让收入对地方财政贡献小,土地市场化出让率高,土地市场交易不甚活跃。该类型包含 566 个研究单元,占比为 23.06%,主要分布在新疆北部、青海西部、内蒙古、黑龙江、山西、云南西部和海南等地。这些研究单元的人口较为稀少,对住房(或投资)的需求较低,但在研究期内的经济发展较好,从而导致住宅地价与经济发展的协调性较差。

4) 财政依托型(Ⅳ类)。该类研究单元的平均住宅用地市场健康度综合值为 0.11,平均地价-经济协调度为 0.19,平均地价收入比为 0.22,平均土地财政贡献度为 0.48,平均土地市场化交易率为 0.91,平均土地市场交易活跃度为 0.76,如图 6-13 所示。

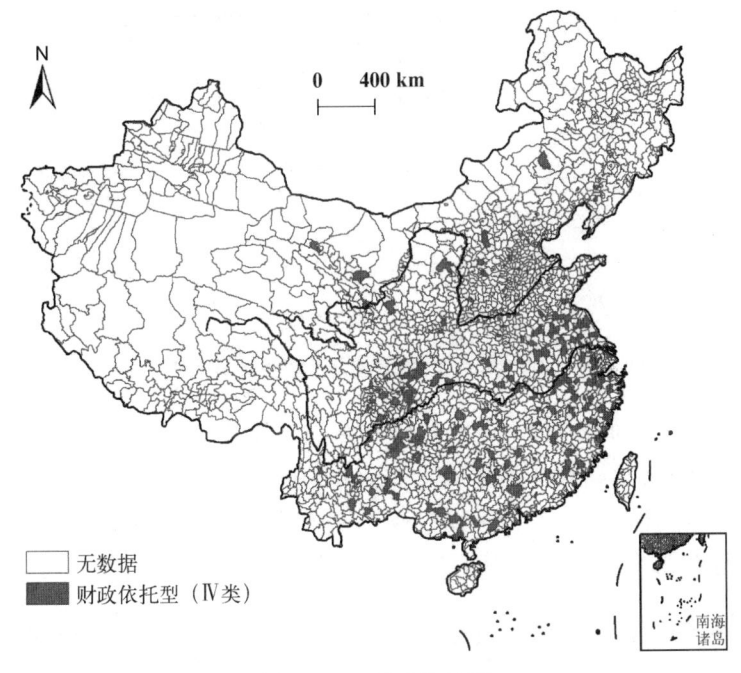

图 6-13 财政依托型

注:国界线底图源自自然资源部标准地图服务系统(http://bzdt.ch.mnr.gov.cn)。

财政依托型研究单元在健康度特征上表现为地价-经济增长不协调,地价收入比不甚合理,土地出让收入对地方财政贡献较大,土地市场化出让率高,土地市场交易活跃。该类型包含 247 个研究单元,占比为 10.07%,主要分布在江苏、安徽、四川东部、浙江北部、福建南部、广西南部、贵州西北部等地,这些研究单元人口密集,经济发展较快,居民对住宅的需求较为旺盛,住宅用地出让频繁,土地出让收入在地方政府财政收入中的比例较高。

5) 结构失调型(Ⅴ类)。该类研究单元的平均住宅用地市场健康度综合值为 0.05,平均地价-经济协调度为 0.08,平均地价收入比为 0.20,平均土地财政贡献度为 0.71,平均土地市场化交易率为 0.92,平均土地市场交易活跃度为 0.27,如图 6-14 所示。

结构失调型研究单元在健康度特征上表现为地价-经济增长协调性差,地价收入比不甚合理,土地出让收入对地方财政贡献度小,土地市场化出让率高,土地市场交易不甚活

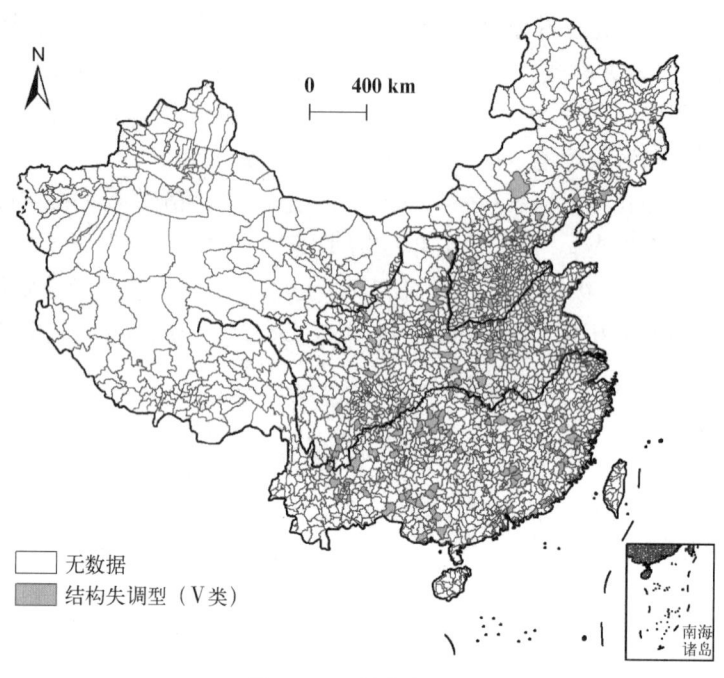

图 6-14 结构失调型

注：国界线底图源自自然资源部标准地图服务系统(http://bzdt.ch.mnr.gov.cn)。

跃。该类型包含 233 个研究单元，占比为 9.49%，主要分布在福建北部、浙江东部、江苏南部、广东南部、河南中部、湖北中西部和重庆等地。这些研究单元的经济发展较好，居民对住房(或投资)的需求较高，住宅市场发育较为成熟，住宅用地出让频率低，导致住宅地价增长水平远高于经济发展水平，居民收入对住宅价格的承受能力较低。

### 6.4.3 重点区住宅市场健康度

在对全国住宅市场健康度进行评价的基础上，为了进一步分析重点区域内部的住宅市场健康度状态，本研究选取长三角地区、珠三角地区和京津冀地区为重点区，根据相关区域规划对上述地区内部城市功能的定位，将其内部城市进一步划分为核心城市、中心城市、节点城市和边缘城市四类[①]，以探究不同城市功能下住宅市场健康度的空间分异情况(图 6-15)。

1) 长三角地区。共包含 200 个研究单元，其中需求旺盛型单元数量最多(67 个，占比 33.50%)，其次是财政依托型(55 个，占比 27.50%)和协调发展型(39 个，占比 19.50%)。总体而言，长三角地区住宅市场的市场化交易率较高，城市间土地财政贡献度差异较小，但在地价-经济协调度、地价收入比和土地市场交易活跃度等方面存在一定地域差异。在地价-经济协调度方面，不同功能城市间的总体变化幅度较小，协调性较差的为中心城市无锡和边缘城市盐城；在地价收入比方面，核心城市和中心城市表现较差，这与上海、南京

---

① 各城市功能根据《长江三角洲地区区域规划》《珠江三角洲全域规划》和《京津冀协同发展规划纲要》确定。

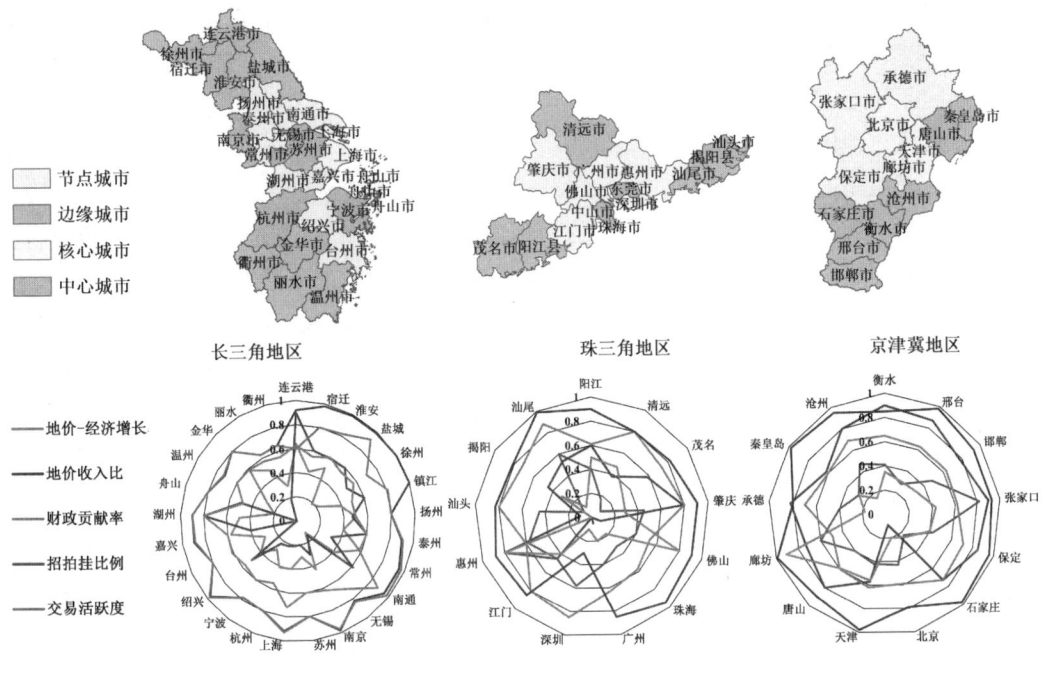

图 6-15 重点区城市住宅市场健康度空间分异

注：省界线底图源自自然资源部标准地图服务系统(http://bzdt.ch.mnr.gov.cn)，底图审图号：GS(2016)2884 号。

等地经济活力强、人口密度高、住宅需求旺盛导致"地王"频现，以及住宅地价水平居高不下有一定联系。而江苏省节点城市和边缘城市的地价收入比明显优于浙江省同类城市，其原因可能在于浙江的温州、台州等地民营经济发达、居民购房（或投资）需求旺盛，导致当地住宅地价水平远高于居民收入水平；在土地市场交易活跃度方面，节点城市和边缘城市比核心城市及中心城市更为频繁，其原因可能在于上海、南京等城市住宅市场发育成熟度高，且建成区内可开发的区域有限（或趋近饱和），住宅用地出让量（宗数）相对较低，而泰州、绍兴等城市经济快速发展，人口吸引能力不断提升，本地居民住房改善的需求强烈，因而导致住宅用地出让频率较高。

2）珠三角地区。共包含 69 个研究单元，其中需求旺盛型单元数量最多（29 个，占比 42.03%），其次是结构失调型（14 个，占比 20.29%）和经济偏离型（12 个，占比 17.40%）。珠三角地区住宅市场的土地市场化交易率总体较高且城市间差异较小，但住宅地价与经济发展的协调性偏低，在地价收入比和土地市场交易活跃度等方面存在一定地域差异。珠三角地区地价-经济协调性偏低的原因主要有两个：一是核心城市广州、深圳以及中心城市珠海等地，经济发达，人口密度大，居民对住宅的购买（或投资）需求高，导致当地住宅地价增速远高于经济发展速度；二是茂名、清远等边缘城市，经济发展水平相对较低，受需求等其他因素影响，住宅地价增速低于经济发展速度，因而地价-经济协调性偏低。地价收入比不合理的地区集中在核心城市广州、深圳，中心城市珠海和节点城市佛山等地。上述地区是珠三角经济发展和人口密度最高、住宅地价水平最高的地区，其地价收入比远高于合理值;在土地市场交易活跃度方面,核心城市广州、深圳与中心城市珠海的住宅市场发育成熟度较高,且建成区内可开发的区域有限(或趋近饱和),住宅用地出让量(宗数)较低;汕头、汕尾等边缘城市由于住宅市场需求较低,其市场活跃度也相对较低。

3) 京津冀地区。共包含192个研究单元,其中协调发展型单元数量最多(77个,占比40.11%),其次是经济偏离型(65个,占比33.86%)和需求旺盛型(28个,占比14.59%)。就整体情况而言,京津冀地区住宅市场的土地市场化出让率高,土地财政贡献度较低,但住宅地价与经济发展的协调性偏低,土地市场交易活跃度也较低,在地价收入比和土地市场交易活跃度方面有显著的地域差异。首先,京津冀地区地价收入比不合理的地区集中在核心城市北京和天津,上述两市经济发展水平高,人口吸引能力强,居民住宅需求旺盛,住宅地价水平远高于区内其他城市,也远高于当地居民的平均收入水平;在土地市场交易活跃度方面,中心城市唐山和节点城市廊坊的交易活跃度远高于地区平均水平,随着京津冀一体化战略的实施,廊坊凭借区位优势和较低的房价吸引了大量来自北京的购房需求,而唐山作为京津唐工业基地中心城市,人口较为密集,本地居民的购房需求较高,因而相应的住宅用地出让频率较高。

4) 重点区住宅市场健康度对比。就住宅市场整体健康度而言,京津冀地区住宅市场健康度平均指数(0.32, 0.72, 0.64, 0.92, 0.42)优于长三角地区(0.27, 0.38, 0.58, 0.87, 0.68)和珠三角地区(0.38, 0.36, 0.72, 0.88, 0.35),三大地区住宅市场的市场化程度均较高,但地价-经济增长协调水平均较低。在地价收入比方面,京津冀地区明显优于长三角和珠三角,与后者相比,京津冀地区的经济发展水平、城镇化水平和住宅地价水平偏低,因而其地价收入匹配度高于后者;在土地财政贡献度方面,长三角地区土地出让收入对地方财政的贡献相对较高,其原因在于苏中、苏北和浙西南地区的部分城市在研究期内住宅市场热度高,土地出让收入大幅增加,而地方财政一般预算收入水平相对较低,从而导致土地出让收入在地方财政收入中的比例较大;在土地市场交易活跃度方面,长三角地区住宅用地出让频率高于珠三角和京津冀,主要由于长三角地区城镇化水平较高,随着经济快速发展,改善型和投资型住宅需求普遍增加,导致住宅市场交易较为活跃。

## 6.5 影响因素分析

### 6.5.1 影响因素指标

(1) 区位条件

由于土地的位置具有固定性,在住宅用地的交易过程中,住宅用地实体有着空间上的非转移性,住宅用地价格便有区位性(或地域性)的差异(党杨,2011)。这一方面表现为不同地区住宅用地价格的区位性(或地域性)差异,另一方面则表现为地区内部住宅用地价格的区位性(或地域性)差异。

宏观区位作为一种国家尺度的空间区位,是以自然地理条件为基础的(张宇等,

2015)。在经济、社会、自然等多种因素影响下,不同地区在社会经济发展进程中出现土地利用效益、地区竞争力水平等方面的差异(徐德琳等,2014;朱健宁,2008)。目前,就宏观而言,我国住宅地价水平整体呈南高北低、东高西低的变化趋势。我国东部沿海地区由于区位条件优势明显,经济发展水平相对较高,城市化进程和区域综合实力优于中西部地区,其住宅用地市场化程度和住宅用地价格水平也相对较高;中西部地区由于区位条件相对较差,地区经济发展水平和住宅用地价格水平相对较低。因此,本研究选取宏观区位作为表征区位条件的指标,以进一步探究区位条件对住宅地价发育状况和住宅用地市场健康度的影响情况(表6-6)。

(2) 社会经济

地区社会经济水平的高低是当地综合实力的重要衡量标准。社会经济水平不仅能反映当地的住宅用地价格水平,也会在一定程度上直接影响当地住宅用地市场的运行状况。一般而言,人口集聚、经济发达的城市地区的土地利用经济效益较高,往往有着比较旺盛的住宅用地需求,当地住宅用地价格水平也相对较高。

人均国内生产总值是用来衡量经济发展综合水平的常用指标,如果某一地区人均国内生产总值增速较快,当地经济发展将稳步提升,就业、投资等各方面条件将不断改善,向有利于地区发展的状态转变。此时用地需求必将增加,从而带动土地价格的上涨和土地市场交易的增加。

居民收入水平是一定时期内居民生活水平高低的衡量标准,如果某一地区居民的收入水平稳步上升,居民们在满足了基本生活需求之余,往往会追求更加良好的居住环境,有可能会将自己收入的一部分用来改善住房,这在一定程度上将会对住宅用地价格水平产生影响。

人口密度是单位面积土地上居住的人口数,表征着不同地区人口的密集程度。一般而言,如果某一地区的人口密度不断增加,对住宅用地的需求必然随之上升,使得住宅用地价格有所抬升。而人口密度较大的地区的供地数量往往有限,导致住宅用地市场供不应求,住宅用地价格处于较高水平。

因此,本研究选取人均国内生产总值、城镇居民人均可支配收入、人口密度等作为表征社会经济条件的指标,以进一步探究社会经济对住宅地价发育状况和住宅用地市场健康度的影响情况(表6-6)。

(3) 城市发展

城市发展水平是城市综合实力的重要标志,城市内部的产业结构状况亦在一定程度上反映着城市的经济发展水平。城市产业结构的差异一方面代表了不同城市之间经济发展模式的不同,另一方面也体现着土地集约利用水平的区际差异。合理的城市产业结构能够推进城市用地结构质量的提升,促进土地资源的合理配置,同时有利于城市土地市场的有序运行。

城市基础设施及配套设施的完善度,是城市发展状况的主要衡量标准之一。城市基础设施不仅是城市的重要组成部分,更是保障城市社会有序发展和城市居民生活正常运行必不可少的物质基础。一般而言,城市的基础设施水平代表着政府对土地的投入水平,基础设施配套越完善，城市社会经济的运行效率越高，城市土地的收益则会增加，对城市土地价格和土地市场状况会产生一定影响。

城市土地开发强度是城市建设用地面积占区域总面积的比例。一般情况下，城市土地开发强度越高，土地利用经济效益就越高，地价也会相应提高；反之，如果城市土地开发强度不足，亦即土地利用不够充分，或因土地用途安排不尽合理而导致土地开发强度不足，都会削弱土地的使用价值，使得地价水平下降。

因此，本研究选取三大产业占国内生产总值比例、道路密度、国土开发度等作为表征城市发展的指标，以进一步探究城市发展对住宅用地市场健康度的影响情况（表6-6）。

表6-6 中国市场性住宅地价发育影响因素

| 因素 | 指标 | 含义 | 单位 |
| --- | --- | --- | --- |
| 区位条件 | 宏观区位（$X_1$） | $X_1=1$，东部；$X_1=2$，中部；$X_1=3$，西部 | |
| 社会经济 | 人口密度（$X_2$） | 单位面积土地上居住的人口数 | 万人/km² |
| | 人均GDP（$X_3$） | 区域GDP/常住人口数 | 万元 |
| | 社会消费品零售额（$X_4$） | 批发和零售业、住宿和餐饮业及其他行业直接售给城乡居民和社会集团的消费品零售额 | 亿元 |
| | 固定资产投资额（$X_5$） | 在本期内投资并形成固定资产使用年限在一年以上的资产额 | 亿元 |
| | 农村居民人均纯收入（$X_6$） | 农民用于生产性、非生产性建设投资、生活消费和积蓄的收入 | 万元 |
| | 城镇居民人均可支配收入（$X_7$） | 居民家庭现金收入中用于安排家庭日常生活的部分 | 万元 |
| | 财政收入（$X_8$） | 政府部门在财政年度内取得的货币收入 | 亿元 |
| 城市发展 | 第一产业GDP比例（$X_9$） | 第一产业GDP占总GDP的比例 | % |
| | 第二产业GDP比例（$X_{10}$） | 第二产业GDP占总GDP的比例 | % |
| | 第三产业GDP比例（$X_{11}$） | 第三产业GDP占总GDP的比例 | % |
| | 道路密度（$X_{12}$） | 单位面积上各级道路的总长度（包括铁路、高速公路、国省干道） | km/km² |
| | 城镇化率（$X_{13}$） | 非农业人口占区域总人口的比例 | % |
| | 国土开发度（$X_{14}$） | 建设用地面积占区域总面积的比例 | % |

### 6.5.2 多项Logistic回归模型

Logistic回归模型是一种针对因变量为类别变量的线性模型（Kempen et al.，2009）。该模型不需要变量满足正态分布条件，最终以事件发生概率的形式提供结果，拟合所得模型参数采用最大似然估计法（田媛等，2012）。当定性变量 $y$ 取 $k$ 各类别时，记为 $1, 2, \cdots, k$，变量大小无顺序含义。因变量 $y$ 取值与每个类别的概率与一组自变量 $x_1, \cdots, x_p$ 有关，对于样本数据（,）(i=, 2, $\cdots$, n)，多类别Logistic回归模型第 $i$ 组样本的因变量 $y_i$ 取第 $j$ 个类别的概率为

$$\pi_{ij} = \frac{\exp(\beta_{0j} + \beta_{1j}x_{i1} + \cdots + \beta_{pj}x_{ip})}{1 + \exp(\beta_{02} + \beta_{12}x_{i1} + \cdots + \beta_{p2}x_{ip}) + \cdots + \exp(\beta_{0k} + \beta_{1k}x_{i1} + \cdots + \beta_{pk}x_{ip})} \quad (6-5)$$

式中,$i=1,2,\cdots,n$;$j=1,2,\cdots,k$。第一个类别的回归系数都取 0,其他类别的回归系数数值的大小都以第一个类别为参照(何晓群等,2015)。

### 6.5.3 住宅市场发育状况影响因素分析

将五类形态区的类别(Ⅰ~Ⅴ)作为因变量,以 14 个指标作为自变量。为了消除自变量之间的共线性关系,运用 SPSS 软件对自变量进行多重共线性检验,采用方差扩大因子最大者法逐步回归剔除 VIF 值大于 10 的变量(Kempen et al.,2009),分别为农村居民人均纯收入($X_6$)、第三产业 GDP 比例($X_{11}$)、第二产业 GDP 比例($X_{10}$)。随后将剩下的 11 个变量纳入 Logistic 回归模型中,采用极大似然估计法进行变量的显著性检验,并运用向前步进的逐步回归法剔除未通过显著性检验的变量,分别是固定资产投资额($X_5$)、社会消费品零售额($X_4$)。将剩下的 9 个变量引入,构造 4 个 Logistic 模型,以成熟稳健型(Ⅰ类)发育区为参照类。似然比检验结果显示 $\chi^2$ 为 644.448,自由度为 40,$P$ 值为 0,模型整体显著。Cox&Snell $R^2$ 为 0.413,Nagelkerke $R^2$ 为 0.436,模型的拟合效果较好。回归结果见表 6-7。

表 6-7 市场性住宅地价五类发育区 Logistic 回归参数估计结果

| 变量 | 模型 1(Ⅱ/Ⅰ) 系数 β | 优势比 | 模型 2(Ⅲ/Ⅰ) 系数 β | 优势比 | 模型 3(Ⅳ/Ⅰ) 系数 β | 优势比 | 模型 4(Ⅴ/Ⅰ) 系数 β | 优势比 |
|---|---|---|---|---|---|---|---|---|
| 截距 | 4.571 | | 3.021 | | 4.802 | | 3.846 | |
| $X_1=1$ | -1.011 | 0.364 | -0.752* | 0.472 | -1.860 | 0.156 | -1.199 | 0.301 |
| $X_1=2$ | | | | | | | | |
| ($X_1=3$) | | | | | | | | |
| $X_2$ | | | | | -90.479 | 0 | | |
| $X_3$ | 0.287 | 1.3322 | 0.155 | 1.168 | 0.498 | 1.646 | 0.398 | 1.488 |
| $X_7$ | -2.034 | 0.131 | -1.573 | 0.208 | -2.468 | 0.085 | -1.334 | 0.263 |
| $X_8$ | -0.069 | 0.934 | | | -0.359 | 0.698 | -0.194 | 0.823 |
| $X_9$ | | | 0.027 | 1.028 | 0.046 | 1.047 | -0.037* | 0.964 |
| $X_{12}$ | | | | | -7.671** | 0.0005 | | |
| $X_{13}$ | -0.030 | 0.971 | | | | | -0.024* | 0.976 |
| $X_{14}$ | 0.062* | 1.064 | 0.043** | 1.044 | 0.279 | 1.322 | 3.846 | |

注:参照类为Ⅰ类发育区;*与**表示参数通过 0.05 和 0.1 的显著性检验,未标注表示通过 0.01 显著性检验;哑变量括号内的为参照组。

从区位条件来看,处于东部的地理区位与市场性住宅地价发育存在显著关联。除了模型 2 该变量在 0.05 的水平下显著以外,其他模型均通过 0.01 的显著性检验,并且在各模型中 β 值均为负,说明东部地区与Ⅰ类住宅地价发育区有显著联系,并且由优势比可知在东部地区形成Ⅱ~Ⅴ类发育区概率与形成Ⅰ类发育区概率之比,分别是在中西部地区的 0.364 倍、0.472 倍、0.156 倍和 0.301 倍。

从社会经济指标来看,多数表征指标与市场性住宅地价发育有紧密联系。在模型 1、2、4 中人口密度均未通过显著性检验,表明人口密度对Ⅰ、Ⅱ、Ⅲ、Ⅴ四类发育区形成并无显著影响。在模型 3 中通过 1% 显著性检验,且 β 为负,说明Ⅳ类形态区多集中在人口密度越低的区域。人均 GDP、城镇居民人均可支配收入在模型 1、2、3、4 中均通过 1% 的显著性检验,且人均 GDP 在各模型中的 $\beta$ 值都为正,说明与Ⅰ类发育区相比,人均 GDP 对Ⅱ、Ⅲ、Ⅳ、Ⅴ四类发育区的形成直接相关;而城镇居民人均可支配收入在各模型中的 $\beta$ 值都为负,说明城镇居民人均可支配收入对Ⅰ类发育区的形成更为有利。财政收入在模型 2 中未通过显著性检验,说明该因素在Ⅰ类和Ⅲ类发育区无显著差异,在模型 1、3、4 中通过 1% 显著性检验,且 $\beta$ 值都为负,说明随着地方财政收入的增加,更易形成Ⅰ类发育区特征。

从城市发展来看,该因素是驱动地价发育特征形成的重要方面。第一产业 GDP 比例在模型 1 中未通过显著性检验,说明第一产业 GDP 比例在Ⅰ类和Ⅱ类发育区无显著性差异;在模型 2 和模型 3 中通过 1% 显著性的检验,且 $\beta$ 值为正,说明与Ⅰ类发育区相比,第一产业 GDP 比例越大,形成Ⅲ类和Ⅳ类发育区的概率就越大;在模型 4 中通过 5% 显著性检验,且 $\beta$ 值为负,说明第一产业 GDP 比例越小,形成Ⅴ类发育区的概率比形成Ⅰ类发育区的概率大。道路密度在模型 1、2、4 中均未通过显著性检验,表明交通对Ⅰ、Ⅱ、Ⅲ、Ⅴ四类发育区形成并无显著影响;在模型 3 中通过 1% 的显著性检验,且 $\beta$ 为负,说明地区的道路密度越低,越有可能形成Ⅳ类发育区。城镇化率在模型 2 和模型 4 中未通过显著性检验,说明城镇化率在Ⅰ、Ⅲ、Ⅴ三类发育区内无显著性差异;在模型 1 和模型 3 中分别通过 1% 和 5% 的显著性检验,且 $\beta$ 值都为负,说明城镇化率低的地区形成Ⅱ类和Ⅳ类发育区的概率比形成Ⅰ类发育区大。国土开发度在 4 个模型都通过检验,且 $\beta$ 值为正,说明国土开发度越高,形成Ⅱ~Ⅴ类发育区的概率比形成Ⅰ类发育区大。

总的来看,影响各市场性住宅地价发育类型区的相关因素不尽相同,9 个因素共可解释地价空间分区差异的 51.9%。其中,区位、城镇居民人均可支配收入、财政收入是Ⅰ类发育区形成的有利因素,即城镇居民人均可支配收入、地方财政收入越高,以及处于东部的区位优势促使市场性住宅地价特征向成熟稳健型发展。人均 GDP、国土开发度是Ⅱ~Ⅴ类发育区形成的主要因素,第一产业 GDP 比例除Ⅴ类发育区外,对其他三类发育区都有显著影响,人民生活水平提升和土地利用度提高使得这四类地区市场性住宅地价发展空间增大;Ⅴ类发育区多处在自然条件较差、地形复杂多变的内陆地区,农业在区域经济发展中仍占据重要比例,经济总量较小,受农业比较优势低的影响,较为滞后的经济发展水平阻碍了该地区地价的提升;同时由于居民收入水平有限,使得住宅市场活跃度低,近年来受人口和产业迁移的影响,进一步加剧了地价下降趋势。Ⅳ类发育区因人口密度低,交通基础设施相对滞后等因素导致住宅价格较低,但得益于近年来国家区域政策调整(如西部大开发建设),西部地区人口迁入趋势不断显现,住宅市场活跃度提升,将可能带动该区域的地价增长。

### 6.5.4　住宅市场健康度影响因素分析

将住宅市场健康状态的五个类型区(Ⅰ~Ⅴ)作为因变量,以 14 个指标作为自变量。为了消除自变量之间的共线性关系,运用 SPSS 软件对自变量进行多重共线性检验,采用方差扩大因子最大者法逐步回归剔除 VIF 值大于 10 的变量,分别为农村居民人均纯收入

($X_6$)、第三产业 GDP 比例($X_{11}$)、第二产业 GDP 比例($X_{10}$)。随后将剩下的 11 个变量纳入到 Logistic 回归模型中,采用极大似然估计法进行变量的显著性检验,并运用向前步进的逐步回归法剔除未通过显著性检验的变量,分别是社会消费品零售总额($X_4$)、固定资产投资额($X_5$)和道路密度($X_{12}$)。将剩余的 8 个自变量引入,构造 4 个 Logistic 模型,以协调发展型(Ⅰ类)为参照类。似然比检验结果显示 $\chi^2$ 为 231.163,自由度为 36,$P$ 值为 0,模型整体显著。回归结果见表 6-8。

表 6-8 住宅市场健康状态类型区 Logistic 回归参数估计结果

| 变量 | 模型 1(Ⅱ/Ⅰ) 系数 $\beta$ | 优势比 | 模型 2(Ⅲ/Ⅰ) 系数 $\beta$ | 优势比 | 模型 3(Ⅳ/Ⅰ) 系数 $\beta$ | 优势比 | 模型 4(Ⅴ/Ⅰ) 系数 $\beta$ | 优势比 |
|---|---|---|---|---|---|---|---|---|
| 截距 | 0.347 | | 0.114 | | -2.738 | | 0.232 | |
| $X_1 = 1$ | 0.459** | 1.583 | | | 0.600** | 1.822 | 0.802* | 2.230 |
| $X_1 = 2$ | | | | | | | | |
| ($X_1 = 3$) | | | | | | | | |
| $X_2$ | 9.784* | 17 749.415 | -13.69 | 0 | 9.078* | 8 760.690 | 9.979* | 21 574.111 |
| $X_3$ | -0.218* | 0.804 | 0.146* | 1.157 | -0.558 | 0.572 | | |
| $X_7$ | | | | | 1.061* | 2.891 | | |
| $X_8$ | 0.040 | 0.905 | -0.096 | 0.908 | 0.048 | 1.050 | | |
| $X_9$ | | | -0.011** | 0.989 | | | -0.019* | 0.981 |
| $X_{13}$ | -0.019 | 0.981 | | | | | | |
| $X_{14}$ | -0.100 | 0.905 | | | -0.065* | 0.937 | -0.080 | 0.923 |

注:参照类为Ⅰ类;*与**表示参数通过 5%和 10%的显著性检验,未标注表示通过 1%显著性检验;因变量括号内的为参照组。

从区位条件来看,处于东部的地理区位与住宅市场健康状态类型区存在一定关联。除模型 2 该变量未通过显著性检验,其他模型均通过了显著性检验且 $\beta$ 值均为正,说明东部地区与需求旺盛型(Ⅱ类)、财政依托型(Ⅳ类)和结构失调型(Ⅴ类)有联系,并且由优势比可知,在东部地区形成Ⅱ类、Ⅳ类和Ⅴ类概率与形成Ⅰ类概率之比,分别是在中西部地区的 1.583 倍、1.822 倍和 2.230 倍。

从社会经济指标来看,多数指标与住宅市场健康状态有紧密联系。人口密度在模型 1、2、3、4 中均通过显著性检验,除模型 2 中 $\beta$ 值为负,其余模型中 $\beta$ 值均为正,说明与Ⅰ类相比,人口密度与Ⅱ、Ⅳ、Ⅴ三类的形成直接相关。人均 GDP 在模型 4 中未通过显著性检验,说明该因素在Ⅰ类和Ⅴ类无显著差异;在模型 1 和模型 3 中均通过显著性检验且 $\beta$ 值为负,说明人均 GDP 对Ⅰ类的形成更为有利。财政收入在模型 1、2、3 中均通过 1%显著性检验,其中模型 1 和模型 3 的 $\beta$ 值为正,说明随着地方财政收入的增加,与Ⅰ类相比,住宅市场健康状态更易发展为Ⅱ类和Ⅳ类;在模型 1、2、4 中城镇居民人均可支配收入均未通过显著性检验,表明城镇居民人均可支配收入对Ⅰ、Ⅱ、Ⅲ、Ⅴ四个类型区并无显著影响;在模型 3 中通过 5%显著性检验,且 $\beta$ 值为正,说明财政依托型(Ⅳ类)多集中在城镇居民人均可支配收入较高的区域。

从城市发展来看,国土开发度等因素是影响住宅市场健康状态分布的主要方面。第一产业 GDP 比例在模型 1 和模型 3 中未通过显著性检验,说明第一产业 GDP 比例在Ⅰ、

Ⅱ、Ⅳ三类中无显著性差异;在模型2和模型4中分别通过10%和5%的显著性检验,且$\beta$值均为负,说明第一产业GDP比例越小,与形成Ⅰ类相比,住宅市场健康状态形成Ⅲ类和Ⅴ类的概率就越大。城镇化率在模型2、3、4中均未通过显著性检验,表明城镇化率对Ⅰ、Ⅲ、Ⅳ、Ⅴ四类的形成并无显著影响;在模型1中通过5%显著性检验,且$\beta$值为负,说明城镇化率较低的地区形成Ⅱ类的概率比形成Ⅰ类大。国土开发度在模型2中未通过显著性检验,说明该因素在Ⅰ类和Ⅲ类无显著区别;在模型3中通过5%显著性检验,在模型1和模型4中通过1%显著性检验,且$\beta$值均为负,说明国土开发度越低,住宅市场健康状态形成Ⅱ、Ⅳ、Ⅴ三类的概率比形成Ⅰ类越大。

总的来看,影响不同类型住宅市场健康状态形成的相关因素不尽相同,其中人均GDP、城镇化率和国土开发度是Ⅰ类形成的有利因素,即人均GDP、城镇化率和国土开发度越高,区域住宅市场健康状态更趋于协调发展型。人口密度、财政收入和处于东部地区的区位条件是Ⅱ类形成的主要因素,即人口密度较大,财政收入较高的部分东部地区县市的住宅市场健康状态呈需求旺盛型的概率较大。人均GDP、人口密度和财政收入则是影响Ⅲ类的主要因素,即经济发展较好、人口较为稀少、财政收入水平较低的区域,其住宅市场健康状态易形成经济偏离型。部分人口密集、经济较为发达的东部地区县市受城镇居民人均可支配收入和财政收入较高的影响,当地住宅市场健康状态发展为Ⅳ类的概率更高。Ⅴ类地区经济发展水平和人口密度较高,农业在区域经济发展中的比例较低,受当地住宅市场供需不平衡等因素的影响,其住宅市场健康状态有待优化。

## 6.6 本章小结

本章通过构建区域综合地价测算模型,计算了中国2009~2013年的县级市场性住宅土地均价。采用Ward系统分类探索了相应的地价发育特征;通过建立无序多分类Logistic模型,进一步探究了影响地价发育的潜在影响因素;通过地价-经济协调度、地价收入比、土地财政贡献度、土地市场化交易率和土地市场交易活跃度5项指标,对我国住宅市场健康度进行评价;利用Ward系统聚类方法,对住宅市场健康度状况进行了分区分析;通过建立多分类Logistic回归模型进一步探索了各类型区的潜在影响因素,并对我国重点区住宅市场健康度空间分异情况进行了探究。取得的主要结论如下。

1) 总体而言,研究期内全国地价水平呈现东高西低、沿海高于内陆、低纬高于高纬,城市群带动周边区域发展,城市群内部围绕中心城市增长的空间分布格局。53%的研究单元在地价增长率上超过同期人均GDP增长率水平,市场活跃度较高的区域主要分布在以城市群为主体的地区。地价水平、地价增长率和市场活跃度之间相互促进、相互影响。地价增长率和市场活跃度较高的地区也易于形成高地价的核心区,并带动周边地区住宅市场的繁荣,刺激周边住宅地价的快速增长。通过三者的热点分布关系可以预测,辽中南、成渝等城市群可能成为中国后期住宅地价快速增长的重点地区。

2) 我国市场性住宅地价生长表现出一定的发育形态特征,既有从萌芽起步逐步发育为成熟稳健的正向演化，也可能出现成长受阻类型等局地倒退。相邻发育阶段在空间上表现出一定的互为邻里特征，如Ⅱ类形态区主要围绕着Ⅰ类发育区生长。现阶段成长发展型单元数量最多，达 36%；其次是完善发展型（26%）和成熟稳健型（15%）；萌芽起步型和成长受阻型地区数目最少，共占总研究单元的 23%；这说明中国住宅市场发展迅速，大多区域市场性住宅地价已经克服了成长初期的阻碍因素，朝着更高水平方向发展。虽然这是中国经济发展水平提高带来的必然结果，但是也会造成一定区域工薪阶层购房（或租房）的压力增大，并进而引发社会稳定等社会问题。应根据区域特点和具体地价发育特征，因地制宜制定区域调控政策，引导住宅用地市场合理开发。

3）中国市场性住宅地价成长过程中，区位条件、社会经济和城市发展等因素都对其发育产生影响，并在成长发展型和萌芽起步型两类中表现更为突出。总的来看，东部区位条件、城镇居民人均可支配收入、财政收入是地价发育成熟阶段最主要的影响因素；人均 GDP、国土开发度与后四类发育阶段紧密联系；第一产业 GDP 比例低，限制了成长受阻型发育区的地价增长；人口密度和道路密度低使得萌芽起步型发育区地价最低。Ⅰ类发育区主要位于经济发达区，该区聚集了大量外来人口，住房需求量大，加之较高的居民收入刺激了对土地的多样性需求，住宅地价不断抬升；Ⅱ类和Ⅲ类发育区是我国未来住宅市场发展的主要地区，也应是土地资源节约集约利用的重点调控区，该区应注重土地市场的监管和调节机制，将城镇住宅发展、资源保护、环境建设作为综合发展规划，以和谐人地关系；Ⅳ类发育区应着重加快基础设施建设、优化产业结构、吸引人口集聚，从而带动住宅市场及相关产业发展；Ⅴ类发育区应进一步加强生态建设，建立农业生态系统可持续发展模式，通过打造生态环境保护和城市建设同步发展模式，加强地区经济增长和居民生活质量提升，从而促进住宅用地市场的和谐发展。

4）就住宅市场健康度评价指标而言，研究期内在国家政策的强制要求下，住宅用地市场化出让已普遍采用；地价-经济增长协调性总体偏低，东北、华北、西南和东南沿海地区大部分研究单元地价水平与经济发展的适应性有待提高；地价收入比基本合理，总体呈现"东低西高、南低北高"的格局；大部分地区地方财政对土地出让收入的依赖度较低，土地财政贡献度呈东-中-西依次递减的趋势；土地市场交易活跃度适中，环渤海、长江中下游和成渝等城镇化水平较高的地区是我国住宅用地出让的活跃区。

5）就住宅市场健康度综合分区结果而言，研究期内中国住宅市场可划分为协调发展型、需求旺盛、经济偏离型、财政依托型和结构失调型 5 种类型。其中协调发展型的研究单元最多，主要分布在天山南麓、东北平原、山东半岛和洞庭湖平原等地；其次是需求旺盛型和经济偏离型，主要分布在江西、广西、内蒙古、黑龙江、安徽和云南等省份；财政依托型和结构失调型的研究单元数量最少且分布零散，主要分布在浙江、福建、河南和重庆等省份。协调发展型是研究期内中国住宅市场健康度最优的类型区，其余四个类型研究单元的住宅市场健康度在地价-经济协调性、地价-收入匹配度和土地出让收入财政贡献度等方面存在不同程度的问题，有必要针对各类型的主要特征和研究单元发展现状，制定相应的住宅市场调控政策，以促进当地住宅市场健康有序发展。

6）就住宅市场健康状态类型区的影响因素而言，区位条件、社会经济和城市发展等因素都对不同类型区的形成有一定影响,并在需求旺盛型和财政依托型两类中表现更为突出。总的来看,人均 GDP、城镇化率和国土开发度是协调发展型最主要的影响因素;需求旺盛型县市多位于人口密度较高的东部地区,区内住宅需求量大,住宅地价水平远高于居民的收入水平;影响经济偏离型的主要因素为人均 GDP、人口密度和财政收入,表现为地区经济发展较好,但人口较为稀少,地方财政收入水平不高;财政依托型县市主要位于人口密集、经济较为发达的东部地区,区内城镇居民人均可支配收入和财政收入均较高;结构失调型的主要影响因素是社会经济和城市发展,该区经济发展水平和人口密度较高,农业在区域经济发展中的比例较低,受当地住宅市场供需不平衡等因素的影响,其住宅市场健康状态有待提高。

7)就重点区住宅市场健康度而言,长三角、珠三角和京津冀地区住宅市场的土地市场化交易率均较高,但地价变化与经济发展的协调性偏低。综合而言,研究期内京津冀地区的住宅市场健康度优于长三角地区和珠三角地区。当期京津冀地区的地价收入比整体较为合理,但在京津冀协同发展的背景下,在维持河北省住宅市场健康水平基础的同时,提升京津地区住宅市场的健康水平依然面临严峻挑战。随着长江经济带发展规划、苏南现代化示范区建设等的持续推进,长三角地区的住宅市场需求旺盛,部分地区土地出让收入对地方财政的贡献度偏高,应优化地区发展模式以降低地方政府对土地出让收入的依赖,并通过住宅市场调控政策适度控制住宅投资需求,从而改善住宅市场的亚健康状态。珠三角地区住宅市场的两极分化较为明显,经济发展和人口密度较高的广州、深圳、珠海和佛山等城市住宅市场发育较成熟,住宅地价较高,地价收入比不甚合理,而茂名、清远等边缘城市的住宅市场发育水平相对较低,土地市场交易活跃度较低,地价与经济发展适应性较差,该区域在制定住宅市场调控政策时,应避免一刀切,宜针对不同城市住宅市场的发展特点制定差别化调控方案。

# 第7章 典型区域住宅地价变化格局与影响因素分析

城市土地价格既能够反映具体宗地的开发条件,也能体现一个城市的综合开发水平。城市土地价格受到人口规模、区位条件、经济发展、土地供需、政策引导、基础设施等多种因素共同作用的影响,并且各个因素之间也相互关联。在城市发展过程中,土地价格会随着土地市场的供需关系发生变化,不同城市相同用途土地的价格、同一城市不同用途(如住宅、工业等)土地的价格、同一用途土地不同开发方式(如容积率限制、住房类型等)的土地价格都存在差异性。因此,为进一步认识城市地价的形成和变化机制,有必要针对城市地价的影响因素进行深入分析,了解影响地价的主要因素及其影响程度。这对揭示土地价格形成(或作用)的内在规律,有针对性地开展土地价格宏观调控,促进土地市场健康发展,具有十分重要的现实意义。

本章以江苏省作为典型研究区,分析近期(2009~2013年)住宅用地市场的总体态势,以期为全面了解相关格局、特征、热点等提供数据支撑。与此同时,全面筛选可能对住宅用地价格产生影响的因素,通过统计学和计量经济学方法,建立地价水平与影响因素间的计量联系,以期为地价解析提供参考。

## 7.1 研究区概况

江苏省位于我国东部的长江三角洲,地处北纬30°45′~35°20′,东经116°18′~121°57′之间。东面濒临黄海,拥有近1000千米海岸线,西北与安徽、山东接壤,东南与浙江、上海毗邻。全省平原辽阔、气候温暖、雨量适中,自然资源本底条件好,适宜农田规模化经营,可以发展高效现代农业。同时,江苏是长江三角洲区域的重要组成部分,是我国重要经济中心之一,是全国现代高科技产业和城镇密集地区之一,也是近代民族工业、乡镇工业的发祥地和开放型经济最发达的地区之一。选择江苏省作为典型区域的研究对象,源于该地区城市密度相对较高,城市地价体系、房地产市场发育较充分。江苏省内城镇经济、人口发展水平等方面在南北方向上存在明显的差异,南部经济发达、小城镇密集、人口稠密,北部城镇相对稀疏、经济发展水平也相对落后,中部居于两者之间起过渡作用,因此,住宅用地价格在东西横向和南北纵向都存在很大的地区差异,有较好的研究价值(韩书成等,2009)。

江苏省现辖 13 个省辖市,共有 106 个县(市、区),其中有 53 个市辖区、27 个县级市和 26 个县。行政区划如图 7-1 所示。

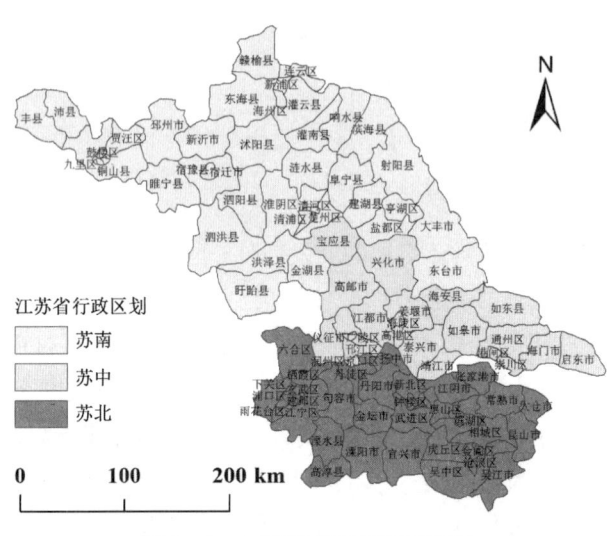

图 7-1 江苏省行政区划示意图

江苏位于我国大陆东部沿海中心,区位条件优越,区域经济发达,是我国经济最发达的省份之一。江苏省国土面积为 10.26 万平方千米,约占全国土地总面积的 1.1%,人口约占全国的 5.7%,经济总量约占全国的 10%。域内高速公路网络密布,港口口岸通江达海,京沪、陇海铁路贯穿全省。在 2014 年行政区划下,江苏省辖常住人口 7 960.06 万人,该年全省地区生产总值 65 088.3 亿元。全年完成全社会固定资产投资达 41 938.6 亿元,全年财政收入达 18 201.33 亿元。城镇居民家庭人均可支配收入为 35 131 元,城镇居民人均消费性支出为 20 371.5 元,均高于同期全国平均水平(表 7-1、图 7-2)。

表 7-1 江苏省经济社会指标

| 年 份 | 常住人口/万人 | GDP/亿元 | 固定资产投资额/亿元 | 财政收入/亿元 | 城镇居民家庭人均收入/元 | 城镇居民人均消费性支出/元 |
| --- | --- | --- | --- | --- | --- | --- |
| 2009 | 7 810.27 | 34 457.30 | 18 950.00 | 8 404.99 | 22 495.00 | 13 153.00 |
| 2010 | 7 898.80 | 41 425.48 | 23 184.28 | 11 743.22 | 25 116.00 | 14 357.50 |
| 2011 | 7 899.00 | 49 110.27 | 26 692.62 | 14 119.85 | 28 971.98 | 16 782.00 |
| 2012 | 7 920.00 | 54 058.22 | 30 854.20 | 14 843.89 | 32 519.10 | 18 825.30 |
| 2013 | 7 939.49 | 59 161.80 | 36 373.32 | 17 328.80 | 35 131.00 | 20 371.50 |
| 2014 | 7 960.06 | 65 088.30 | 41 938.60 | 18 201.33 | | |

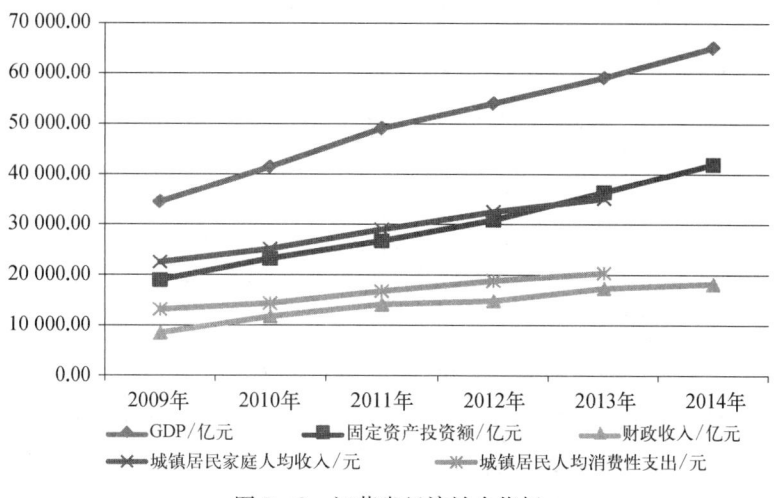

图 7-2 江苏省经济社会指标

## 7.2 住宅地价空间格局特征

### 7.2.1 研究方法

（1）空间自相关分析

空间相关性分析反映的是统计量在空间上的相关性，分为全局域的自相关分析与局部域自相关分析，其中全局域反映整体研究区域地价的相关程度，局域指标反映某城市地价与邻近局部区域城市地价的相互依赖水平。本章节采用 Moran's $I$ 测度城市地价的全局自相关性。

Moran's $I$ 公式如下：

$$I = \frac{\sum_{i}^{n} \sum_{j \neq i}^{n} W_{ij}(X_i - \bar{X})(X_j - \bar{X})}{\frac{1}{n}\sum_{i}^{n}(X_i - \bar{X})^2 \sum_{i}^{n}\sum_{j \neq i}^{n} W_{ij}}, i \neq j \tag{7-1}$$

式中，$X_i$ 和 $X_j$ 分别为 $i$ 和 $j$ 城市的地价值；$W_{ij}$ 为空间权重，这里采用城市距离作为权重指标。Moran's $I$ 统计量取值范围在 -1 到 1 之间，当 $I$ 值<0 时，代表空间负相关；$I$ 值>0 时，代表空间正相关；$I$ = 0 时，代表空间不相关。Moran's $I$ 绝对值越大表示空间分布的自相关程度越高，表明空间分布呈现聚集现象；Moran's $I$ 绝对值越小代表空间分布的自相关程度越低，说明空间分布呈现分散格局。

（2）热点分析

Getis-Ord $G_i^*$ 是空间热点分析中常用的方法，该统计量产生两个值，即每个要素的 $Z$

得分和显著性 $P$ 值。Getis-Ord $G_i^*$ 统计量的计算公式如下:

$$G_i^* = \frac{\sum_{j=1}^{n} w_{ij} x_j - \bar{X} \sum_{j=1}^{n} w_{ij}}{S \times \sqrt{n \sum_{j=1}^{n} w_{ij}^2 - \left(\sum_{j=1}^{n} w_{ij}\right)^2 / (n-1)}} \quad (7-2)$$

式中,$x_j$ 是要素 $j$ 的属性值;$w_{ij}$ 表示要素 $i$ 和 $j$ 之间的空间权重;$n$ 是要素数量;$\bar{X}$ 为均值;$S$ 为标准差。$G_i^*$ 统计结果返回 $Z$ 得分和 $P$ 值,其意义与全局空间自相关类似。当 $Z$ 得分大于 2 倍标准差,表示空间热点区域;当 $Z$ 得分介于 1 倍与 2 倍标准差之间、-2 倍与-1 倍标准差之间,均表示可能出现一定的热冷点分布,但不能否定随机分布的可能;当 $Z$ 得分介于-1 倍与 1 倍标准差之间,则表示空间模式有极大可能是随机分布;当 $Z$ 得分小于-2 倍标准差,表示空间冷点区域。此外,热点区域表示要素高值被高值包围,而冷点表示要素低值被低值包围,可用于揭示地价高值或者地价低值在空间上的聚类分布。

### 7.2.2 结果分析

(1) 空间自相关分析结果

江苏省共有 13 个省辖市、106 个县区。为从整体上反映出江苏省城市地价的空间分布特征,采用反距离加权插值算法对江苏省的城市地价进行空间插值(图 7-3)。由图 7-3 可知,江苏省的地价空间分布格局整体上呈现出南高北低的特征。由于地理分布的差异,江苏省内经济发展状况也存在着苏南城市高于苏北城市的特点,地价分布与之相符。

在空间分布上,从图 7-4 可以看出,江苏省城市地价整体上呈现南高北低的特征,城市地价差异较大,最高地价将近 30 000 元/m²,最低地价低于 1 000 元/m²。在苏南城市群中,南京地区颜色呈最深的红色,地价最高,最高价格将近 30 000 元/m²,是全省城市地价的极值点;其次是苏州地区,地价又呈现由市中心向四周逐步降低的辐射状分布;最后是苏南其余三市,呈现出随着南京、苏州向中心靠拢价格逐步降低的规律。在苏中和苏北城市群中,主要呈现出由南向北城市地价逐渐降低的过渡性分布,但又有个别差异存在,其中位于苏中、苏北城市中心的区域地价比周边县区地价稍高,呈现由市中心向四周逐步降低的辐射状分布。

在时间尺度上,从江苏省市场性住宅地价空间分布图中可以看出,江苏省市场性住宅地价呈现南高北低的特征,这与空间插值图呈现出的规律相一致。随着时间的推移,江苏省的城市地价总体上呈现上涨趋势,但各个地区的变化幅度不同。其中苏南城市整体变化幅度较小,南京、苏州地区地价至多上升一个梯度,地价梯度由橙色变化为红色,其余苏南城市变化较小,地价梯度没有变化的区域居多;苏北城市变化幅度较大,地价梯度也由较深的蓝色变化为较浅的绿色甚至黄色,上升两到三个梯度。

使用 GeoDa 软件对江苏省 106 个县(区)2009~2013 年平均地价进行空间自相关分析,分析结果如图 7-5、图 7-6 所示。其中,Moran's $I$ 的值为 0.702 52,显示江苏省城市地价在总体上呈现显著的正自相关特征。这与热点分析结果相一致。

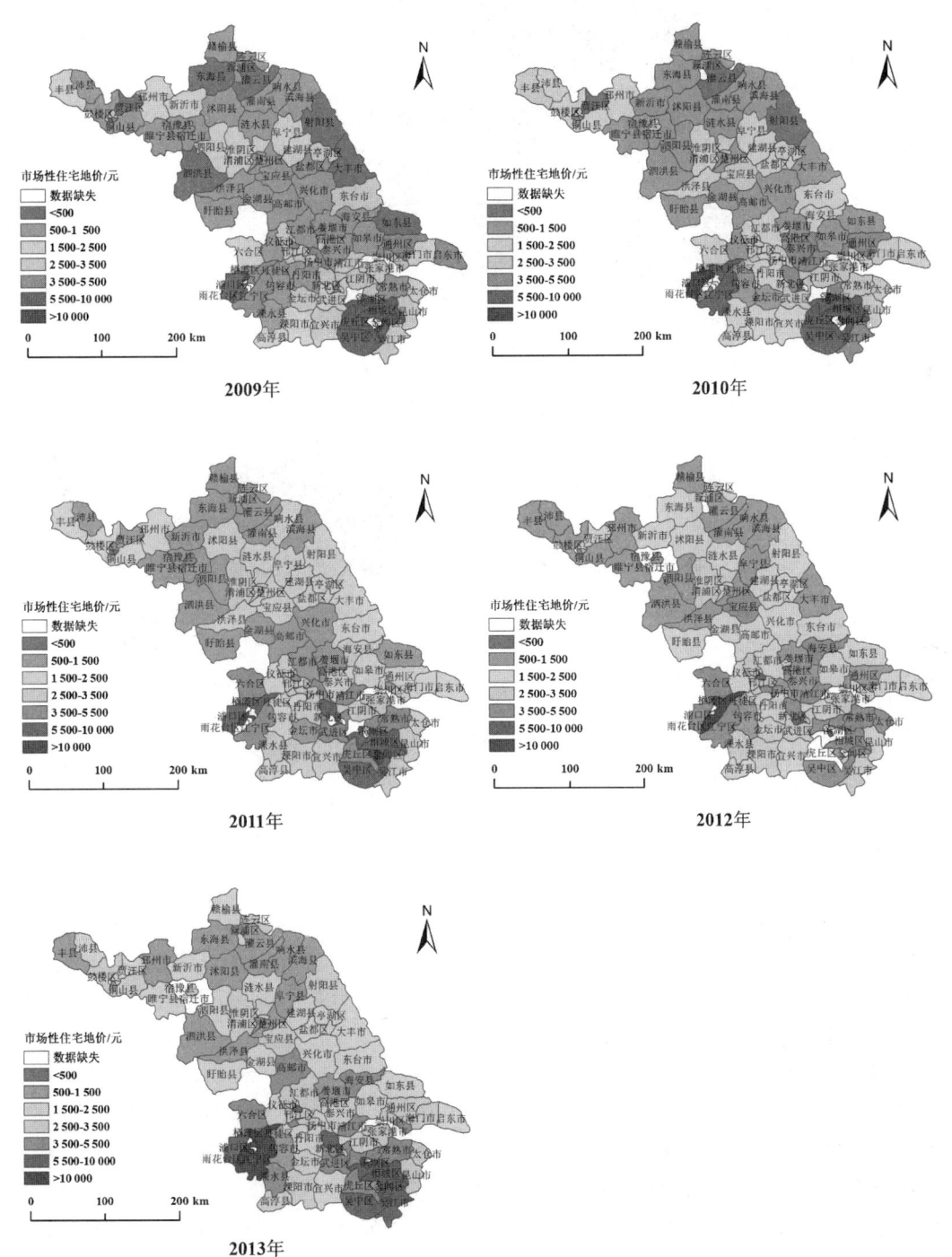

第 7 章　典型区域住宅地价变化格局与影响因素分析 | 109

图 7-3　江苏省市场性地价空间分布

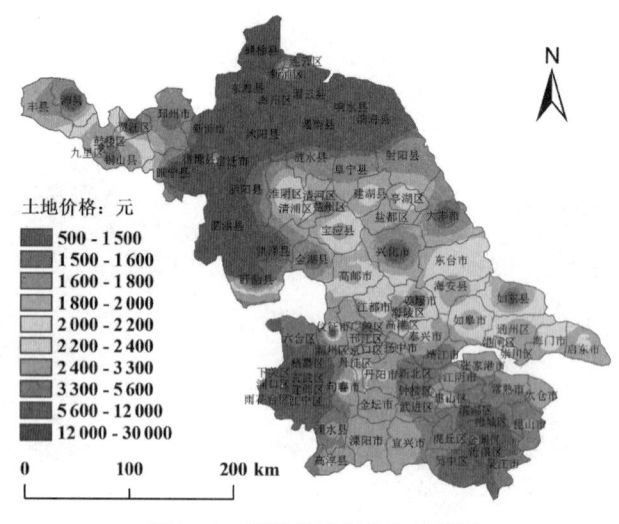

图 7-4 江苏省城市地价插值图

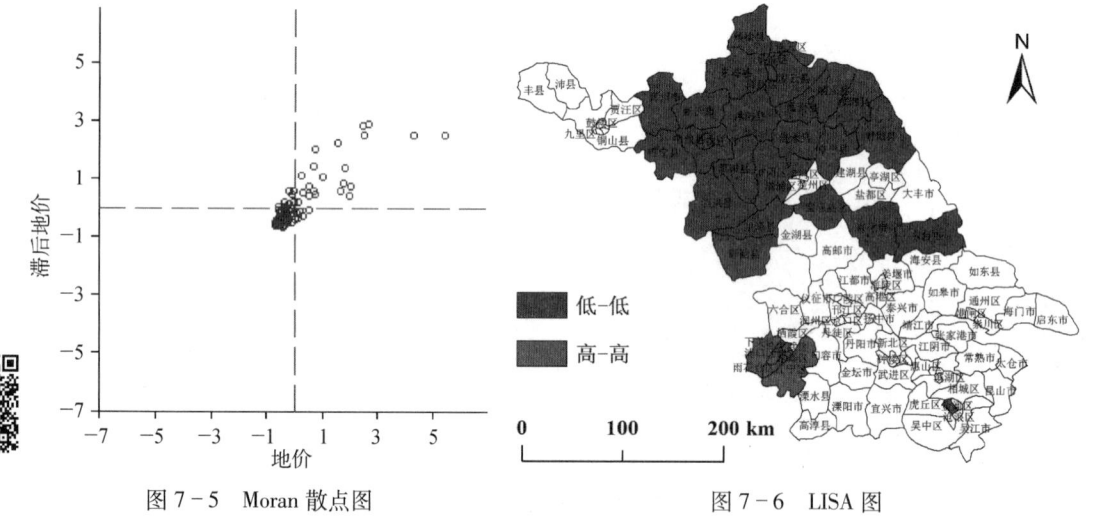

图 7-5 Moran 散点图

图 7-6 LISA 图

Moran 散点图可以定性表达空间单元与周围单元之间的关联形式，其横坐标为样点地价的标准化值，纵坐标为由空间权重矩阵确定的相邻样点地价的滞后值（平均值）。由图可知，绝大部分住宅地价样点分布在第一象限（"高-高"区域）和第三象限（"低-低"区域），说明江苏省城市地价呈现较强的局部空间集聚特征，即高地价区域与高地价区域相邻，而低地价地区周围的土地价格也较低。其中，聚集在"低-低"区域的样点较为集中，可以看出这部分地价具有一定的均质性，即地价在空间分布上的差异不大，具有空间自相关性，但相关作用较弱；聚集在"高-高"区域的样点较为分散，可以看出这部分地价具有一定的差异性，即影响周围地价的程度有强有弱，呈由中心较强区向四周辐射状减弱的格局。在城市中心区域，如南京鼓楼区、玄武区和苏州平江区等经济中心区，城市地价对周围地区地价的带动作用较为显著，而在这些城市外围地区，城市地价对周围地价的带动作用较弱甚至消失。在除此以外其他极个别的局部地区，同时存在"低-高"与"高-低"的异质性区域，表示该地区与邻近周边地区的地价差异性较大，呈现较强的两极集聚现象，此类现象在江苏省内不显著。

从江苏省城市地价的 LISA 图可以看出,红色区域表示"高-高",蓝色区域表示"低-低"。"高-高"区域与"低-低"区域在空间上的分布与江苏省经济发展水平趋于一致,即经济较发达的苏南地区其自身与周围其他地区的地价水平均较高,并且呈现正向带动作用,而经济较不发达的苏北地区其自身与周围其他地区的地价水平均较低,且呈现负向带动作用。"高-高"区域主要分布在南京市各区以及苏州市的平江区,这些区域距离商业中心比较近,市政设施完备,交通设施齐全,因此地价较高;"低-低"区域主要分布在苏北地区以及苏中的海安县、东台市、兴化市、宝应县等县区,这些地区经济欠发达,又不是城市中心区域,因此地价较低。由此可知,江苏省的大部分地区存在空间自相关性。

(2) 热点分析结果

利用 ArcGIS 软件对 2009~2013 年江苏省 106 个县区的土地价格进行热点分析,分析结果如图 7-7 所示。由图 7-7

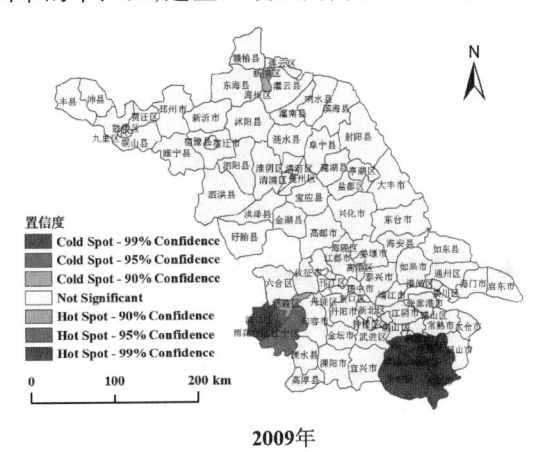

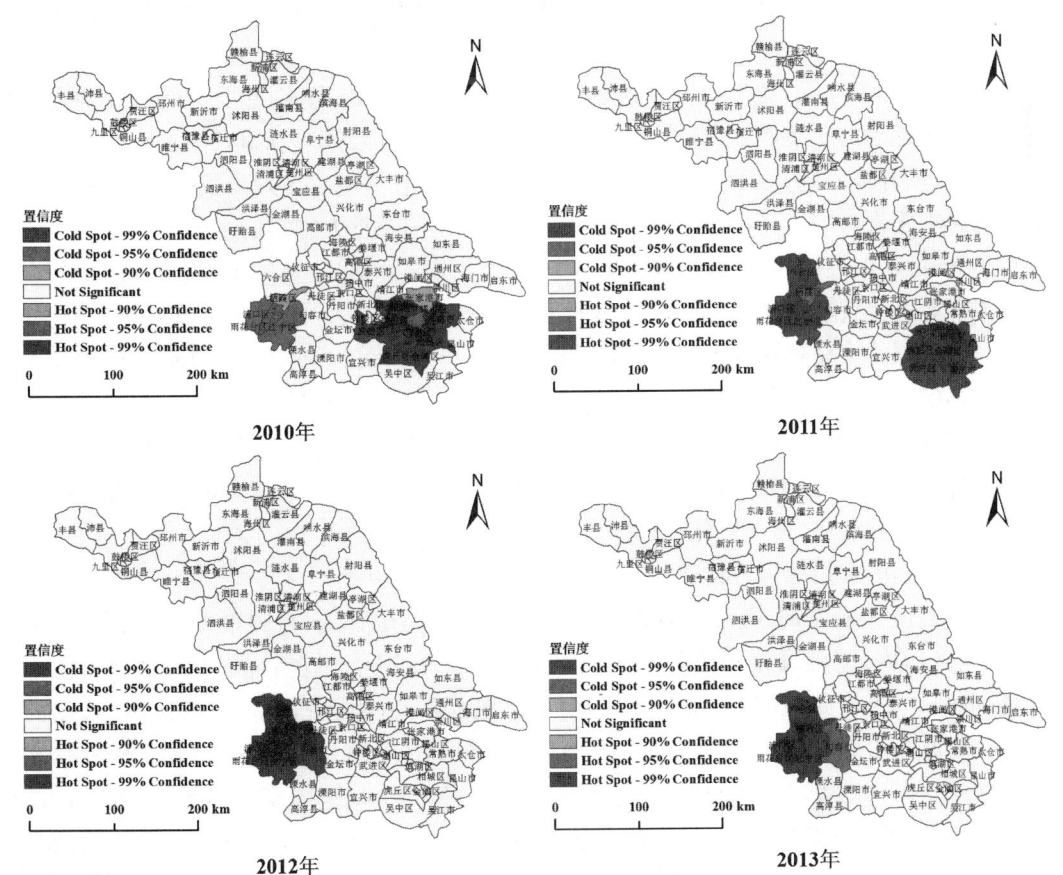

图 7-7 热点分析结果

可知,2009~2011 年的城市地价变化的热点区域主要有两个,主要位于苏南地区的南京市和苏州市,并且都在 90% 置信度上具有统计显著性。2012 年和 2013 年的城市地价变化的热点区域主要聚集在南京市附近,并且除 2013 年句容市在 90% 置信度上具有统计显著性外,都在 99% 置信度上具有统计显著性。由图 7-7 分析,地价较高的区域存在集聚效应。南京市和苏州市附近的高地价对周围地区的地价影响较大,并且在 90% 置信度上呈现正相关,也就是说,一个县(区)的地价较高将会带动邻近地区的地价上涨。

## 7.3 江苏省住宅地价影响因素分析

### 7.3.1 影响因素指标选取

(1) 影响因素选取原则

城市住宅价格不仅受到自身地理区位及物理特质因素的影响,还受到多种不同因素综合作用的影响。由于影响地价的因素相互联系、相互影响,且地价空间分异影响因素的程度和方向各不相同,因此为客观反映不同地区间地价差别,在选取城市地价影响因素时应遵循以下原则。

第一,全面性原则,城市地价受到多种影响因素的共同作用,因此要想能够客观真实地反映城市地价的影响因素,选取的影响因素指标就要全面,能够涵盖各个方面。

第二,主导性原则,影响城市土地价格的因素很多,且影响程度差异很大,在选取城市地价的影响因素时应优先选取对城市地价有决定性作用及重大影响的主导因子。

第三,可获取性原则,影响因素指标体系中包含不同类型的指标,在获取的过程中,有些数据不能直接获取,有些数据难以达到预期目标,因此必须考虑数据简单可获取,充分考虑获取数据的难易及指标的量化,保证数据准确可靠。可以利用统计资料较好地反映出不同影响因素对地价的作用。

第四,可比性原则,在设定指标体系时,应当使指标因子在一定时期内的意义、方法等方面保持相对稳定,以保证数据之间具有可比性,从而能够在同一尺度下研究系统一段时间的变化规律和趋势,便于量化、分析、比较及预测。

(2) 影响因素指标体系构建

根据上述四项原则,参考学者们的已有研究成果,分别从人口因素、土地因素、区位因素、经济因素、基础设施和住房需求六方面选取影响因子,包括:总人口数($R1$)、人口密度($R2$)、土地面积($R3$)、商品住宅用地供应面积($R4$)、城市等级($R5$)、是否沿海($R6$)、是否苏南城市($R7$)、距离上海的距离($R8$)、距离南京的距离($R9$)、地区 GDP($R10$)、人均 GDP($R11$)、全区固定资产投资总额($R12$)、城镇固定资产投资($R13$)、高速铁路(城际铁路)站数($R14$)、商品房施工面积($R15$)、商品房竣工面积($R16$)、商品房销售面积($R17$)、住宅商品房销售面积($R18$),如表 7-2 所示。由于 2011~2013 年部分统计数据不全,在进行 2011~2013 年各项影响因素分析时,除去了城镇固定资产投资($R13$)、商品房施工面积($R15$)、商品房竣工面积($R16$)、商品房销售面积($R17$)、住宅商品房销售面积($R18$)。

表 7-2 江苏省住宅地价影响因素指标体系

| 评价因素 | 序号 | 评价因子 | 计算公式 | 说明 |
| --- | --- | --- | --- | --- |
| 人口因素 | $R1$ | 总人口数 | | |
| | $R2$ | 人口密度 | $R2 = \dfrac{R1}{R3}$ | |
| 土地因素 | $R3$ | 土地面积 | $R3 = S_{全区} - S_{水域}$ | $S_{全区}$为整个行政区域面积,$S_{水域}$为行政区内水域面积 |
| | $R4$ | 商品住宅用地供应面积 | $R4 = \dfrac{1}{n}\sum_{i=1}^{n} S_i$ | $S_i$为第 $i$ 个样本住宅供应面积,$n$ 为样本数 |
| 区位因素 | $R5$ | 城市等级 | $R5 = \alpha_i + \beta_i$ | $\alpha_i$为行政区划基准分,$\beta_i$为调整分 |
| | $R6$ | 是否沿海 | | |
| | $R7$ | 是否苏南城市 | | 苏南城市为南京、镇江、苏州、无锡、常州 |
| | $R8$ | 距离上海的距离 | $R8 = \sqrt{(X_i - X_{sh})^2 + (Y_i - Y_{sh})^2}$ | $(X_i, Y_i)$为各个县(市、区)质心坐标,$(X_{sh}, Y_{sh})$为上海市质心坐标 |
| | $R9$ | 距离南京的距离 | $R9 = \sqrt{(X_i - X_{nj})^2 + (Y_i - Y_{nj})^2}$ | $(X_i, Y_i)$为各个县(市、区)质心坐标,$(X_{nj}, Y_{nj})$为南京市质心坐标 |
| 经济因素 | $R10$ | 地区 GDP | | |
| | $R11$ | 人均 GDP | $R11 = \dfrac{R10}{R1}$ | |
| | $R12$ | 全区固定资产投资总额 | | |
| | $R13$ | 城镇固定资产投资 | | |
| 基础设施 | $R14$ | 高速铁路(城际铁路)站数 | $R14 = N_{火车站} + N_{高铁站}$ | $N_{火车站}$为普通列车站数,$N_{高铁站}$为高速铁路站数 |
| 住房需求 | $R15$ | 商品房施工面积 | | |
| | $R16$ | 商品房竣工面积 | | |
| | $R17$ | 商品房销售面积 | | |
| | $R18$ | 住宅商品房销售面积 | | |

人口因素是影响城市地价的一项非常重要的因素。一般认为,人口的增加会导致人们对土地的需求量的增加,从而导致地价的上涨。本研究中人口因素采取了以下两项指标因子。

$R1$ 为总人口数,数据取自《江苏省统计年鉴》人口总数。

$R2$ 为人口密度,计算公式为

$$R2 = \dfrac{R1}{R3} \tag{7-3}$$

式中,$R3$ 为各个地区的土地面积。

土地因素主要代表土地的供应量,理论上讲,在其他因素不变的情况下,土地供应量的增加会导致土地价格的下降。本项土地因素中选取两项指标因子。

R3 为研究区域的土地面积,计算公式为

$$R3 = S_{全区} - S_{水域} \tag{7-4}$$

式中,$S_{全区}$为整个行政区域面积;$S_{水域}$为行政区内水域。

R4 为商品住宅用地供应面积,是各个地区样本地块住宅用地供应面积的平均值,计算公式为

$$R4 = \frac{1}{n}\sum_{i=1}^{n} S_i \tag{7-5}$$

式中,$S_i$ 为第 $i$ 个样本住宅供应面积;$n$ 为样本数。

在本章中,区位因素主要指一个地区的地理位置,能够表征出一个地区与周围地区的相互影响的关系,主要包含以下五项指标因子。

R5 为城市等级,主要反映出一个地区的行政等级,计算公式为

$$R5 = \alpha_i + \beta_i \tag{7-6}$$

式中,$\alpha_i$ 为行政区划基准分;$\beta_i$ 为调整分。行政区划基准分有四类,分别为:A 类,省会城市,主要指南京市下属的 11 个区,基准分为 75 分;B 类,非省会地级市,主要包含非南京市以外的 12 个市的市辖区,基准分为 50 分;C 类,县级市,主要指各个地级市下属的县级市,基准分为 25 分;D 类,县,主要指除上述三类以外的各市下属县,基准分为 0 分。调整分按照各个区域距离城市中心的远近进行划分,城市中心城区得分较高,城市外围郊区得分较低;苏南城市得分较高,苏北地区得分较低。

R6 为是否沿海城市,计算公式为

$$R6 = \begin{cases} 1, & 是 \\ 0, & 否 \end{cases} \tag{7-7}$$

主要沿海城市从北至南分别为连云港市、盐城市和南通市。

R7 为是否苏南城市,计算公式为

$$R7 = \begin{cases} 1, & 是 \\ 0, & 否 \end{cases} \tag{7-8}$$

苏南城市分别为南京市、镇江市、苏州市、常州市、无锡市。

R8、R9 分别为距离上海、南京的距离,计算公式为

$$R8 = \sqrt{(X_i - X_{sh})^2 + (Y_i - Y_{sh})^2} \tag{7-9}$$

$$R9 = \sqrt{(X_i - X_{nj})^2 + (Y_i - Y_{nj})^2} \tag{7-10}$$

式中,$(X_i, Y_i)$为各个县(市、区)质心坐标;$(X_{sh}, Y_{sh})$为上海市质心坐标;$(X_{nj}, Y_{nj})$

为南京市质心坐标。该数据利用 ArcGIS 软件计算得出各个区域质心坐标,后经过距离计算公式得出,单位为米。

经济因素是影响地价的一项非常重要的因素。在本项研究中,主要选取以下四项指标因子:

$R$10 为地区 GDP,是衡量一个地区一定时期内商品和服务产出总量的一项重要的综合性指标。土地作为一项重要的生产要素,土地的价格能够在 GDP 中得以反映。据来源于《江苏省统计年鉴》。$R$11 为人均 GDP,计算公式为

$$R11 = \frac{R10}{R1} \tag{7-11}$$

$R$12、$R$13 分别为全区固定资产投资总额、城镇固定资产投资,数据来源于《江苏省统计年鉴》。

由于县区级数据较难获取,在基础设施影响因素中只选取了高速铁路(城际铁路)站数这一项指标。$R$14 为各个地区高速铁路(城际铁路)站数,主要包括客运火车站、高速铁路站数。

住房需求主要反映土地市场中对于住房的需求量的大小,通过以下四项指标来进行表征:$R$15 为商品房施工面积,$R$16 为商品房竣工面积,$R$17 为商品房销售面积,$R$18 为住宅商品房销售面积,数据来源于《江苏省统计年鉴》(2010~2014)。

### 7.3.2 影响因素分析方法

(1)主成分分析

主成分分析法(PCA)是一种非常重要的多元统计方法。它通过数学变换的方法减少数据集,将多指标的问题简化为几个重要的综合指标,将高维度的数据集转化为低维度的数据集,使得研究的问题简单化。主成分分析法不仅降低了指标体系维度,还简化了指标系统的数字特征。另外,在简化指标系统的同时,还保留了原始指标变量所蕴含的绝大部分信息量。主成分分析将一系列相关性较强的指标经过变换,转化成若干不相关的指标,在此过程中保证方差的总量不变。按照方差的贡献率对新产生的指标进行排序。第一指标,也被称作第一主成分,对方差的贡献率最大,而贡献率仅次于第一指标的被称为第二主成分,并以此类推。在确定了主成分的个数后,可通过系数矩阵建立起主成分与原始指标间的关系,根据关系式和主成分贡献率可计算综合主成分值。

在指标评价的过程中,由于各个指标之间存在含义、数量级以及度量单位等方面的差异,为消除这些方面的差异,保证数据的可比性,需要对基础数据进行无量纲化处理,从而将数据能够在同一维度下进行比较分析。本章节采用 Z-Score 法对选取的 18 个指标进行标准化处理,计算公式如下:

$$R_i^* = \frac{R_i - \overline{R}}{\sigma} \tag{7-12}$$

式中，$R_i^*$ 代表标准化之后的数据量；$R_i$ 表示指标 $R$ 的第 $i$ 个原始数据量；$\overline{R}$ 代表指标 $R$ 的均值；代表指标 $R$ 的标准差。

（2）多元线性回归分析

实际生活中，影响城市地价的影响因素有很多，影响因素之间的联系方式和性质也是各不相同的。因此有必要采用多元线性回归分析的方法，对一个因变量和多个自变量进行分析，确定出城市地价受哪些因素影响以及各个影响因素的重要程度等。

多元线性回归模型的一般形式：

$$Y = \beta_0 + \beta_1 x_1 + \beta_2 x_2 + \cdots + \beta_p x_p + \varepsilon \tag{7-13}$$

式中，$\beta_0$，$\beta_1$，$\cdots$，$\beta_p$ 是 $p+1$ 个未知参数，称为回归系数；$Y$ 称为因变量；$x_1$，$x_2$，$\cdots$，$x_p$ 是 $p$ 个可以精确测量并可控制的一般变量，称为自变量；$\varepsilon$ 为随机误差。

逐步回归分析的基本思想是：逐个引入自变量，每次引入对因变量影响最显著的自变量，并对方程中原有的变量逐个进行检验，把不显著的变量从方程中剔除，最终的回归方程中既不漏掉对因变量影响显著的变量，也不包含对因变量影响不显著的变量。

### 7.3.3 影响因素分析结果

（1）主成分分析结果

采用 SPSS 软件，首先对 18 个指标因子进行标准化处理，后通过对 2009~2013 年江苏省 106 个县区的 18 个影响因素进行分析，从 18 个因子中降维提取出主要成分。现选取中间年份（2010 年）数据结果，见表 7-3。

表 7-3　江苏省住宅地价影响因素主成分分析结果

| 累计贡献率 | 75.463% ||||| 
|---|---|---|---|---|---|
|  | 主成分 1 | 主成分 2 | 主成分 3 | 主成分 4 | 主成分 5 |
| R1：总人口数 | -0.201 | 0.843 | -0.095 | -0.067 | -0.131 |
| R2：人口密度 | 0.089 | -0.575 | 0.085 | 0.300 | 0.063 |
| R3：土地面积 | -0.345 | 0.746 | -0.131 | -0.325 | 0.050 |
| R4：商品住宅用地供应面积 | 0.469 | -0.219 | 0.037 | 0.608 | -0.063 |
| R5：城市等级 | 0.543 | -0.599 | 0.199 | 0.120 | -0.062 |
| R6：是否沿海 | -0.333 | 0.315 | 0.159 | 0.254 | 0.640 |
| R7：是否苏南城市 | 0.704 | -0.361 | 0.125 | -0.399 | 0.095 |
| R8：距离上海的距离 | -0.636 | 0.022 | -0.540 | 0.065 | -0.301 |
| R9：距离南京的距离 | -0.414 | 0.378 | -0.362 | 0.556 | 0.240 |
| R10：地区 GDP | 0.775 | 0.451 | -0.080 | -0.079 | 0.211 |
| R11：人均 GDP | 0.831 | -0.058 | -0.011 | -0.068 | 0.268 |
| R12：全区固定资产投资总额 | 0.721 | 0.538 | -0.076 | -0.176 | 0.079 |
| R13：城镇固定资产投资 | 0.774 | 0.350 | -0.131 | -0.020 | 0.047 |
| R14：高速铁路（城际铁路）站数 | 0.299 | 0.058 | 0.019 | -0.022 | -0.380 |
| R15：商品房施工面积 | -0.018 | 0.524 | 0.785 | 0.206 | -0.116 |

续 表

| 累计贡献率 | 75.463% | | | | |
|---|---|---|---|---|---|
| | 主成分1 | 主成分2 | 主成分3 | 主成分4 | 主成分5 |
| $R16$：商品房竣工面积 | -0.051 | 0.550 | 0.751 | 0.147 | -0.226 |
| $R17$：商品房销售面积 | 0.753 | 0.347 | -0.313 | 0.270 | -0.158 |
| $R18$：住宅商品房销售面积 | 0.726 | 0.324 | -0.297 | 0.288 | -0.219 |

由表7-3可知,2010年江苏省城市地价影响因素主成分分析的累计贡献率达到75.463%,能够在较大程度上代表原始数据的信息。其中,地区GDP($R10$)、人均GDP($R11$)、全区固定资产投资($R12$)、城镇固定资产投资($R13$)、是否苏南城市($R7$)、商品房销售面积($R17$)以及住宅商品房销售面积($R18$)这六项指标在第一个因子上有较高载荷,因此这几个变量可以综合为一个因子($U1$),又因为它们能够反映出一个地区的经济发展水平,因此主成分$U1$可解释为经济发展水平;总人口数($R1$)这一指标在第二个因子上有较高载荷,因此可以将第二主成分($U2$)解释为人口规模状况;商品房施工面积($R15$)、商品房竣工面积($R16$)在第三个因子上有较高载荷,因此这几个变量可以综合为一个因子($U3$),可解释为用地需求水平;商品住宅用地供应面积($R4$)在第四个因子上有较高载荷,因此可以将第四主成分($U4$)解释为土地供应水平;是否沿海($R6$)在第五个因子上有较高载荷,因此可以将第五主成分($U5$)解释为区域地理位置。经过主成分分析方法,最初与地价相关的18个变量综合抽象为5个因子,而影响地价的因素也转化为经济发展水平、人口规模状况、用地需求水平、土地供应水平以及区域地理位置五个因素。

其他各个年份的主成分分析结果如下:2009年影响地价的因素转化为经济发展水平、人口规模状况、用地需求水平、土地供应水平以及基础设施水平五个因素;2011年影响地价的因素转化为经济发展水平、城市集聚规模、土地供应水平、区域地理位置四个因素;2012年影响地价的因素转化为城市集聚规模、经济发展水平、土地供应水平、区域地理位置四个因素;2013年影响地价的因素转化为城市集聚规模、经济发展水平、土地供应水平、区域地理位置四个因素。

通过综合比较分析2009~2013年各个年份的主成分分析结果可知,综合来看,影响江苏省城市地价的因素主要概括为五大类,分别为经济发展水平、城市集聚规模、用地需求水平、土地供应水平和区域地理位置,这与我们最初假设的六大类影响因素基本符合。在这五类影响因素中,经济发展水平和城市集聚规模对于地价的影响程度最为显著,均为各个年份的第一、第二主成分;其次是用地需求水平和土地供应水平,这两项影响因子分别代表了土地市场上的需求方与供应方,正好反映出城市住宅土地市场的变动会对城市地价的上涨和下降产生作用,从而对城市地价产生相应的影响;最后在区域地理位置中,载荷较高的指标为是否沿海,因此这里的区域地理位置代表的是宏观区域上的位置,并非城市内部的区位交通。

从时间尺度上来看,由于2011~2013年部分数据的缺失,因此在进行主成分分析时,2011~2013年的指标数据实际个数为13个,提取主成分后的结果也由5个主成分减少为

4个,但这4个主成分代表的信息与2009~2010年提取出的主成分所代表的信息基本一致。2009~2010年的第二主成分人口规模状况与第三主成分用地需求水平逐步融合成一个因子,即城市集聚规模。人口的集聚会推动人才市场、住房需求、经济效益、城市建设等方面的进一步发展,因此人口规模状况在一定程度上也反映了城市集聚规模,与城市集聚规模等效。

(2)多元线性回归分析结果

用SPSS软件对原始数据进行逐步回归分析,以江苏省城市地价 $P$ 为因变量,以18个(2011~2013年为13个)自变量($R$)进行分析。

从表7-4可以看出,在回归模型中,2009~2013年 $R$ 的值除2012年低于0.7以外,其余都在0.7以上,表明方程的拟合程度较高,且显著性水平全部低于5%。从总体上看,各个影响因素对于城市地价的影响是显著的。

表7-4 江苏省住宅地价影响因素主成分分析结果

| | 回归方程 | $R$值 | $R^2$ | 显著性水平 |
| --- | --- | --- | --- | --- |
| 2009年 | $P = -198.0 + 0.46 \times R2 + 42.553 \times R5$ | 0.744 | 0.554 | <<0.05 |
| 2010年 | $P = -452.573 + 0.777 \times R2 + 37.341 \times R5 + 1583.037 \times R7$ | 0.751 | 0.564 | <<0.05 |
| 2011年 | $P = -112.411 + 0.749 \times R2 + 36.999 \times R5 + 1485.306 \times R7$ | 0.786 | 0.617 | <<0.05 |
| 2012年 | $P = 2319.986 + 0.17 \times R2 + 44.517 \times R5 - 0.011 \times R9$ | 0.613 | 0.376 | <<0.05 |
| 2013年 | $P = -3001.282 + 0.004 \times R1 + 0.617 \times R2 + 121.536 \times R5 + 0.011 \times R8 - 0.032 \times R9$ | 0.713 | 0.508 | <<0.05 |

综合比较分析2009~2013年各年份的回归分析结果,可以得出以下结论:

2009~2013年的回归模型中均提取出变量 $R2$ 和 $R5$,即人口密度和城市等级这两项影响因子,表明它们对于城市地价的影响程度是显著的;它们的系数为正,表明随着人口密度的增加和城市等级的提高,城市地价是上升的。此外,$R5$(城市等级)的系数大于 $R2$(人口密度),表明城市等级这一因子对城市地价的影响力度大于人口密度这一因子对城市地价的影响力度,在宏观上则表示表征区位的影响因子比表征人口规模的影响因子对城市地价的影响力度更大。

2010年和2011年的回归方程结果显示,是否是苏南城市也是影响城市地价的一项重要因素。江苏省经济发展水平在南北方向上差异巨大,苏南地区的经济普遍比苏北地区发达。因此,是否是苏南城市对于城市地价的影响是正向的,即位于苏南地区的城市地价普遍高于位于苏北地区的城市地价。

2012年和2013年的回归方程结果显示,距中心城市的距离也是影响城市地价的一项重要因素,但对于不同的中心城市而言,距离因子对城市地价的影响效果是存在差异的。就我们选取的两个中心城市——南京和上海而言,$R8$(距上海的距离)的系数为正,而 $R9$(距南京的距离)的系数为负,说明距离上海越远、距离南京市越近,城市地价越高,这表明对于江苏省的城市地价来说,距南京的距离对地价的影响比距上海的距离对地价的影响程度大。

从时间尺度上来说,从 2009 年到 2013 年,影响城市地价的因素从两个增加到五个,即由城市等级和人口密度两项因子,增加到包含是否苏南城市、距南京以及距上海的距离等五项因子,但它们整体表征的是城市的区位因子和人口规模状况。在研究期(2009~2013 年)内,人口规模虽然产生变化,但变化趋势较小。城市等级也是表征一个地区行政地理区划的指标,其在研究期内也是固定不变的,因此随着时间的推移,会有新的影响因子开始对城市地价产生较大的影响。但从这些新增的因子来看,产生作用的仍然是旧的区位因子——是否为苏南城市、距南京以及距上海的距离(2013 年 $R1$ 人口数系数较小,可忽略不计),因此可以看出,城市的区位因子对于城市地价的影响程度是最为显著的。

# 第8章 典型区域住宅市场与区域社会经济发展协调性分析

作为中国土地市场中最为活跃的组成部分,住宅用地市场与土地市场的协调程度,区域社会经济发展、城镇化进程、住房用地政策等因素密切相关(王青等,2007)。住宅用地市场在带动区域相关经济产业发展的同时,也可能出现市场供需失衡、住房价格飙升等问题。区域住宅用地市场与经济社会发展的协调程度对土地资源优化配置、房地产市场健康发展、居民安居乐业等都具有重要意义(王洋等,2013a)。

当前我国正处于三期叠加阶段(增长速度换挡期、结构调整阵痛期、前期刺激政策消化期),面对新形势和新时代要求,我国住宅用地市场的健康发展应强化与区域发展要素的紧密联系,促进其与区域社会经济的发展相协调。具体应体现在以下方面:① 住宅用地的市场规模应与当地经济发展程度相协调,即住宅用地价格的增长,其速率应与经济发展的步伐相协调;② 住宅用地的价格应与区域普通居民的收入能力及水平相适应,即住宅地价应当处于居民可承受的范围;③ 住宅用地的市场发展应与区域社会发展水平相匹配,即住宅用地出让收入在地方政府财政收入中的比例不宜过高,造成对土地财政的过分依赖;④ 市场化方式出让应是获取住宅用地的主流,即采用招标、拍卖或挂牌方式出让的住宅用地应具有较高比例;⑤ 应利用土地供需水平对住宅用地市场进行合理调节,政府应综合利用土地储备、调整供给等方式适时进行市场调节,努力实现住宅用地供需均衡。

本章利用2009~2013年住宅用地出让数据,以县级行政单位为基本研究单元,以地价增长与经济发展协调性、地价水平与居民收入合理性作为居住用地市场与区域发展协调程度的表征,利用DEA(数据包络分析)方法,选取土地、人口和资本作为区域资源投入要素,地价-GDP增长率比和地价-居民收入比作为区域社会经济产出要素,综合评价长三角、京津冀、珠三角、长江中游及成渝5个国家级城市群住宅用地市场与区域社会经济协调发展状况,并进一步探究各城市群投入产出效率的空间分异和规模收益状况,以期为针对性地制定区域土地市场调控政策和城市群发展策略、促进区域居住用地市场和社会经济协调发展提供借鉴和参考。

## 8.1 研究区概况

城市群是城镇化过程中,在特定的城镇化水平较高的地域空间里,依托发达的基础设施网络,由若干个密集分布的不同等级城市及其腹地通过空间相互作用而形成的城市-区域系统,是城市发展到成熟阶段的最高空间组织形式(方创琳等,2011a;方创琳等,2010;University,2007)。《全国城镇体系规划纲要(2005~2020年)》提出三大都市连绵区和13个城镇群;《2010中国城市群发展报告》进一步提出中国正在形成23个城市群(方创琳等,2011a;慎勇扬,2005),大体勾勒出中国城市群的发展状况与总体趋势。

综合考虑空间分布与区域代表性,本章选取长三角、京津冀、珠三角、长江中游及成渝5个国家级城市群作为研究区,该区域涵盖了全国48.14%的城市人口、60.67%的GDP总量和51.86%的城区面积(图8-1),是中国未来经济发展格局中最具活力和潜力的核心地区。本研究以县域为基本研究单元,剔除研究期内无住宅用地交易或数据缺失的区域,研究区共包含662个研究单元。其中,长三角城市群包括25个市194个县区,京津冀城市群包括13个市192个县区,珠三角城市群包括7个市41个县区,长江中游城市群(含

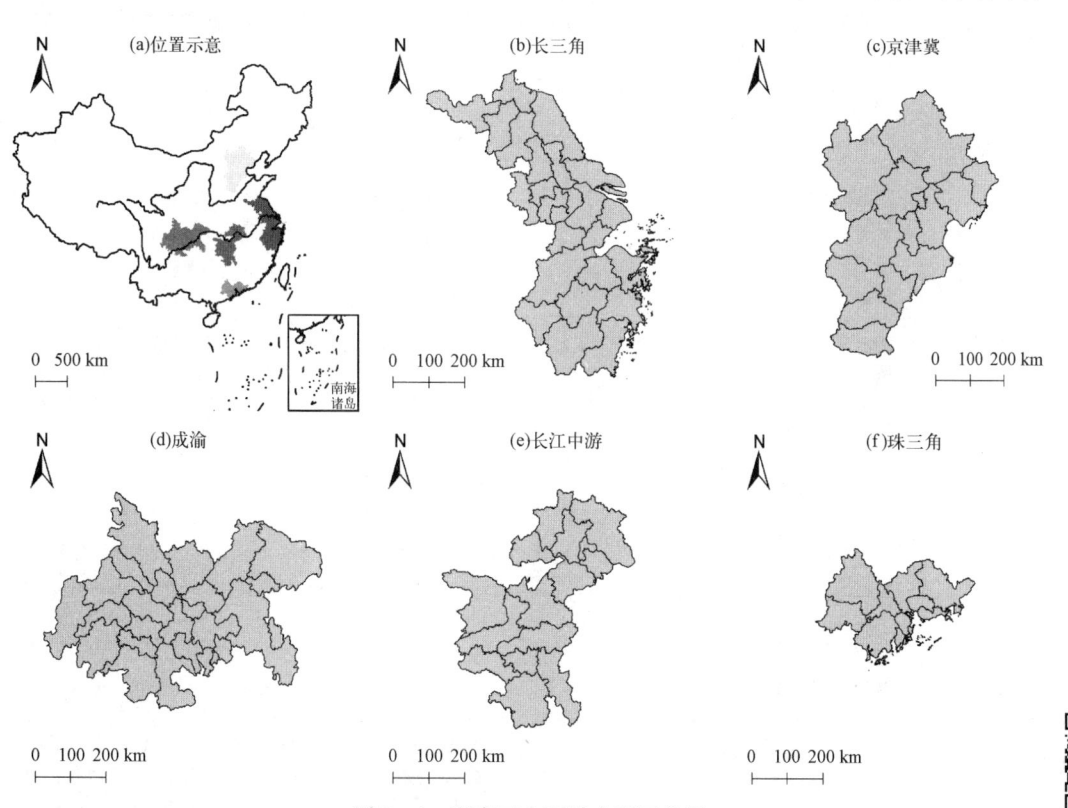

图8-1 研究区主要城市群区位图

注:国界线底图源自自然资源部标准地图服务系统[http://bzdt.ch.mnr.gov.cn,底图审图号:GS(2016)1549号];省界线底图源自自然资源部标准地图服务系统[http://bzdt.ch.mnr.gov.cn,底图审图号:GS(2016)2884号]。

武汉城市圈和环长株潭城市群)包括17个市97个县区,成渝城市群包括16个市138个县区(图8-1)。

## 8.2 评价方法

### 8.2.1 评价指标体系

住宅用地市场发展与区域社会经济的协调状态,主要体现在地价变化与区域宏观经济发展的协调性、地价水平与居民收入的协调性等方面。为有效分析住宅用地市场与区域社会经济的协调程度,本研究以地价-GDP增长率比、地价-居民收入比作为衡量居住用地市场和区域社会经济协调发展的评价指标,从城市群土地、资本及人力等资源投入角度对其进行效率评价。考虑到各评价指标的性质不同,故对各比率指标采用极差标准化或理想值标准化方法进行标准化处理,将其调整至[0,1]区间内。标准化后的各值均为正向指标,指标具体释义见表8-1。

表8-1 城市群投入产出效率评价指标体系

| 指标类型 | 一级指标 | 二级指标 | 名称 | 公式 | 说明 | 标准化方法 |
| --- | --- | --- | --- | --- | --- | --- |
| 投入指标 | 土地要素投入 | 土地面积 | $X_1$ | $A_{i2013}$ | $A_{i2013}$表示单元$i$ 2013年行政区划面积 | 实际值 |
|  |  | 住宅用地出让总面积 | $X_2$ | $T_i$ | $T_i$表示单元$i$ 2009~2013年市场性住宅用地出让总面积 | 实际值 |
|  | 资本要素投入 | 固定资产投资总额 | $X_3$ | $C_{i2013}$ | $C_{i2013}$表示单元$i$ 2013年固定资产投资总额 | 实际值 |
|  |  | 固定资产投资增长率 | $X_4$ | $\sqrt[2]{\dfrac{C_{i2013}-C_{i2011}}{C_{i2011}}}$ | $C_{i2013}$和$C_{i2011}$分别表示单元$i$ 2013年、2011年固定资产投资总额 | 利用线性函数$Y=(X-X_{\min})/(X_{\max}-X_{\min})$进行标准化处理 |
|  | 人力要素投入 | 常住人口总数 | $X_5$ | $Pop_{i2013}$ | $Pop_{i2013}$表示单元$i$ 2013年常住人口总数 | 实际值 |
|  |  | 城市常住人口增长率 | $X_6$ | $\sqrt[2]{\dfrac{Pop_{i2013}-Pop_{i2011}}{Pop_{i2011}}}$ | $Pop_{i2013}$和$Pop_{i2011}$分别表示单元$i$ 2013年、2011年常住人口总数 | 利用线性函数$Y=(X-X_{\min})/(X_{\max}-X_{\min})$进行标准化处理 |
| 产出指标 | 经济效益产出 | 地价-居民收入比 | $Y_1$ | $\dfrac{(P_i \times \delta \times S)}{(I_{i2013} \times 3)}$ | 表示住宅地价水平与居民收入的匹配性。$P_i$表示单元$i$ 2009~2013年住宅用地平均价格,$\delta$表示房价地价比*,$S$表示平均家庭住宅面积,$I_{i2013}$表示单元$i$ 2013年城镇居民人均可支配收入 | 选取地价-收入比6作为理想值(王洋等,2013),利用线性函数$Y=1-\lvert(X-6)\rvert/6$进行标准化处理 |

续表

| 指标类型 | 一级指标 | 二级指标 | 名称 | 公式 | 说　明 | 标准化方法 |
|---|---|---|---|---|---|---|
| 社会效益产出 | | 地价-GDP 增长率比 | $Y_2$ | $\dfrac{(\sqrt[4]{P_{i2013}/P_{i2009}}-1)}{(\sqrt[4]{G_{i2013}/G_{i2009}}-1)}$ | 表示住宅地价变化幅度与宏观经济发展的协调性。$P_{i2013}$ 和 $P_{i2009}$ 分别表示单元 $i$ 2013 年和 2009 年的住宅地价水平，$G_{i2013}$ 和 $G_{i2009}$ 分别表示单元 $i$ 2013 年和 2009 年的 GDP 值 | 以 1 作为理想值（即1）进行标准化 |

\* 参考 2009 年国土资源部公布的全国重点城市居住用地的地价房价比均值，本研究取 $\delta=3$。

### 8.2.2　数据包络分析法

数据包络分析法（Data Envelopment Analysis，DEA）是一种用于评价决策单元（Decision Making Unit，DMU），包含多种输入、输出指标相对生产效率的有效方法。该方法不需设定具体的函数形式和参数权重，无须量纲归一即可得到科学清晰的效率评价，被广泛应用于各行业投入产出效率测算等领域。居住用地市场与区域社会经济协调发展的影响因素众多，作用关系复杂，传统线性回归分析等方法难以对其进行有效评价，而根据数据包络分析方法的思想，将所有研究单元作为实际 DMU，通过 Pareto 最优，构成"生产"最佳前沿面，将所有研究单元的生产可能性与最佳前沿面进行比较，可以有效分析研究单元的生产效率。各研究单元的效率测算可进一步分为投入导向、产出导向和非导向三种方式。本章节中，各研究单元住宅用地价格与区域社会经济协调发展在实际生产过程中，可通过对住宅用地价格、居民收入进行有效控制和合理调节，即在当前投入状况下，各项产出为达到技术有效应增加的比例。因此，本研究采用"投入既定"条件下不同产出组合的产出导向模型。

假设要测量 $N$ 个研究单元的效率问题，每个决策单元的评价指标体系有 $M$ 个投入指标，$Q$ 个产出指标，$M_{nm}$、$Q_{nq}$ 分别为第 $n$ 个研究单元的第 $m$ 项投入量、第 $q$ 项产出量。对于第 $n(n=1,2,\cdots,N)$ 个研究单元，$\theta(0<\theta\leqslant 1)$ 代表各项要素投入产出综合效率指数；$\lambda_n(\lambda_n\geqslant 0)$ 表示权重项；$S^-(S^-\geqslant 0)$、$S^+(S^+\geqslant 0)$ 分别为投入和产出的松弛变量，即研究单元为达到 DEA 有效需要减少的投入量、需要增加的产出量；$\varepsilon$ 为非阿基米德无穷小。具体规划模型如下：

$$\begin{cases} \min\left(\theta-\varepsilon\left(\sum\limits_{m=1}^{M}S^-+\sum\limits_{q=1}^{Q}S^+\right)\right) \\ \text{s.t.} \sum\limits_{n=1}^{N}\lambda_n X_{mn}+S^-=\theta X_m^n,\ m=1,2,\cdots,M \\ \sum\limits_{n=1}^{N}\lambda_n Y_{qn}-S^+=Y_q^n,\ q=1,2,\cdots,Q \\ \lambda_n\geqslant 0,\ n=1,2,\cdots,N \end{cases} \quad (8-1)$$

以上公式是基于规模报酬不变(constant return to scale, CRS)的 DEA 模型,简称 CRS 模型。当存在最优解 $\theta_n = 1$ 时,表明第 $n$ 个研究单元的投入产出效率达到了综合效率最优;当 $\theta_n < 1$ 时,表明第 $n$ 个研究单元投入产出无效。在式(8-1)引入约束条件 $\sum_{n=1}^{N} \lambda_n = 1$,可将其转为规模报酬可变(variable return to scale, VRS)的 DEA 模型,简称 VRS 模型。利用 VRS 模型可以将综合效率分解为纯技术效率和规模效率的乘积,即 $\theta_n = \theta_{TE} \times \theta_{SE}$,其中, $\theta_{TE}$ 为 VRS 模型效率值(纯技术效率), $\theta_{SE}$ 为规模效率值。对于 $\theta_n$、 $\theta_{TE}$、 $\theta_{SE}$,其值越接近1,表示该研究单元的综合效率、纯技术效率、规模效率越高。

同时,依据投入产出效率及松弛变量 $S^-$、 $S^+$,可分别计算投入要素的冗余程度和产出要素的不足程度:

$$\Delta X = -(1-\theta)X_n - S^- \tag{8-2}$$

$$\Delta Y = (1-\theta)Y_n + S^+ \tag{8-3}$$

根据 DEA 模型方法,研究单元的综合效率可以反映城市群投入资源要素的配置利用手段和规模集聚水平等,纯技术效率可以表示城市群资源的配置利用效率高低,规模效率可以反映城市群土地、人口、资本等资源的集聚效益程度。

## 8.3 评价结果

### 8.3.1 投入产出效率特征

研究期内各城市群投入产出综合效率、纯技术效率和规模效率分别为 0.593、0.827 和 0.718,即分别达到最优水平的 59.3%、82.7% 和 71.8%。其中纯技术效率水平相对最优,但城市群总体投入产出水平偏低,反映出五个国家级城市群投入产出仍未达到理想状态。具体而言,珠三角城市群和成渝城市群投入产出效率较优,长三角城市群和长江中游城市群次之,京津冀城市群投入产出效率最低(图 8-2)。

1) 综合效率。研究期内各城市群投入产出综合效率的平均值为 59.3%,低于综合效率最优 60% 的临界值。其中,成渝城市群(64.3%)和珠三角城市群(60.6%)的综合效率平均值相对较高,长三角城市群(57.9%)、长江中游城市群(57.1%)和京津冀城市群(56.7%)的综合效率相对偏低。

2) 纯技术效率。研究期内各城市群投入产出纯技术效率的平均值为 82.7%,实现效率最优的研究单元有 49 个,其中长三角城市群 3 个,京津冀城市群 18 个,珠三角城市群 1 个,长江中游城市群 17 个,成渝城市群 10 个。达到纯技术效率最优水平 80% 以上的研究单元有 427 个,占总研究单元的 65%;60%~80% 的研究单元有 127 个,占 19%;其余 108 个研究单元均低于纯技术效率最优 60% 的临界值。

3) 规模效率。研究期内各城市群投入产出规模效率的平均值为 0.718,实现规模效

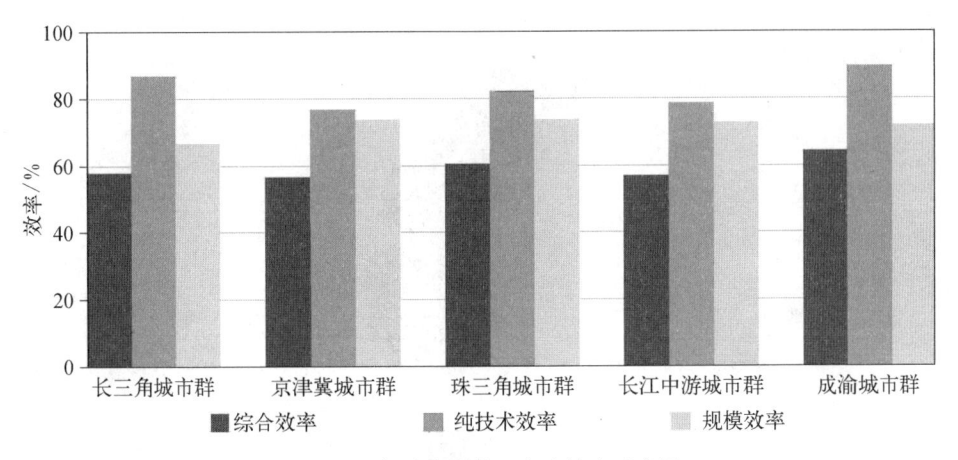

图 8-2 各城市群投入产出效率示意图

率最优的研究单元仅 26 个,其中长三角城市群 3 个,京津冀城市群 7 个,珠三角城市群 1 个,长江中游城市群 8 个,成渝城市群 7 个。达到规模效率最优水平 80% 以上的研究单元有 219 个,占总研究单元的 33%;60%~80% 的研究单元有 271 个,占 41%;其余 172 个研究单元均低于综合效率最优 60% 的临界值。

### 8.3.2 投入产出效率区际差异

在对各城市群投入产出效率进行整体分析的基础上,为分析各城市群投入产出效率的格局差异和主导影响因素,本研究进一步探究了各城市群的效率特征和空间分异(图 8-3)。

(1) 长三角城市群——转型提升型

长三角城市群发展较早,滨江临海资源禀赋优良,是我国经济最具活力、开放程度最高、创新能力最强、吸纳外来人口最多的区域之一,也是"一带一路"与长江经济带的重要交汇地带。从投入产出效率来看,长三角城市群纯技术效率(0.867)较好,但规模效率(0.668)为五个城市群末位,综合效率主要受规模效率影响[图 8-4(a)、图 8-4(f)]。

该城市群所包含的 194 个研究单元中,综合效率值达到 1 的研究单元仅有 3 个(南京市鼓楼区、淮安市青浦区和舟山市嵊泗县),占比仅为 1.55%;综合效率值在 0.8 以上的研究单元有 20 个,占 10.31%;效率值在 0.6~0.8 的研究单元有 64 个,占 32.99%;低于 0.6 的研究单元有 110 个,占 56.70%。总体上,长三角城市群综合效率、纯技术效率和规模效率的高值区,主要分布在沪宁合杭甬发展带上的核心及节点城市,或其辐射范围内城市(如南京 0.642、镇江 0.623、常州 0.688、无锡 0.622、嘉兴 0.688、绍兴 0.561、宁波 0.613、舟山 0.695)。此外,综合效率在沪杭金发展带和沿海发展带上的核心城市及其周边(如南通 0.566、台州 0.613、衢州 0.712、金华 0.612)也显现出较高水平;纯技术效率在南京都市圈、苏锡常都市圈、宁波都市圈及上海都市圈内效率较好;规模效率和综合效率状况相似,在沪杭金发展带上部分城市(如衢州 0.786、金华 0.712、丽水 0.824)呈现出较高效率水平,这与浙南地区小商品市场繁荣带来的土地资源需求旺盛、土地利用集约强度高有联系。

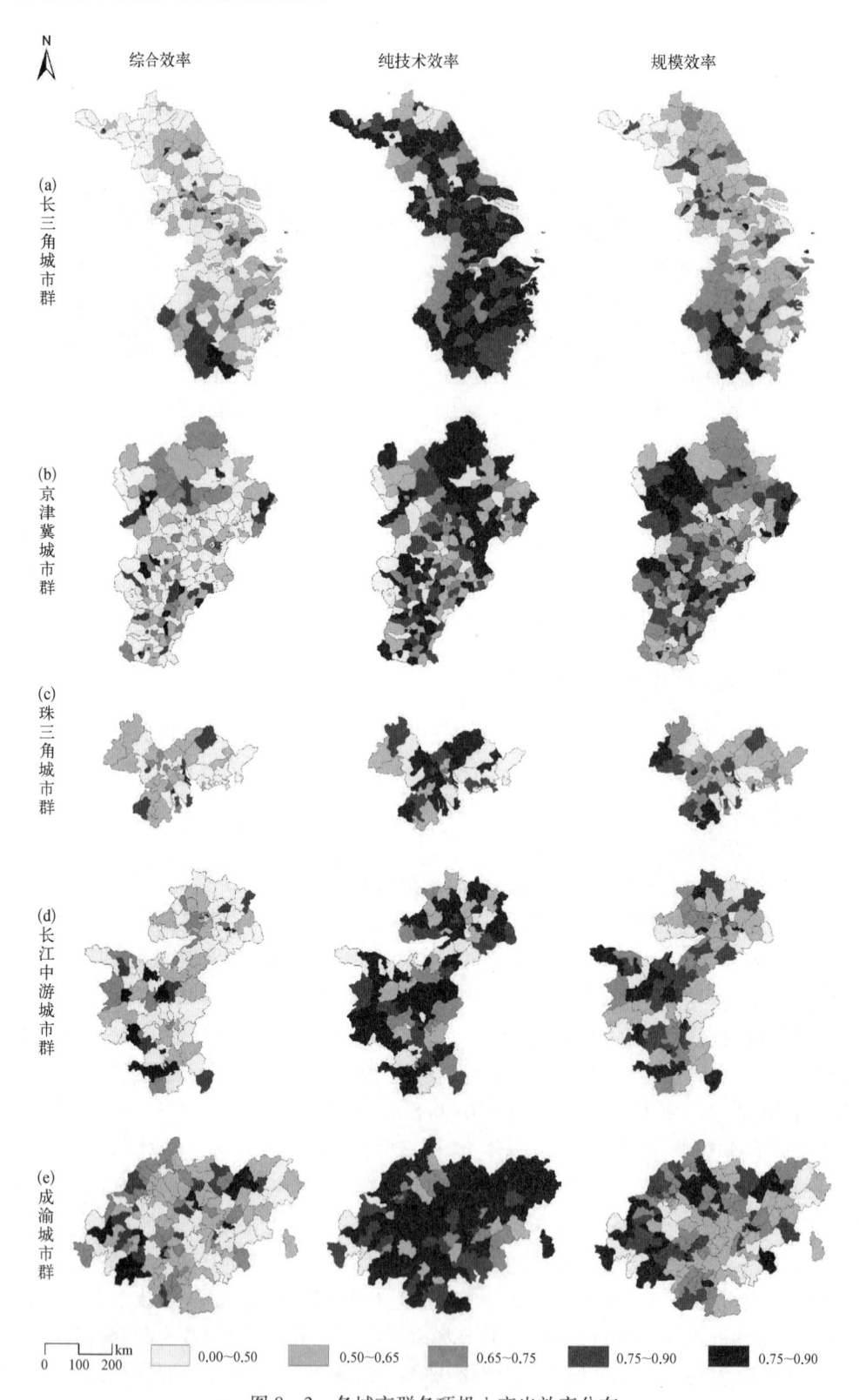

图 8-3　各城市群各项投入产出效率分布

注：省界线底图源自自然资源部标准地图服务系统[http://bzdt.ch.mnr.gov.cn，底图审图号：GS(2016)2884号]。

(2) 京津冀城市群——内涵发展型

京津冀城市群是我国的政治和文化中心,也是中国北方经济的重要核心区,其定位为"以首都为核心的世界级城市群、区域整体协同发展改革引领区、全国创新驱动经济增长新引擎、生态修复环境改善示范区"。京津冀城市群"一核、双城、三轴、四区、多节点"的空间结构和经济定位较为完善,区域内规模效率平均值(0.739)居五个城市群之首;但区域内各项资源的配置利用仍显不足,纯技术效率(0.767)为五个城市群末位,其综合效率主要受纯技术效率影响[图8-4(b)、图8-4(g)]。

该城市群所包含的192个研究单元中,综合效率达到最优共7个研究单元(天津市和平区、邢台市新河县、保定市顺平县、张家口市桥东区、承德市鹰手营子矿区、沧州市吴桥县和衡水市武强县),占3.65%;综合效率值高于0.8共23个研究单元,占11.98%;效率值介于0.6~0.8共55个研究单元,占28.65%;低于0.6共114个研究单元,占59.38%。京津冀城市群投入产出效率高值区除在北京、天津相对集中外,在其他区域均呈现零散分布状态,尚未形成联轴成片的发展趋势。在规模效率方面,西北生态涵养区的张家口、东部滨海发展区的秦皇岛、南部功能拓展区的保定属于投入产出高值区域;综合效率与纯技术效率分布大致相似,两者均在西北部承德、东部秦皇岛以及南部保定、邢台区域内效率较高,其他区域效率相对较低。

(3) 珠三角城市群——创新提升型

珠三角城市群在改革开放政策的机遇下,凭借濒临港澳的地缘优势和侨乡之邦的资金优势,形成了极具经济活力的城市群。珠三角城市群所涉及的城市同属广东省管辖,能够统一规划整合区域内各城市资源,因此在土地、人口、资金等资源的配置方面都有较好的表现,相应的投入产出综合效率(0.606)、纯技术效率(0.823)和规模效率(0.736)在五个城市群中均处于领先水平,综合效率受纯技术效率影响较多[图8-4(c)、图8-4(h)]。

该城市群所包含的41个研究单元中,综合效率达到最优的仅广州市黄埔区;综合效率值在0.8以上有6个研究单元,占14.63%;效率值介于0.6~0.8有11个研究单元,占26.83%;效率值低于0.6有24个研究单元,占58.54%。从综合效率来看,珠中江经济圈投入产出效率最好(珠海0.782、江门0.643),广佛肇经济圈次之(广州0.631、佛山0.602、肇庆0.598),深莞惠经济圈最低(深圳0.529、惠州0.456)。值得关注的是,在纯技术效率方面,珠海(0.972)和佛山(0.932)达到了最优效率90%以上;在规模效率方面,珠海(0.803)和江门(0.788)也达到了最优效率80%左右,表现出珠三角城市群投入产出呈现出相对较好的运行趋势。

(4) 长江中游城市群——联动发展型

长江中游城市群以武汉城市圈、环长株潭城市群和环鄱阳湖城市群为主体,位于长江经济带的中游位置,区内城市多临江达海、交通条件优越,人口众多、经济腹地深厚,发展迅速、城镇基础良好。但城市群区域一体化发展机制仍不够完善,中心城市辐射带动能力不强,产业结构布局不合理,区域联动发展效应不明显。在投入产出方面,城市群纯技术效率(0.785)和规模效率(0.728)都居城市群中等位置,综合效率受纯技术效率影响较多[图8-4(d)、图8-4(i)]。

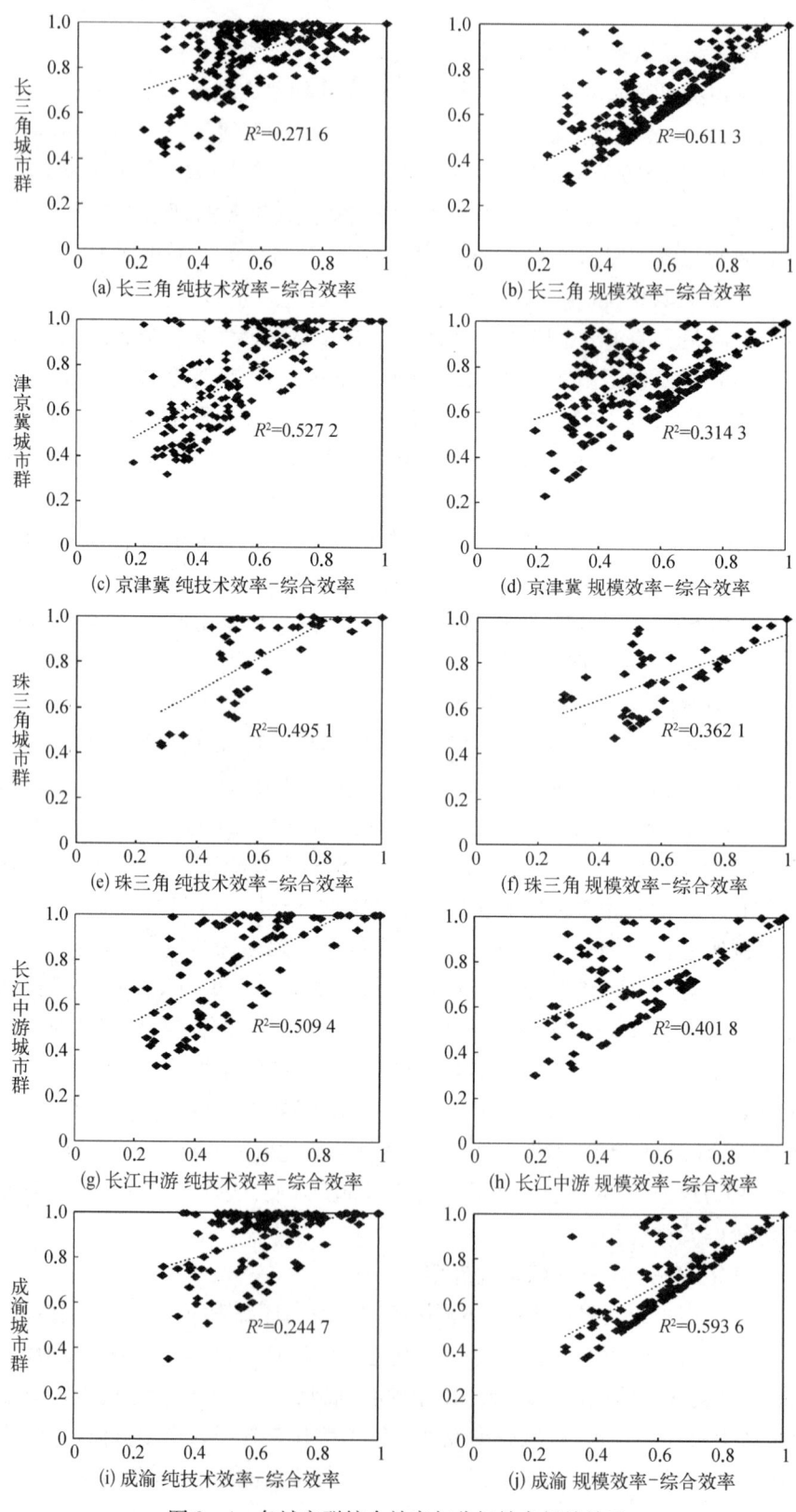

图 8-4 各城市群综合效率与分解效率相关关系

该城市群所包含的97个研究单元中,综合效率值达到1的研究单元共8个(黄石市黄石港区、黄石市西塞山区、黄石市下陆区、黄石市铁山区、衡阳市南岳区、衡阳市祁东县、岳阳市湘阴县和岳阳市南县),占8.25%;综合效率值在0.8以上的研究单元有18个,占18.56%;效率值在0.6~0.8的研究单元有21个,占21.65%;效率值低于0.6的研究单元有58个,占59.79%。从综合效率、纯技术效率来看,在武汉城市圈的武汉市和环长株潭城市群的常德市、娄底市、衡阳市等节点城市表现较好;而在规模效率方面,高值主要分布于武汉市、岳阳市、常德市、娄底市和湘潭市。总体上,长江中游城市群的投入产出效率呈现出以武汉市和环长沙周边节点城市组成的双核心态势。

(5) 成渝城市群——协同发展型

成渝城市群位于四川盆地,是西部大开发的重要平台,长江经济带的战略支撑,在沟通西南西北、连接国内国外方面具有得天独厚的优势,对推动"一带一路"和长江经济带战略契合互动具有重要意义。凭借明显的区位优势、优良的自然禀赋、健全的交通体系,成渝城市群经济发展水平较高,创新创业环境较好,统筹城乡综合配套经验丰富,是西部经济基础、经济实力最强的区域之一。在投入产出效率方面,成渝城市群的纯技术效率(0.894)居五个城市群之首,规模效率(0.719)也较高,属于协调性相对较好的城市群,综合效率受规模效率影响较多[图8-4(e)、图8-4(j)]。

该城市群所包含的138个研究单元中,综合效率达到最优的仅7个研究单元(重庆市渝北区、自贡市大安区、遂宁市蓬溪县、乐山市井研县、宜宾市屏山县、达州市渠县和雅安市雨城区),占5.07%;综合效率值高于0.8的有26个研究单元,占18.84%;效率值介于0.6~0.8的有55个研究单元,占39.86%;效率值低于0.6的有57个研究单元,占41.30%。从纯技术效率来看,成渝城市群纯技术效率高于0.8的共有105个研究单元,占区域总研究单元的76.09%,是各城市群最高水平,高值区主要分布于成都核心都市圈、南遂广城镇密集区、达万城镇密集区和川南城镇密集区;从综合效率和规模效率来看,两者分布格局相似,效率在成德绵乐城市带、川南城镇密集区和南遂广城镇密集区表现较好。值得注意的是,成渝城市群的综合效率、纯技术效率和规模效率在成渝发展主轴及重庆核心都市圈均较低,究其原因,重庆市虽为直辖市,但其土地、人口规模相当于一个中等省份,主城与大面积欠发达、经济实力弱小的落后农村地区并存,导致重庆市成为一个大城市带大农村、多民族聚居的结合体,虽然其主城区及环主城区的综合效率、规模效率和纯技术效率相对较好,但广阔的两翼地区效率不足导致重庆市整体投入产出水平偏低。

### 8.3.3 投入产出效率一致性分析

(1) 城市群内不同类型城市效率分析

为进一步分析城市群内不同功能定位城市的投入产出状况,根据相关区域规划,本章将城市群内城市进一步划分为核心城市、中心城市、节点城市和边缘城市四类[①],以探究

---

① 各城市功能根据《长江三角洲城市群发展规划(2015—2030)》《京津冀协同发展规划纲要》《成渝城市群发展规划》《珠三角地区改革发展规划纲要2015—2020》和《长江中游城市群发展规划》确定。

不同功能定位下,城市群内部投入产出效率的空间差异。

总体上看,各城市群内不同城市的综合效率、纯技术效率和规模效率按城市功能定位排列呈现"回"字形状,即核心城市、边缘城市投入产出效率相对较低,中心城市和节点城市投入产出效率相对较高(图8-5)。各城市群均呈现出综合效率最低,规模效率次之,纯技术效率最高的总体态势。长三角城市群的核心城市上海以及中心城市苏州、杭州,京津冀城市群的核心城市北京、中心城市唐山,珠三角城市群的核心城市广州、深圳,长江中游城市群的核心城市长沙、中心城市湘潭,成渝城市群的核心城市重庆、成都等,其投入产出效率水平均明显低于区域内的节点城市,例如常州、嘉兴、张家口、承德、佛山、肇庆、娄底、黄冈、达州、遂宁等。其原因可能在于核心城市公共资源过度集中,经济活力强、人口密度大、市场发育成熟度高,居民对住宅的购买(或投资)需求高,导致当地住宅地价增速远高于社会经济发展速度和居民收入增长速度,促使核心城市的投入产出效率偏低。而节点城市随着经济快速发展,经济带动力不断增强,同时社会福利保障体系日渐完善,住宅地价与社会经济及居民收入之间的协调程度较高,区域内投入产出效率表现较好。

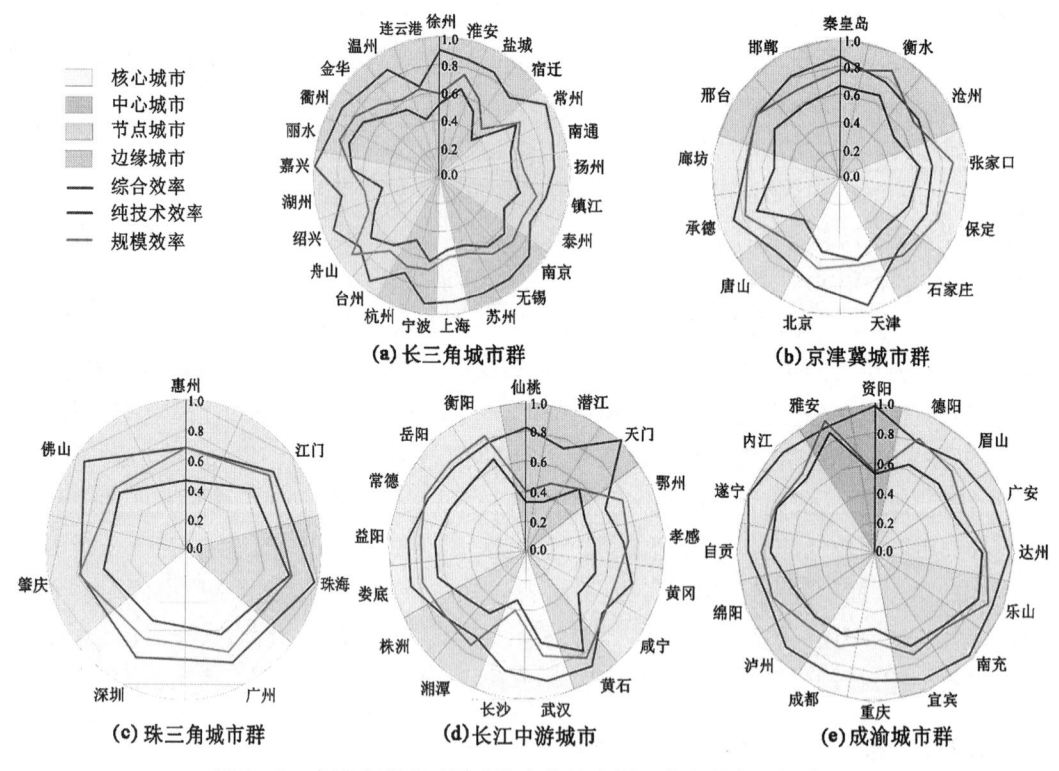

图8-5 各城市群内不同功能定位城市投入产出效率空间分异

(2)城市群投入产出规模收益及冗余情况

根据DEA最佳前沿面的产生原理,通过对各城市群规模收益不变(CRS模型)条件下效率与规模收益可变(VRS模型)条件下效率的比较计算,可以对研究单元所处的规模收益阶段(规模递增、规模不变、规模递减)进行判定。如果规模效率为1,则研究单元处于规模收益不变(CRS)阶段,可以按照当前的资源投入状况继续配置利用;如果规模效率小于 1 且任一最优解 $e\lambda$ 小于 1,则研究单元处于规模收益递增(IRS)阶段,可以继续通过扩大资源投入规模的方式获得更高的产出水平;如果规模效率小于 1 且任一最优解 $e\lambda$ 大于 1,则研究单元处于规模收益递减(DRS)阶段,说明资源投入已经从规模上制约了收益水平的提高,应适度减少资源投入规模以获得更高的产出水平。

研究结果对比显示,在参与计算的 662 个研究单元中,处于规模收益不变(CRS)阶段的共 26 个研究单元,处于规模收益递增(IRS)阶段的共 18 个研究单元,其余 618 个研究单元均处于规模收益递减(DRS)阶段。在 44 个规模收益不变或递增的研究单元中,长三角城市群有 5 个、京津冀城市群有 14 个、珠三角城市群仅 1 个、长江中游城市群有 16 个、成渝城市群有 8 个。这一结果说明绝大部分研究单元的土地、人口、资金投入规模已经进入过于饱和状态,甚至制约了社会效益、经济效益产出,影响了住宅地价与经济发展、居民收入的协调性,适度缩小投入规模才能获得更高的产出水平。

根据投入产出效率及松弛变量,可以进一步得到各城市群投入要素冗余率和产出要素不足率,探索城市居住用地供给开发的优化方向。从表 8-2 可以看出,五个城市群都存在较严重的投入要素冗余和产出要素不足。整体来看,在投入要素的数量规模方面,住宅用地出让总面积、常住人口总数和固定资产投资总额的冗余率均较高,分别达到 57.98%、46.53% 和 58.52%;在投入要素的增长速率方面,固定资产投资总额增长速率冗余程度较高,达到 58.05%,常住人口增长速率冗余程度较低,仅 8.77%。这说明为达到同样的投入产出效率,五个城市群整体上平均可以减少 9.90 万 $hm^2$ 住宅用地、1.98 亿常住人口和 8.91 万亿元的固定资产投资。地价-GDP 增长率比、地价-居民收入比产出不足率分别为 51.74% 和 22.00%,说明当前的投入水平可以相应增加 0.25 和 0.17 的产出效率。从各城市群来看,五个城市群的住宅用地面积和固定资产投资总额冗余率均超过 40%,可见各城市群都存在住宅用地资源粗放利用及固定资产投资过剩的情况。地价-居民收入比产出不足率差异较大,长三角、成渝城市群地价-居民收入比产出不足率较低,分别为 15.08% 和 13.17%,京津冀、珠三角和长江中游城市群地价-居民收入比产出不足率较高,分别达 35.51%、20.45% 和 29.76%;地价-GDP 增长率比产出不足率差异较小、提升空间较大,仅成渝城市群产出不足率低于 40%,可见成渝等西部城市群相对于长三角、珠三角等东部沿海城市群有相对明显的产出优势。

表 8-2 各城市群居住用地市场与社会经济协调发展投入产出效率优化

| 城市群 | 投入过多 ||||| 产出不足 ||
|---|---|---|---|---|---|---|---|
| | 住宅用地出让总面积 | 常住人口总数 | 常住人口增长速率 | 固定资产投资总额 | 固定资产投资增长速率 | 地价-GDP增长率比 | 地价-居民收入比 |
| 长三角城市群 | 66.83% | 51.36% | 9.05% | 64.82% | 61.27% | 66.57% | 15.08% |
| 京津冀城市群 | 50.84% | 36.69% | 13.94% | 57.94% | 53.39% | 59.61% | 35.51% |
| 珠三角城市群 | 59.01% | 51.66% | 4.78% | 69.65% | 64.05% | 42.66% | 20.45% |
| 长江中游城市群 | 48.64% | 39.88% | 9.96% | 44.69% | 56.99% | 55.96% | 29.76% |
| 成渝城市群 | 50.66% | 52.06% | 5.45% | 50.58% | 52.42% | 37.58% | 13.17% |
| 均 值 | **57.98%** | **46.53%** | **8.77%** | **58.52%** | **58.05%** | **51.74%** | **22.00%** |

# 第9章 典型区域住宅用地调控政策绩效评价研究

为防止耕地数量过快减少与建设用地过快增加,维护土地市场秩序、平抑土地价格过快上涨,促进房地产市场健康发展,2003年起国务院正式将土地政策纳入宏观调控体系。围绕"保增长、扩内需、惠民生"的目标,国家形成了以土地价格为市场信号、以政府综合管控为主导手段、以服务土地提质增效和区域协调发展为导向的土地市场宏观调控机制。最近十余年来相继出台了以扩大保障性住房用地供给、优化土地利用内部结构、保障社会经济平稳发展为目标的调控措施,在保持土地市场平稳运行、促进宏观经济增长等方面起到了一定的积极作用。但地价过快增长带来的问题仍未根治,区域矛盾逐渐凸显。分析居住用地调控政策绩效已成为土地管理部门完善土地供给侧结构性改革、实现土地市场有序发展的迫切需求。鉴于此,本章以2010~2013年为研究期,以长三角地区的江苏省、浙江省所辖地级市为评价单元,选取当前政策调控的主要对象(土地供应量、保障房用地供应量、市场交易数量等)为影响因素,采用面板数据模型,分析相关政策措施对住宅用地市场尤其是住宅用地价格的影响程度,以期为规范土地市场的发展、优化调控政策的制定、拓展绩效评价手段等提供参考。

## 9.1 研究期土地市场发展与政策调控概况

改革开放以来,我国经济高速发展,进入了城市化快速发展阶段。为与经济体制改革深入、城市化进程推进、住房需求增长等现实情况相适应,实现住房的商品化和社会化,我国于1998年拉开了住房制度改革序幕。城市土地价格作为反映土地市场运行的核心指标、城市土地资源配置状况的重要信号以及土地价值和权益的具体表现,近年来有不断攀升的趋势。数据显示,近十年来,全国住宅平均地价由2006年的1 681元/$m^2$上涨至2015年的6 552元/$m^2$,上涨幅度达289.8%。而在重点地区和核心城市,上涨幅度更大,如上海市住宅平均地价由2006年的3 843元/$m^2$上涨至2015年的17 285元/$m^2$。高涨的土地价格虽在一定程度上促进了城市经济的发展和城市功能的提升,但也带来增加投机或投资性需求、拉大社会财富差距、催生房地产泡沫等一系列问题。

20世纪80年代初期,我国土地市场开始发展。近年来,工业化、城镇化的快速发展导致社会对土地的需求越来越大,推动了土地市场的快速发展。在土地使用制度改革不断深化、社会经济迅速发展的背景下,我国土地市场体系建设不断完善,迄今为止经历了三个发展阶段,分别是初步形成阶段(1982~1991年)、快速发展阶段(1992~2002年)、全面治理阶段(2003年至今)。具体来说,1982年我国土地市场初步形成,深圳市开征土地使用费为土地市场的发展奠定了基础。1987年9月9日,深圳市率先将5 231.8 m² 的住宅用地使用权以总价106.4万元出让给深圳工贸中心,使用年限为50年,拉开了我国土地制度改革的序幕。1992年之后,我国土地市场进入了快速发展的阶段,但由于市场机制的不完善,地价和房价迅速上涨,解决问题和调控矛盾迫在眉睫。房价的持续高涨,严重影响了经济的平稳运行。2003年开始,为抑制土地价格过快上涨、促进土地市场健康发展,国务院正式将土地政策纳入宏观调控体系。政府积极运用土地政策参与宏观调控,土地市场进入全面治理的阶段。2003年6月,中国人民银行发布"121号文"标志着土地市场新一轮宏观调控的开始,此轮调控主要包括控制建设用地总量、调整土地供应结构和制定不同区域的供地政策等。围绕"保增长、扩内需、惠民生"的目标,形成了以土地价格为市场信号、以政府综合管控为主导手段、以服务土地提质增效和区域协调发展为导向的土地市场宏观调控机制。近十多年来,相继出台了以扩大保障性住房用地供给、优化土地利用内部结构、保障社会经济平稳发展为目标的调控措施,在保持土地市场平稳运行、促进宏观经济增长等方面起到了一定的积极作用。但地价过快增长带来的问题始终未根治,区域矛盾逐渐凸显。分析住宅用地调控政策绩效已成为土地管理部门完善土地供给侧结构性改革、实现土地市场有序发展的迫切需求。

  2008年底至2009年第一季度,为有效抵御国际金融危机,保障我国经济平稳快速发展态势,国家密集出台了一系列调控政策,提出"保增长、扩内需、调结构"的战略。一系列救市政策使持续低迷的住宅用地市场经历了一轮迅速回暖、持续增长、趋于平稳的变化过程,也由此引发囤地炒房、投机投资等一系列热点问题。为此,国家以调控和监管为主线,抑制投资需求与增加供给两手抓,出台了一系列居住用地调控政策,其内容主要集中在三个方面:第一,保证供应总量,即增加住宅用地的供应总量,保证普通商品住房的有效供给;第二,增加保障数量,即保障并扩大中低价位住房、经济适用房、保障性住房的土地供应量和比例;第三,抑制投机需求,即坚决打击炒地、炒房等不合理行为,加快缓解刚性、改善性等居住性购房需求。系列配套政策对于抑制住宅用地价格的非理性增长起到了一定作用。

  城市土地作为人类生活和社会经济活动的一面镜子,其价格机制对城市土地资源的合理配置、城市土地市场的健康稳定、城市社会经济的持续发展起着十分重要的作用。因此,全面系统掌握土地价格的变化情况、合理客观地进行调控,是维持人民生产生活稳定、促进经济社会可持续发展的重要前提。基于此,研究政府调控政策如何对城市地价产生影响、影响效果如何、哪些政策对地价变动影响更显著等问题,是提高政府宏观调控的能力和水平、优化土地资源配置和促进房地产市场健康平稳发展的重要理论基础。我国主要房地产市场调控政策如表9-1所示。

表9-1　中国主要房地产市场调控政策(2010~2013年)

| 时间 | 政策文件 | 相关条文 |
| --- | --- | --- |
| 2010年1月 | 《关于促进房地产市场平稳健康发展的通知》(国办发〔2010〕4号) | 加快中低价位、中小套型普通商品住房建设;适当加大经济适用住房建设力度;商品住房价格过高、上涨过快的城市切实增加限价商品住房、经济适用住房、公共租赁住房供应量和比例 |
| 2010年3月 | 2010年政府工作报告 | 大规模实施保障性安居工程,建设保障性住房300万套,各类棚户区改造住房280万套;抑制投机性购房;增加中低价位、中小套型普通商品房用地供应 |
| 2010年3月 | 《关于加强房地产用地供应和监管有关问题的通知》(国土资发〔2010〕34号) | 确保保障性住房、棚户改造和自住性中小套型商品房建房用地不低于住房建设用地供应总量的70%;严格规范商品房用地出让行为 |
| 2010年4月 | 《国务院关于坚决遏制部分城市房价过快上涨的通知》(国发〔2010〕10号) | 坚决抑制不合理住房需求,地方政府可根据实际情况在一定时期内限定购房套数;房价上涨过快的城市增加居住用地的供应总量,并实现有效供给;调控住房供应比例,确保保障性住房等的建设数量和比例 |
| 2010年9月 | 《关于进一步加强房地产用地和建设管理调控的通知》(国土资发〔2010〕151号) | 根据实际情况及时合理调整供地计划,优先确保以保障性住房为主的各类住房用地的供应;没有完成住房供地计划的地区不得向大户型高档住房建设供地;房价高的地区增加中小套型限价住房建设供地数量 |
| 2011年1月 | 《关于进一步做好房地产市场调控工作的有关问题的通知》(国办发〔2011〕1号) | 2011年全国建设保障性住房和棚户区改造住房1 000万套;新增建设用地计划中单列保障性住房用地,做到应保尽保;商品住房用地供应计划总量原则上不低于前2年平均实际供应量 |
| 2012年3月 | 《国土资源部关于做好2012年房地产用地管理和调控重点工作的通知》(国土资发〔2012〕26号) | 2012年全国住房用地计划供应17.26万hm$^2$,与上一年度实际落实量增加21.3%,其中保障性安居工程用地和中小套型商品住房用地计划占79.3% |
| 2013年2月 | 《关于继续做好房地产市场调控工作的通知》(国办发〔2013〕17号) | 2013年住房用地供应总量应不低于过去5年平均实际供应量;加快中小套型普通商品住房项目的有效供应 |

## 9.2　研究区概况

本章以2010~2013年为研究期,以长三角地区的江苏省、浙江省所辖地级市为评价单元(图9-1),选取当前政策调控的主要对象(如土地供应量、保障房用地供应量、市场交易数量等)为影响因素,采用面板数据模型,分析相关政策措施对住宅用地市场尤其是住宅用地价格的影响程度,以期为规范土地市场发展、优化调控政策制定、拓展绩效评价手段等提供参考。

长江三角洲地区有着悠久的文化历史,发达的水系、丰饶的土地以及优于大部分地区的农业、手工业,使其在中国封建社会的中后期就已经初步形成了一个可观的城市群。从明代开始一直到清代,长江三角洲出现了九座较大的商业与手工业城市,南京、杭州、苏州、松江是纺织业交易中心;扬州、无锡、常州是粮食集散地;湖州是印刷及文具制作交易中心;元代开始设县的上海当时则已发展成为沿海南北贸易的重要

图 9-1 研究区域概况

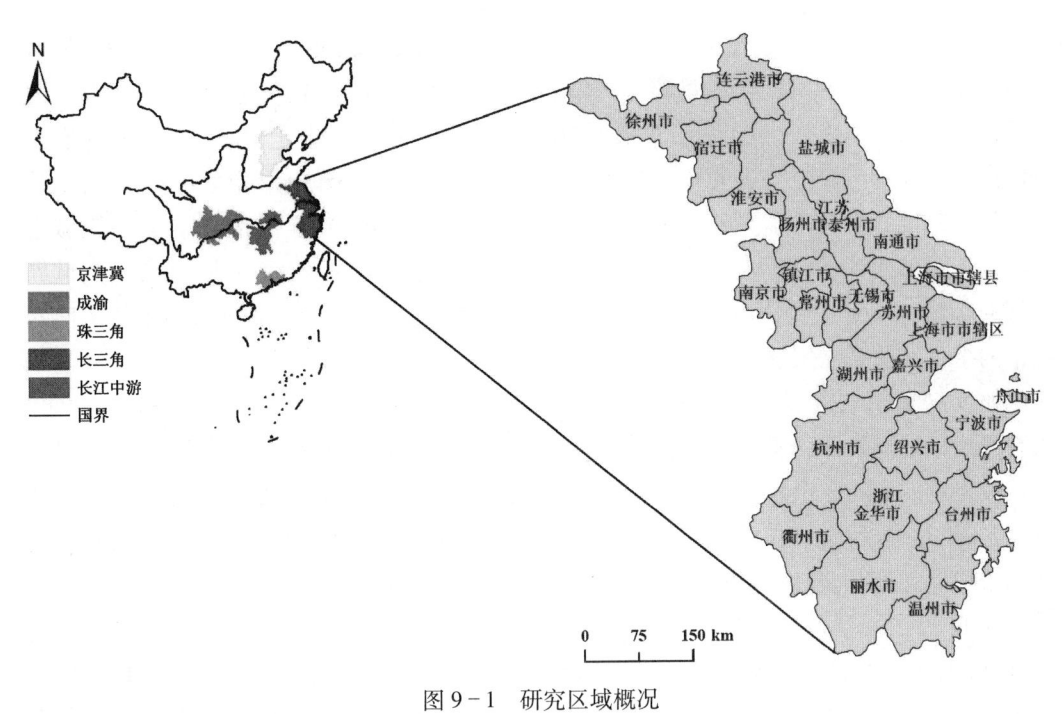

注：崇明于2016年撤县设区。底图源自自然资源部标准地图服务系统[http://bzdt.ch.mnr.gov.cn,底图审图号：GS(2016)1549号；GS(2016)2884号]。

商业中心。

鸦片战争后我国部分港口被迫实行对外开放，商品经济初步进入大发展时期，外国商品开始涌入中国，中国原料型产品开始向外出口，外商贸易与金融机构也开始进入中国。同时，进口替代性的早期现代工业也开始发展。在这个背景下，长江三角洲地区进入新兴现代工商业城市群的形成和发展阶段。19世纪下半叶，上海通过大规模的基础设施建设，崛起为一座工商业大都市，到20世纪30年代成为整个长江三角洲乃至中国的贸易中心、金融中心和工业中心。同时无锡、南通、宁波也通过优越的地理区位对外通商、以港兴市，成为次一级的重要城市。而杭州、镇江、扬州、苏州、常州等老城因为大运河功能的衰退而地位下降。

1949年新中国成立后，在我国基本国情以及种种特殊的环境条件下，中国选择了苏联式高度集中的计划经济体制和封闭型经济发展战略。各城市千篇一律大办工业，变消费城市为生产城市，使得城市功能趋同，城市化进程极其缓慢。长江三角洲地区城市功能也进入趋同阶段。

1978年实行改革开放之后，我国进入社会主义市场经济阶段，长江三角洲地区城市群按照城市功能重新分化重组。对整个城市群的城市功能、经济中心以及一、二、三产业关系进行了重新定位和分工。上海以其优越的地理区位重新成为国际性大都市。2010年5月，国务院正式批准实施《长江三角洲地区区域规划》，将长三角的范围确定为江浙沪，明确了长江三角洲地区发展的战略定位，即亚太地区重要的国际门户、全球重要的现代服务业和先进制造业中心、具有较强国际竞争力的世界级城市群。

通过对长江三角洲城市群兴衰发展演变过程的分析,不难看出,整个长江三角洲地区城市群中重点城市的发展是在基础设施发展的基础上,依靠港口、航道、交通枢纽等重要区位,内引外连,以上海为贸易、金融、信息中心向海外发展。这也是中国经济从封建农业经济向半封建半殖民经济进而向市场经济发展的趋势使然。新中国成立后,虽经历了计划经济的趋同化发展阶段,但经过改革开放后的城市功能的重新定位和调整,长三角城市群的发展依然回到了依托上海、依靠交通、海外发展的方向上来。这是中国经济融入世界经济的必然。其间,上海的中心地位经历了从确立到消失到再确立的过程,整个城市群的城市网络也经历了从发展到停滞到再发展的过程。

如今,长三角城市群作为"一带一路"与长江经济带的重要交汇地带,经济腹地广阔,拥有现代化的港口群和机场群;健全的高速公路网,领先的立体综合交通网络,在中国国家现代化建设大局和全方位开放格局中具有举足轻重的战略地位,是长江经济带的引领发展区,也是中国城镇化基础最好的地区之一。因此长江三角洲地区经济发展较快,城市化水平较高,有较为旺盛的住宅自住需求和投资需求,土地市场也较为发达。

2009年在一系列救市措施刺激下,长三角地区土地市场和房地产市场前半年迅速反弹回暖,主要城市地价水平总体呈上升趋势,住宅地价增长率快速回升,达18.76%;住宅地价水平值为6 800元/m$^2$,处于全国领先水平;其中上海市、南京市和杭州市三个重点监测城市居住地价水平为15 377元/m$^2$。在经历了2008年普遍存在的"流拍"和"底价成交"之后,"地王"现象在上海市和杭州市表现得尤为明显。在2009年全国楼面地价排名前五位的地块中,苏州市、上海市、杭州市占据三席,成交价分别为28 057元/m$^2$、27 232元/m$^2$和24 295元/m$^2$。而2009年中国十大总价"地王"中,上海市两地块分别以72.45亿元、70.06亿元成交,名列总价第一、第三。2010年和2011年,在严厉的调控政策作用下,住宅价格和住宅地价增长率连续两年回落,住宅价格波动更为明显。2010年长三角地区土地供应持续增加,随着保障性住房供应与建设力度加大,呈现出量跌价升局面。其中上海市更是大力强调住房供给,提出"四位一体"的住房保障体系。江苏省和浙江省房地产销售面积和销售额均出现不同程度的下降。2011年调控为2010年调控的延续和深化。2011年1月26日,"新国八条"颁布后,1月底上海市率先公布《关于本市贯彻落实〈国务院办公厅关于进一步做好房地产市场调控工作有关问题的通知〉的实施意见》,对本市与外地居民购房资格做出明确限制。2月19日,南京市住建委发布《关于进一步做好房地产市场调控工作的通知》,在严格执行"新国八条"的同时,首次提出"开盘价格应与申报价格一致"的限价要求。2月21日,宁波市政府发布了《关于进一步做好房地产市场调控工作的通知》,对该市三类居民做出停购限制。2月底,杭州市也出台了"新国八条"实施细则,对限购政策进行了细化。此外,无锡、温州、苏州、徐州4个城市也先后积极响应政策,在上半年开始实施限购政策。长三角地区城市地价水平稳中有升,增速放缓。住宅地价为7 499元/m$^2$,较全国水平高2 981元/m$^2$。上海、杭州、南京等市住宅价格同比下降8.74%。2012年和2013年,长三角房地产市场逐步回暖,住宅地价上涨显著。

## 9.3 研 究 方 法

### 9.3.1 变量选择

本章节旨在对居住用地调控政策的绩效进行评价,因此以年度地价增长率作为被解释变量。已有研究提出地价年度增长与固定资产投资攀升、人均国内生产总值增长、显著"高地价"产生率等因素有关。因子相关分析的结果也显示研究期内地价年度增长率与固定资产投资、人均 GDP、年度土地供应量等因素在 1% 水平下显著相关。结合相关研究成果,本章节选取固定资产投资、人均国内生产总值、年度土地供应量、年度保障性住房用地供应量、"高地价"产生率、年度土地市场交易活跃度和年度政策变量作为解释变量,分析土地供应量、保障性住房用地供应量和土地市场交易活跃度对地价增长率的影响。

1) 固定资产投资(invest)。固定资产投资直接反映地区经济发展水平,投资的增加直接带动土地资源的投入,由此产生的大规模城镇拆迁、改造和建设行为使得土地交易行为增加,土地价格随之攀升。预期符号为正。

2) 人均 GDP(per-GDP)。人均 GDP 是表征地区经济发展结构的变量,经济发展结构则是影响土地价格的重要因素之一。区域经济发展水平的提高直接造成刚性居住需求的上升,促进土地市场规模的扩大,推动土地市场价格的提升。预期符号为正。

3) 年度土地供应量(total)。土地供应量作为土地价格变化的主要驱动力之一,一方面反映住房供应量,另一方面体现土地利用率。制约土地供应导致供需矛盾的增加,土地与住房供不应求进而推动土地价格的上涨。预期符号为负。

4) 年度保障性住房用地供应量(security)。保障性住房用地供应是政策调控的重要手段之一,是政府提供公共服务和社会保障的要求。随着住房刚性需求的提升,提高保障性住房用地供应量对改善居民居住条件、调整住房用地结构、降低地价增长幅度有一定效果。预期符号为负。

5) 高地价产生率(high)。高地价的产生尤其是"地王"现象是检验土地市场"火热"程度的重要指标。政府对房地产的高度依赖、投资投机需求旺盛是"高地价"频出的重要原因;反过来,"高地价"又进一步造成土地市场发展过热,土地价格提升。预期符号为正。本章节以县域为计算单元,将超过两倍标准差的地价异常值作为"高地价",各地级市"高地价"产生率 = "高地价"县域数量/县域总数量。

6) 住宅市场交易活跃度(active)。住宅市场交易活跃度是房地产市场交易状况的直接反映。市场交易越活跃,说明居住用地需求越旺盛,土地价格增长也越频繁。预期符号为正。各地级市住宅市场交易活跃度 = 地级市住宅用地交易宗数/所属省份住宅用地交易宗数平均值。

7) 年度政策变量(policy)。土地调控政策是促进土地市场健康发展的重要因素。政策的实施对处理人地关系、解决供需矛盾、改善用地结构、抑制地价快速增长具有显著的效果。由于政策执行力度存在年度差异,调控效果难以量化,本章通过设置年度政策虚拟变量进行分析。预期符号为负。

各变量的含义及期望符号见表 9-2。

表 9-2 变量定义与期望符号

| 变 量 名 | 含　　义 | 期 望 符 号 |
| --- | --- | --- |
| invest | 固定资产投资/亿元 | + |
| per-GDP | 地区生产总值/亿元 | + |
| total | 年度土地供应量/hm² | − |
| security | 年度保障性住房用地供应量/hm² | − |
| high | 高地价产生率/% | + |
| active | 住宅市场交易活跃度/% | + |
| year2011 | 年度土地政策虚拟变量,政策为 2011 年,设为 1;否则设为 0 | − |
| year2012 | 年度土地政策虚拟变量,政策为 2012 年,设为 1;否则设为 0 | − |
| year2013 | 年度土地政策虚拟变量,政策为 2013 年,设为 1;否则设为 0 | − |
| y | 因变量,年度地价增长率/% | |

### 9.3.2 模型设定

对于居住用地调控政策的绩效评价问题,集中在两个方面:一是政府供地行为或交易行为对地价增长率起到怎样的效果?二是如果有效果,这些变量对地价增长率的影响效果如何?对于这些问题,本章节采用面板数据模型和豪斯曼检验来进行定量测度。

具体模型如下:

$$y_{it} = a_0 + \delta_1 \text{security}_{it} + \delta_2 \text{total}_{it} + \delta_3 \text{active}_{it} + \beta_1 \text{invest}_{it} + \beta_2 \text{per-GDP}_{it} \\ + \beta_3 \text{high}_{it} + \beta_4 \text{year2011} + \beta_5 \text{year2012} + \beta_6 \text{year2013} + \varepsilon_{it} \quad (9-1)$$

式中,$y_{it}$ 为地级市 $i$ 第 $t$ 年度的地价增长率;$a_0$ 为常数项;$\delta_1 \sim \delta_3$ 分别为保障性住房用地供应量、土地供应量和住宅市场交易活跃度的系数;$\beta_1 \sim \beta_6$ 分别为年度固定资产投资、人均 GDP、高地价产生率和年份的系数;$\varepsilon_{it}$ 为残差项;$i$ 为区域;$t$ 为年度。

### 9.3.3 效果评价

为避免共线性影响,采用 SPSS 软件计算表 9-2 中除年度虚拟变量外其他解释变量间的相关系数,各变量之间相关系数均小于 0.70。

(1) 调控政策的有效性分析

变量 security、total、active 的系数是政府对土地市场进行调控的直接反映。如果 $\delta_1 < 0$ 且检验显著,则认为政府政策性调控对抑制土地价格快速增长有效;否则认为无效。$\delta_2$、$\delta_3$ 同理。

(2) 调控政策的效果分析

通过模型估计得到各变量的系数,将自变量的实际观测值代入模型,得到 $y_{it}$。

1) 年度保障性住房用地供应量。将年度保障性住房用地供应量的值设为0,即将 $security_{it} = 0$ 及其余自变量的实际观测值代入模型,计算 $y_{it|security_{it}=0}$。

$$y_{it|security_{it}=0} = a_0 + \delta_1(security_{it}=0) + \delta_2 total_{it} + \delta_3 active_{it} + \beta_1 invest_{it} \\ + \beta_2 per\text{-}GDP_{it} + \beta_3 high_{it} + \beta_4 year2011 + \beta_5 year2012 \\ + \beta_6 year2013 + \varepsilon_{it} \qquad (9-2)$$

计算各区域各年保障性住房用地供应量对土地价格增长的效果 $effect_{it}^{security}$。

$$effect_{it}^{security} = y_{it|security_{it}=0} - y_{it} \qquad (9-3)$$

2) 年度土地供应量。将年度土地供应量的值设为0,即将 $total_{it} = 0$ 以及其余自变量的实际观测值代入模型,计算 $y_{it|total_{it}=0}$。

$$y_{it|total_{it}=0} = a_0 + \delta_1 security_{it} + \delta_2(total_{it}=0) + \delta_3 active_{it} + \beta_1 invest_{it} \\ + \beta_2 per\text{-}GDP_{it} + \beta_3 high_{it} + \beta_4 year2011 + \beta_5 year2012 \\ + \beta_6 year2013 + \varepsilon_{it} \qquad (9-4)$$

计算各区域各年土地供应量对土地价格增长的效果 $effect_{it}^{total}$。

$$effect_{it}^{total} = y_{it|total_{it}=0} - y_{it} \qquad (9-5)$$

3) 年度住宅市场交易活跃度。将年度住宅市场交易活跃度的值设为0,即将 $active_{it} = 0$ 以及其余自变量的实际观测值代入模型,计算 $y_{it|active_{it}=0}$。

$$y_{it|active_{it}=0} = a_0 + \delta_1 security_{it} + \delta_2 total_{it} + \delta_3(active_{it}=0) + \beta_1 invest_{it} \\ + \beta_2 per\text{-}GDP_{it} + \beta_3 high_{it} + \beta_4 year2011 + \beta_5 year2012 \\ + \beta_6 year2013 + \varepsilon_{it} \qquad (9-6)$$

计算各区域各年土地市场交易活跃度对土地价格增长的效果 $effect_{it}^{active}$。

$$effect_{it}^{active} = y_{it|active_{it}=0} - y_{it} \qquad (9-7)$$

## 9.4 评价结果

### 9.4.1 调控结果

在 Stata13 软件中分别采用固定效应模型、随机效应模型和混合 OLS 模型加以估计,经过 $F$ 检验和 $B$-$P$ 检验,结果表明混合 OLS 模型更为合适。这里仅给出混合 OLS 模型的估计结果,见表 9-3。模型 $F$ 检验值为 4.91,对应的 $P$ 值为 0.0000,各系数的 $T$ 检验均在5%水平上显著,模型拟合较好。年度虚拟变量year2013由于显著性不高,未通过检验,因此不包括在回归命令中。

表9-3 模型估计结果

| 变量名 | 估计系数 | 标 准 差 | T统计量 | 伴随概率P |
|---|---|---|---|---|
| invest | 0.005 120 4 | 0.002 561 8 | 2.00 | 0.057 |
| per-GDP | −0.000 487 1 | 0.000 173 6 | −1.31 | 0.001 |
| total | −0.012 376 8 | 0.019 330 9 | −0.64 | 0.028 |
| security | −0.021 306 0 | 0.009 34 | −2.28 | 0.032 |
| high | 0.022 483 37 | 0.052 789 6 | 2.36 | 0.000 |
| active | 0.123 983 3 | 0.199 369 | −0.62 | 0.040 |
| year2011 | −13.287 96 | 9.644 548 | −1.38 | 0.041 |
| year2012 | −32.017 06 | 13.552 91 | −2.36 | 0.027 |
| 常数项 | 49.348 1 | 7.370 423 | 2.58 | 0.016 |

从模型估计结果来看,整体而言,各变量符号与预期基本一致。固定资产投资系数为正,即固定资产投资每增加1亿元,土地价格将较上一年增加0.01%;人均GDP系数为负,与预期符号不符。一个可能的解释是随着经济发展水平提升,土地市场发育愈加成熟,土地市场愈加稳定,土地价格增长幅度愈缓;土地供应量系数为负,即每增加1 hm$^2$的土地供应量,土地价格增长幅度将减少0.01%;年度保障性住房用地供应量系数也为负,表明对整个研究区而言,保障性住房的供应会抑制土地价格的增长;高地价产生率和住宅市场交易活跃度的系数均为正,即高地价发生率增加1%或增加一宗土地交易量,土地价格增长率分别上涨0.02%和0.12%。

年度虚拟变量year2011、year2012均检验显著,且year2011和year2012系数均为负,说明在2011年和2012年,国家延续自2009年出台的一系列促进房地产市场平稳健康发展的宏观调控政策,在稳定房地产价格方面取得显著成效。从政策变量的系数来看,2012年的土地市场调控力度明显高于2011年。另外,year2013未通过检验,可能的解释是由于土地调控政策的滞后性、政策执行力度的差异性,2013年政策调控绩效不明显。

### 9.4.2 区域差异分析

就模型估计结果而言,土地供应量、保障性住房用地供应量和住宅市场交易活跃度对研究区土地价格变化有显著影响。$\delta_1$、$\delta_2$均为负,且T检验值在5%水平上显著。说明政府供地行为对抑制地价快速增长发挥了积极作用。

利用前述分析方法,以各地级市为单位,分别计算研究期内保障性住房用地供应量、土地供应量和住宅市场交易活跃度对土地价格增长率的影响,结果见图9-2。

从图9-2可以看出,就省级层面而言,不同省、地级市间地价调控效果差异较大。从计算方法来看,保障性住房用地供应量的效果是指在其他因素保持不变的情况下,假如没有保障性住房用地供应,土地价格增长率的变化与提供保障性住房用地时土地价格增长率的变化之差。从计算结果来看,由于保障性住房用地的存在,江苏省和浙江省差别明

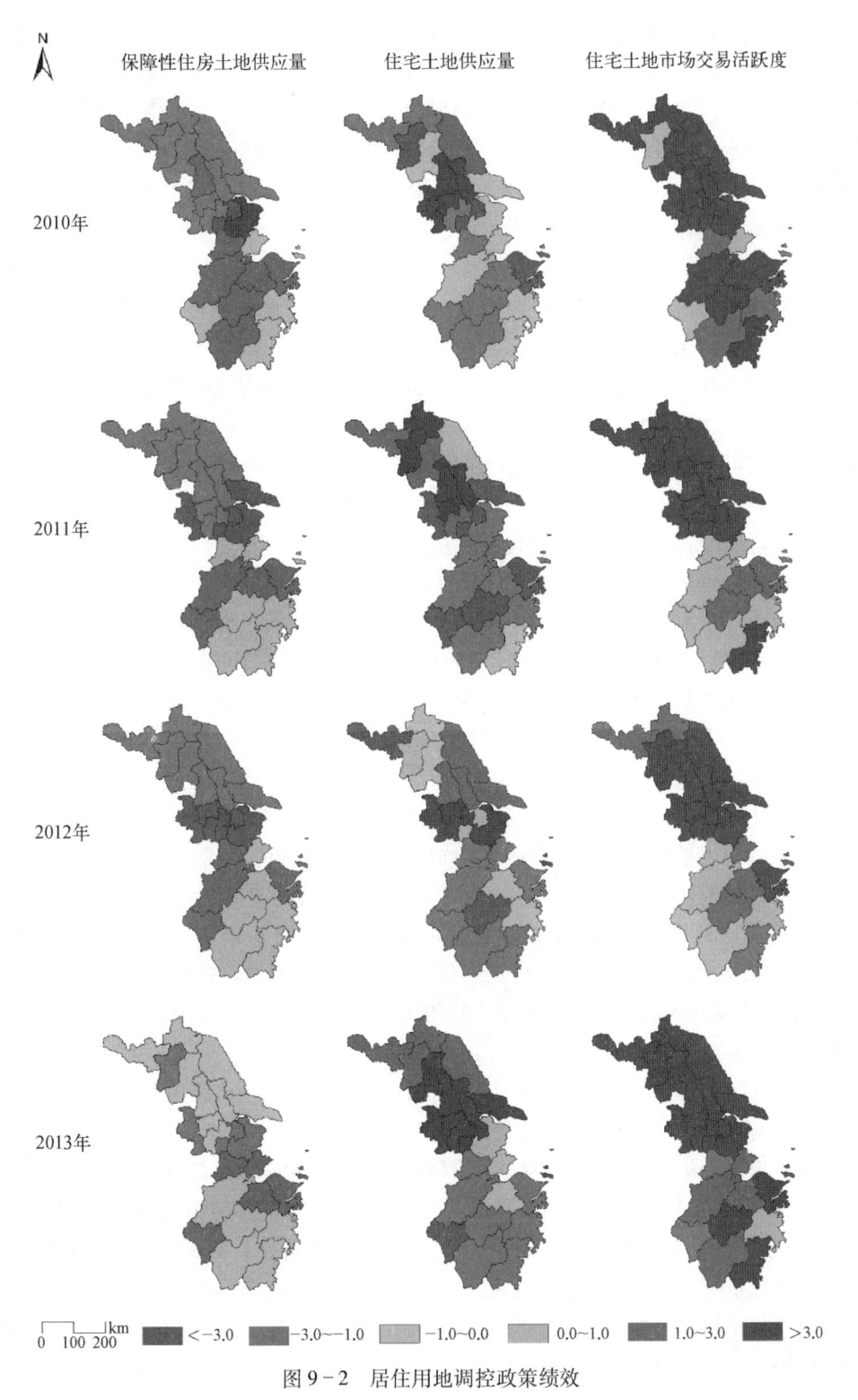

第9章 典型区域住宅用地调控政策绩效评价研究 | 141

图 9-2 居住用地调控政策绩效

注：省界线底图源自自然资源部标准地图服务系统[http://bzdt.ch.mnr.gov.cn,底图审图号：GS(2016)2884号]。

显。对于江苏省而言,研究期内仅 2010 年的苏州市和扬州市计算结果为正,其余地级市结果均为负,其中无锡市下降幅度最为明显。但 2013 年各地级市地价增长率下降幅度均不及前三年,仅在 1% 左右徘徊,这可能与随着房地产市场发展趋于平稳、政府政策执行力度放缓有关,同时也与政策调控效果的滞后有一定关系。值得注意的是,2010 年保障性住房用地供应量仅为 0.04 hm² 的扬州市,地价增长率较上年增加了 1.46%。同年保障性住房用地供应量高达 207.2 hm² 的苏州市,土地价格增长率上升幅度竟高达 21.93%。但总体来说,江苏省保障性住房用地供应量在一定程度达到了抑制地价过快增长的效果。对于浙江省来说,总体上保障性住房用地供应数量偏低,因此保障性住房用地供应量的存在反而导致了各地土地价格的增长。唯一的特例是嘉兴市,2010 年供应量为 17.40 hm²,但地价增长率下降幅度不高,仅为 0.8%。因此,保障性住房用地的供应行为对浙江省地价并没有起到预期的调控效果。综合而言,保障性住房用地供应量基本可以达到优化土地市场结构、抑制土地价格过快增长的作用。但其供应量过高会导致市场性住宅用地供应量的减少,从而引起土地价格的增长;其供应量过低则会导致低收入居民刚性居住需求难以释放,人地矛盾突出,土地价格也随之增长。

从年度土地供应量调控结果来看,江苏省与浙江省调控效果恰好与之前相反。研究期内江苏省土地供应量调控效果并不显著,大部分地级市的土地供应量在一定程度上反而促进了土地价格的增长。其中,2013 年无锡市土地供应量为该市四年中最低,843.65 hm² 的土地供应量使得地价增长率上涨幅度高达 10.16%。值得注意的是,2010~2013 年分别有 7 个、3 个和 3 个地级市的土地供应量达到了抑制地价增长的效果。具体来说,2010 年无锡市土地供应为 1 768.79 hm²,地价增长率减缓幅度为 12.42%。2011 年南京市供应土地 1 482.18 hm²,为该市研究期内最高,地价增长率减缓幅度高达 14.21%。可以说江苏省内土地供应量在一定程度上放缓了地价攀升的步伐,但由于政策执行力度的地区差异性,整体上调控效果并不显著。相比而言,浙江省调控效果更为直观,各地土地供应量基本实现了减缓地价增长的目标,减缓幅度最高为 5.2%。另外,由于 2012 年和 2013 年舟山市土地供应量为四年中最低,仅有 98.88 hm² 和 93.32 hm²,因此地价增长率分别上涨 3.9% 和 4.8%。总的来说,浙江省供地行为对土地价格调控效果更为显著,但是调控效果存在年度差异性。

从年度住宅市场交易活跃度调控结果来看,江苏省与浙江省调控效果类似。由于江苏省和浙江省同处于长三角经济区,研究期内,城市经济的快速发展使得居住需求旺盛,土地市场规模不断扩大,土地交易频繁。因此研究区域住宅市场交易活跃度基本导致了地价的快速增长,且江苏省涨幅较大,基本在 10% 以上。浙江省舟山市、衢州市、温州市和湖州市,由于年度土地交易宗数均低于 100,因此土地市场交易活跃度较低,为研究期内仅有的年度地价增长率降低的城市。可以看出,由于政府政策调控主要集中在保证居住用地的有效供给以及增加保障性住房用地供应数量,对土地市场交易调控较少,因此调控效果不理想。

# 第10章 中国制造业发展态势分析

土地利用格局是一定阶段区域经济活动的空间投射,土地利用与产业发展存在双向耦合关系(尚勇敏等,2014;Jin et al.,2014)。产业经济学认为,土地是区域产业发展的空间载体和物质基础,土地利用结构支撑和制约着城市产业的结构转型和布局优化;而产业发展水平又决定了土地利用方式,产业结构的调整推动着土地资源在不同区域和部门间的再分配(严超等,2015;Tang et al.,2015;周霞,2013)。中国正处于工业化、城镇化加速发展时期,工业用地量快速增长,加之长期的用地低效配置及粗放利用,土地资源的供需矛盾突出。就当前的经济发展和资源利用形势来说,面临较大的建设用地缺口,其中以工业用地最为突出。因此,加强供给侧结构性改革,从市场化配置机制入手,着重提高土地、资本等生产要素的供给效率和产出效益,无疑是当前宏观经济调整及产业转型发展的关键。

随着中国土地市场改革的深化,土地出让已成为土地资源配置的主要形式,工业用地出让的规模、结构和方式有效映射了一定时期区域产业的发展导向(王贤彬,2014;周霞,2013)。但鲜有研究将土地市场与产业发展纳入统一的分析框架,基于工业用地出让视角,以城市为基本单元,测度基于土地载体及其协调利用下的产业发展潜力,从资源供给侧分析全国装备制造业发展的趋势导向及格局特征(王洋等,2013a)。为此,本章以2009~2013年中国工业用地出让信息作为基础数据,构建产业发展驱动力评价体系,综合测度装备制造业发展的驱动态势,并借助样带分析方法对装备制造业发展的趋势格局作了进一步探析。以期为制定宏观产业调控政策和差别化的国土开发决策提供参考。

## 10.1 数据来源及研究方法

### 10.1.1 数据来源与处理

本章以2012年全国行政区划下的地级以上城市作为研究单元(未统计香港、澳门和台湾),剔除研究期内无工业用地出让信息登记的区域,共包含333个研究单元(为便于分析,将新疆生产建设兵团与黑龙江农垦局的相关数据分配至其管理机构所在的市域单元;各直辖市采用市级汇总数据)。研究所采用的基础数据包括工业用地出让数据和宏观产业政策数据(中国国际经济交流中心,2015)。

(1) 工业用地出让数据

本章使用的工业用地出让数据来自国土资源部的"土地市场动态监测与监管系统",分析字段包括各宗地的供应方式、行业分类(采用《国民经济行业分类》GB/T 4754—2002)、宗地面积、交易金额、土地来源等。研究期内,全国共出让工业用地17.08万宗,总面积63.89万 hm²,出让金额1.32万亿元,其中装备制造业用地[①]出让共47 013宗,总面积17.86万 hm²,占全部工业用地的27.95%。

(2) 宏观产业政策数据

本章主要从国家战略与区域发展政策、重点工业城市、资源型城市、交通枢纽型城市等方面,设置相应的虚拟变量[②],对各城市的功能及性质进行宏观定位。其中,国家战略与区域发展政策主要包括西部大开发"十二五"规划、中部崛起"十二五"规划以及东北地区老工业基地振兴战略,涉及成都、西安、长沙、长春等81个重点发展城市;重点工业城市参考中国四大工业基地以及六大老工业基地的中心发展城市,包括沈阳、武汉、南京、广州等21个城市;资源型城市参考《全国资源型城市发展规划》,包括抚顺、铜陵、白银等24个城市;交通枢纽型城市参考《全国城镇体系规划纲要(2005—2020)》,包括北京、上海、郑州、兰州等95个城市。

### 10.1.2 研究方法

(1) 样带分析

样带研究方法是研究空间分异的重要方法,在地理学及生态学的地带性格局研究中被广泛应用。为更好揭示全国装备制造业发展的地域差异,本书分别选取纵贯中国南北、跨越东中西三大经济区、在社会经济发展方面具备典型性的沿海经济带、长江经济带、京广线经济带、陇海兰新线经济带[③],组成南北向和东西向各两条样带。将沿线涉及的市域单元作为样带分析的基本单元,以此探析典型样带下全国装备制造业发展的地域特征及空间差异。

(2) 地统计趋势分析

地统计趋势分析是区域差异性模拟分析的有效手段。采用 ArcGIS 中的地统计趋势

---

① 参考中国工业和信息化部制造业分类体系及OECD国家产业分类标准,将制造业按照工业技术水平进行分类归并,根据《国民经济行业分类》(GB/T 4754—2002),装备制造业为C35~39,即包括通用设备制造业、专用设备制造业、交通运输设备制造业、电气机械及器材制造业等细分行业类。

② 国家战略性政策瞄准区涉及的重点发展城市为1,否为0;重点工业城市为1,否为0;其他政策虚拟变量的设置以此类推。

③ 沿海经济带:是改革开放以来中国社会经济发展的前沿阵地。由北向南依次包括辽宁、河北、北京、天津、山东、江苏、上海、浙江、福建、广东7省3市,共涉及99个地级市单元。长江经济带:是横跨中国东中西不同类型区域的巨型经济带,是国家新型工业化发展的主体。东起上海、西至云南,覆盖上海、江苏、浙江、安徽、江西、湖北、湖南、贵州、重庆、四川和云南9省2市,共涉及128个地级市单元。京广线经济带:是纵贯中国南北的铁路大动脉,对全国经济发展具有重要的战略支撑地位。北起北京、南至广州,全程2 324 km,途径京津冀都市圈,经传统农区,贯穿两湖,连接珠三角,沿线50 km范围内共涉及52个地级市单元。陇海兰新线经济带:是贯穿我国东中西的铁路大动脉,是刻画中国社会经济分异的典型样带。东起连云港、西至乌鲁木齐,全长3 600 km,横贯江苏、安徽、河南、陕西、甘肃、新疆6省(区),沿线50 km范围内共涉及52个地级市单元。

分析模块,可将分析数据投影至东西方向和南北方向的正交平面上,以投影点拟合二次曲线,反映空间分布在特定方向上的变化趋势。本章以样带为基础,结合地统计趋势分析,揭示典型样带的产业发展驱动差异性。

## 10.2 产业发展态势综合测度

### 10.2.1 产业发展驱动力测度指标

土地是区域发展的基本载体,已有研究表明,城市土地合理利用对区域功能互补、经济发展、产业转型升级等均具有基础性的先导作用(费洁,2012;王贤彬,2014)。就资源供给而言,土地市场是土地这一基础生产要素的配置平台。借助土地出让,调控产业用地的数量结构及利用方式,可以进而驱动并引导产业的规模发展、空间重构和效益提升(费洁,2012)。具体表现为三个方面:一是借助工业用地的出让面积和宗数,调控城市该产业在全国的比较优势和相对活跃性;二是借助工业用地在城市内部和城市之间的出让结构,调控城市该产业在内部的集聚协作和外部的差异分工;三是借助工业用地的出让价格和存量用地供给,调控城市该产业纵向发展的经济功能和用地效率。

因此,本章研究基于工业用地出让视角,从新增产业用地出让的规模、结构和效率三个方面,选取优势度、活跃度、匀质度、关联度、市场度和溢价度六个参数,刻画产业在规模优势、城市分工及产业高度上的发展特征,进而以产业规模发展指数、产业结构分工指数、产业市场效率指数三项指标,综合表征产业发展的驱动维度。各指标具体释义见表 10-1。

表 10-1 产业发展驱动力测度指标及其含义

| 测度指标 | 出让参数 | 计算公式 | 描述 |
| --- | --- | --- | --- |
| 规模发展指数(IS) | 优势度($Q_1$) | $(E_{ki}/E_i)/(E_{kr}/E_r)$ | 测度研究单元 $k$ 产业在全国工业用地供给上的比较优势。$E_{ki}$ 表示 $i$ 市 $k$ 产业的用地出让面积,$E_i$ 表示 $i$ 市制造业所有产业的用地出让总面积,$E_{kr}$ 表示全国 $k$ 产业的用地出让面积,$E_r$ 表示全国制造业所有产业的用地出让总面积 |
|  | 活跃度($Q_2$) | $(Z_{ki}/Z_i)/(Z_{kr}/Z_r)$ | 测度研究单元 $k$ 产业在全国工业用地供给上的相对活跃性。$Z_{ki}$ 表示 $i$ 市 $k$ 产业的用地出让宗数,$Z_i$ 表示 $i$ 市制造业所有产业的用地出让总宗数,$Z_{kr}$ 表示全国 $k$ 产业的用地出让宗数,$Z_r$ 表示全国制造业所有产业的用地出让总宗数 |
| 结构分工指数(IF) | 匀质度($Q_3$) | $(Z_{ki}/Z_i)[1+(E_{ki}/E_i)\log(E_{ki}/E_i)]$ | 衡量研究单元 $i$ 市域范围内 $k$ 产业用地供给的内部集聚度。参数含义同上 |
|  | 关联度($Q_4$) | $1/n \sum_{j=1}^{n} \|(E_{ki}/E_i) - (E_{kj}/E_j)\|$ | 衡量城市之间 $k$ 产业的分工水平,以 $i$ 城市与 $j$ 城市间的工业用地出让结构差异来表示。其中 $E_{kj}$ 表示 $j$ 市 $k$ 产业的用地出让面积,$E_j$ 表示 $j$ 市制造业所有产业的用地出让总面积,区域 $j$ 与区域 $i$ 空间相邻或属于同一省(区) |

续　表

| 测度指标 | 出让参数 | 计算公式 | 描　述 |
| --- | --- | --- | --- |
| 市场效率指数(IM) | 市场度($Q_5$) | $w_{ka}(G_{ki}/E_{ki})$ $+ w_{kb}(S_{ki}/Z_{ki})$ | 测度研究单元 $k$ 产业的土地利用效率及市场化配置程度,以存量用地出让面积比和招拍挂出让宗数比来表示。其中 $G_{ki}$ 表示 $i$ 市 $k$ 产业来源于存量建设用地的出让面积,$S_{ki}$ 表示 $i$ 市 $k$ 产业以招拍挂方式出让的用地宗数,$w_{ka}$ 和 $w_{kb}$ 分别表示 $k$ 产业在两者上的权重值,本书均为 0.5 |
|  | 溢价度($Q_6$) | $(P_{ki} - P_{i\min})/P_{i\min}$ | 衡量研究单元 $k$ 产业的发展高度,以地价溢出率来表示。$P_{ki}$ 表示 $i$ 市 $k$ 产业的用地出让均价,$P_{i\min}$ 表示 $i$ 市的最低工业用地出让价格① |

### 10.2.2　产业发展驱动力测算模型

工业用地格局的演变是一定阶段产业经济活动的空间投射。通过工业用地出让规模、结构、方式的优化配置,能合理调控并驱动产业在城市内部的差别化发展、在城市之间的协作集聚,以及在产业高度上的提质增效(王贤彬,2014)。因此,本书定义产业驱动力为"产业发展规模—产业结构分工—产业市场效率"三维驱动要素在产业发展过程中不断匹配、良性关联的协调程度,以此表征基于土地载体及其协调利用下的潜在产业发展能力。即产业驱动力越大,区域产业发展的潜能越强,更利于预期产能的转换实现。驱动水平的地域差异反映了产业发展的宏观导向和趋势格局,高驱动活力地区是全国产业有序发展的倾向重点。

基于上述 6 项特征参数,在极差标准化后以等权方式进行相应加总综合,可以得到产业规模发展指数、产业结构分工指数、产业市场效率指数三项指标。借鉴物理学中的容量耦合系数模型,已有学者推广得到多要素耦合度模型,即:

$$C_n = \{(u_1, u_2, \cdots, u_m)/\prod(u_i + u_j)\}^n \tag{10-1}$$

式中,$u_i(i=1,2,3,\cdots,n)$ 是各子系统(或要素)的综合评价函数。该模型较为简练,具有明确的物理学意义,但若其中一个系统的函数值为 0,将导致耦合度为 0,这与社会经济系统的现实情况不相一致。为解决上述问题,本章对式(10-1)模型进行优化,以减小离差为优化原则,构建了产业驱动要素作用的耦合度模型,以测度产业规模发展、结构分工及市场效率三者之间的耦合关联强度。

$$C = \left\{\frac{3[u(s)u(f) + u(f)u(m) + u(s)u(m)]}{[u(s) + u(f) + u(m)]^2}\right\}^n \quad n \geq 3 \tag{10-2}$$

式中,$C$ 为耦合度,取值范围 $[0,1]$;$u_1 = u(s) = \text{IS}$,$u_2 = u(f) = \text{IF}$,$u_3 = u(m) = \text{IM}$;$n$ 为调节系数,本章取 $n = 3$。

---

①　基于《全国工业用地出让最低价标准》(国土资发〔2009〕56 号),该标准将全国工业用地分为 15 个等别,设定各个县级单元的工业用地出让最低价格。本章利用 ArcGIS 通过面积加权,求取各市域研究单元的平均工业用地等别,利用线性函数求取相应的工业用地出让最低价格。

为进一步体现产业整体功能(综合协调发展水平),引入协调度模型,综合测度三要素交互耦合下的产业驱动力大小,公式如下:

$$ID = \sqrt{C \times T}, \quad T = w_1 u(s) + w_2 u(f) + w_3 u(m) \quad (10-3)$$

式中,ID 为产业发展驱动力;C 为耦合度;T 为产业综合发展指数,由 $u(s)$、$u(f)$、$u(m)$ 加权综合而得,鉴于现阶段中国仍处于产业转型升级的攻坚过渡期,产业规模调控对产业布局及市场配置具有先行影响,故 $w_1$、$w_2$、$w_3$ 权重分别取 0.4、0.3、0.3。

## 10.3 中国制造业发展的趋势格局分析

### 10.3.1 制造业发展驱动格局的时序变化

为体现研究期内地级以上城市装备制造业发展驱动格局的时序变化,本章分别对 2009~2011 年、2012~2013 年以及 2009~2013 年 3 个时段的产业驱动力进行测算,结果见图 10-1。

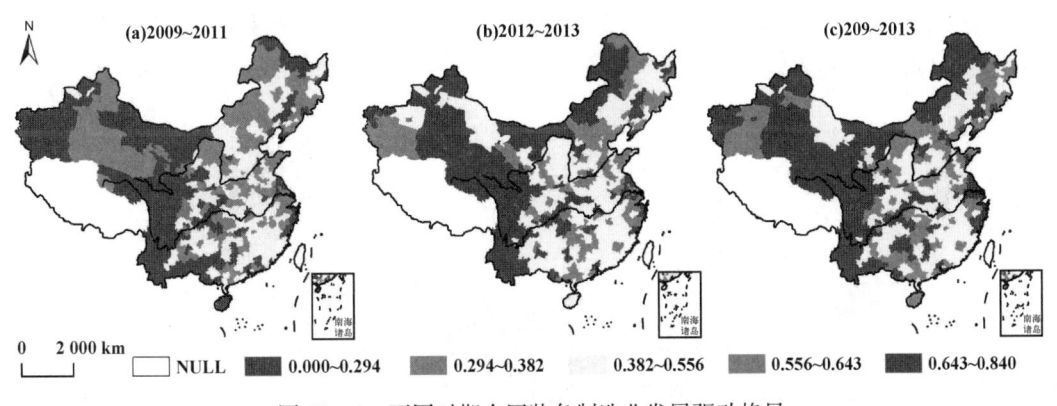

图 10-1 不同时期全国装备制造业发展驱动格局

注:国界线底图源自自然资源部标准地图服务系统[http://bzdt.ch.mnr.gov.cn,底图审图号:GS(2016)1549 号]

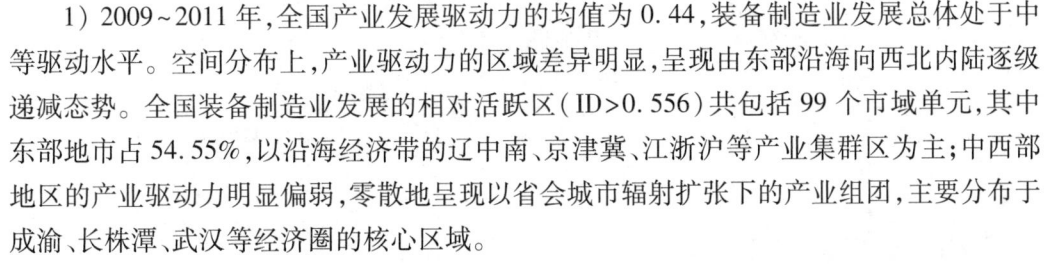

1) 2009~2011 年,全国产业发展驱动力的均值为 0.44,装备制造业发展总体处于中等驱动水平。空间分布上,产业驱动力的区域差异明显,呈现由东部沿海向西北内陆逐级递减态势。全国装备制造业发展的相对活跃区(ID>0.556)共包括 99 个市域单元,其中东部地市占 54.55%,以沿海经济带的辽中南、京津冀、江浙沪等产业集群区为主;中西部地区的产业驱动力明显偏弱,零散地呈现以省会城市辐射扩张下的产业组团,主要分布于成渝、长株潭、武汉等经济圈的核心区域。

2) 2012~2013 年,全国产业发展驱动力的均值为 0.46,装备制造业发展驱动水平有所提升。空间分布上,较 2009~2011 年,总体产业驱动格局基本一致。高驱动水平城市(ID>0.556)共有 105 个,其中东部地市占比降至 52.38%,中部的皖江城市带、中原经济区等地的产业发展呈现加快增长态势;产业驱动的弱势区(ID<0.382)范围有所收缩,仍

连片分布于我国西部(西部地市占比达 75.0%),以青藏高原、川滇山区、北方边境、湘鄂西交界等地形复杂或经济落后区为主要分布地。

3) 2009~2013 年,全国产业发展驱动力的均值为 0.47,变异系数为 0.37,装备制造业增长表现出较强的稳定性和趋中性。综合两期,东部沿海地区仍是我国现阶段产业发展驱动的高地,东西之间绝对差距明显。从时序变化来看,装备制造业发展的地域规律为:东部以环渤海、长三角、珠三角为核心的综合性工业基地逐步形成沿海产业发展轴,并围绕京津唐、苏沪宁、甬台温等工业重点区呈现加强向外扩散趋势;中西部地区普遍弱势发展,产业驱动中心性显化,成渝、兰西、中原、武汉等经济区的省会或核心城市率先发展,而中小城市及欠发达地市的产业发展动力持续不足。

### 10.3.2 制造业发展驱动类型的地域划分

明确产业驱动地域类型,甄别亟待优化的问题区域,是制定差别化产业调控对策的前提。综合 2009~2013 年产业驱动力的水平分级及其时序变化,将全国产业发展划分为 6 类用地驱动模式(图 10-2),叠加国家战略和区域规划等要素进一步识别各类型区的发展特征(表 10-2)。并建立如下判断准则,即重点城市[①]存在以下任一状态:研究期内产业驱动力(ID)低于其全国均值;任意 2 个或以上的产业驱动测度指标(IS、IF 和 IM)低于各自的全国均值,则界定为潜在问题区域(图 10-2)。

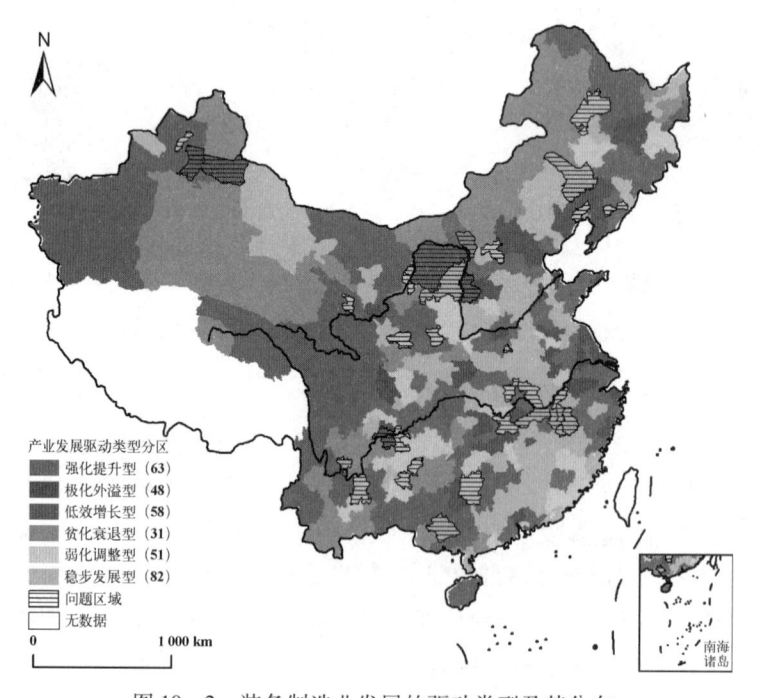

图 10-2 装备制造业发展的驱动类型及其分布

注:国界线底图源自自然资源部标准地图服务系统[http://bzdt.ch.mnr.gov.cn,底图审图号:GS(2016)1549 号]。

---

① 主要为国家战略与区域发展政策确定的重点发展城市以及重点工业城市,共包括 93 个城市。

如图 10-2 所示,研究期内全国装备制造业发展态势总体趋好,以稳步发展模式为主,但各类型区分布呈现较强的地域性,大体由东部沿海向西北内陆交替式布局。具体而言,强化提升型（Ⅰ类,ID≥0.556 且 ΔID>0）和极化外溢型（Ⅱ类,ID≥0.556 且 ΔID≤0）总体沿我国东、北部海岸线带状分布,包括环渤海、长三角地区的多数城市,少数集中于珠三角或中西部的主要城市群内；稳步发展型（Ⅲ类,0.556>ID≥0.382 且 ΔID>0）和弱化调整型（Ⅳ类,0.556>ID≥0.382 且 ΔID≤0）主要分布于Ⅰ、Ⅱ类型区的外围,在中部地区显著呈现南北向的带状分布形态,少数分布在南部沿海的广东、福建等地；而低效增长型（Ⅴ类,ID<0.382 且 ΔID>0）和贫化衰退型（Ⅵ类,ID<0.382 且 ΔID≤0）广泛分布于西部地区,以青海、云贵川西部等经济发展和产业基础薄弱的地市为主,但北部湾、滇中、宁夏沿黄等国家重点产业转移承接区的引导力度有待加强。

结合表 10-2,对各类型区的驱动特征作进一步分析。结果显示,Ⅰ、Ⅱ类型产业驱动水平普遍较高,以国家战略城市、重点工业城市或交通枢纽城市为主,与国家产业发展的总体导向相符。其中,Ⅱ类多为东部省会或重点产业基地,具备强大的经济辐射能力,对毗邻区域产业发展发挥支撑引领和溢出带动作用,这一定程度上对应了Ⅰ类紧邻Ⅱ类持续发展的格局。潜在问题区域集中于Ⅲ类和Ⅳ类,具体包括贵阳、安顺、天水、咸阳、银川、九江、通辽等 28 个地市。一方面,凭借区位条件和资源优势,上述制造业基础较好的中西部城市始终是国家装备制造业发展的重点扶持对象；另一方面,在产业转型升级的背景下,部分资源依赖型的老工业城市正经历产业增长弱化、寻求结构优化的调整期。就驱动结构而言（包括 ΔIS、ΔIF 和 ΔIM 三项参数）,对比增长大类（Ⅰ、Ⅲ和Ⅴ型）和衰减大类（Ⅱ、Ⅳ和Ⅵ型）,不难发现：以工业用地出让为映射"窗口",现阶段我国产业发展仍以用地规模的扩张/退缩为主要驱动手段,用地出让结构在引导区际产业分工、发挥市场效率等方面的作用跟进滞后。后期有待进一步强化市场手段提升产业用地的内涵挖掘,尤其是资源衰退型城市。

表 10-2　装备制造业发展的类型分区及其驱动特征

| 类型区 | 研究单元/个 | ID | ΔID | ΔIS | ΔIF | ΔIM | 国家战略城市 | 重点工业城市 | 交通枢纽城市 | 资源衰退型城市 | 问题区域 |
|---|---|---|---|---|---|---|---|---|---|---|---|
| 强化提升型（Ⅰ类） | 63 | 0.64 | 0.05 | 0.11 | 0.08 | 0.00 | 24 | 9 | 26 | 6 | 0 |
| 极化外溢型（Ⅱ类） | 48 | 0.66 | -0.04 | -0.06 | -0.05 | -0.01 | 22 | 10 | 21 | 2 | 0 |
| 稳步发展型（Ⅲ类） | 82 | 0.47 | 0.09 | 0.09 | 0.04 | 0.00 | 12 | 1 | 25 | 7 | 10 |
| 弱化调整型（Ⅳ类） | 51 | 0.48 | -0.09 | -0.09 | -0.06 | -0.02 | 18 | 1 | 16 | 2 | 18 |
| 低效增长型（Ⅴ类） | 58 | 0.23 | 0.13 | 0.06 | 0.04 | 0.01 | 4 | 0 | 3 | 4 | 4 |
| 贫化衰退型（Ⅵ类） | 31 | 0.26 | -0.13 | -0.06 | -0.01 | -0.11 | 1 | 0 | 3 | 3 | 1 |

注：$\Delta ID = ID_{2012-2013} - ID_{2009-2011}$，$\Delta IS = IS_{2012-2013} - IS_{2009-2011}$，$\Delta IF = IF_{2012-2013} - IF_{2009-2011}$，$\Delta IM = IM_{2012-2013} - IM_{2009-2011}$。

### 10.3.3 典型样带产业发展的空间分异

分析典型样带下的产业驱动特征,有助于进一步揭示我国产业发展的总体布局、重点区域和梯度分异。本章选取沿海经济带、长江经济带、京广线、陇海兰新线4条样带,采用地统计趋势分析,得到各样带产业驱动力趋势线,并根据各样带的主导方向,绘制相应的测度指标变化图(图10-3)。

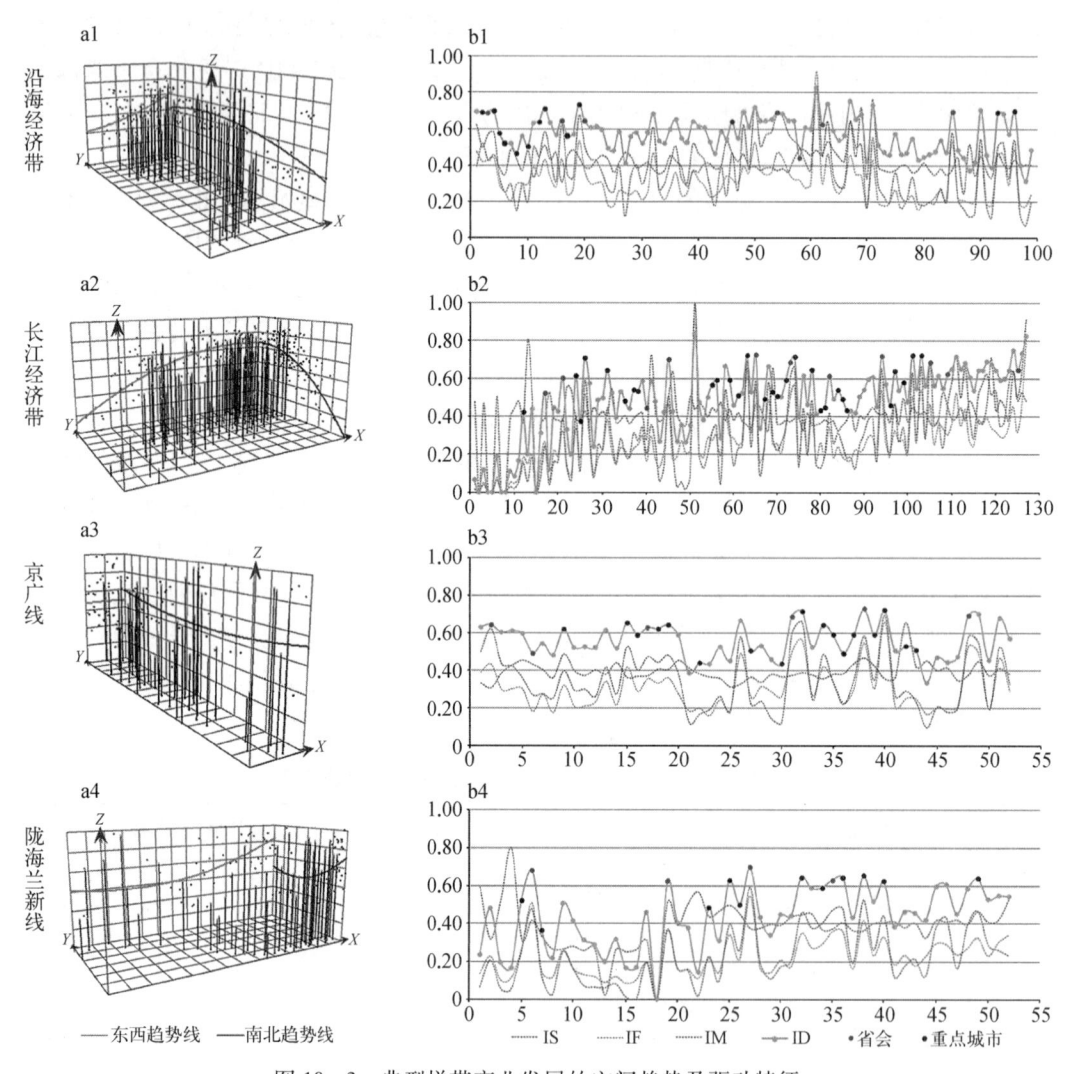

图 10-3 典型样带产业发展的空间趋势及驱动特征

注:图 b1~b4 中,横坐标为样带内城市在自北向南/自西向东某一主导方向的纬度/经度位序号,纵坐标为 IS、IF、IM、ID 四项测度指标的水平值。

1) 沿海经济带。研究期内,样带产业驱动力 ID 均值为 0.58,变异系数 0.17,驱动水平呈北高南低趋势。在梯度曲线上表现为 ID 值始终居高并自北向南平缓衰减。样带北部的环渤海地区(前 45 序列)ID 均值为 0.59,峰值出现于沈阳铁西、辽宁大连湾等装备产业示范基地,而本溪、锦州等传统钢铁工业城市 ID 值较低;中部长三角地区(46~69 序列)ID 均值为 0.64,峰值位于舟山海洋工程装备基地以及宁波、台州等沿海汽车产业带,而沪宁杭三市的 ID 值低于预期;南部珠三角地区(70~99 序列)ID 均值为 0.51,峰值集中于广州、深圳、珠海等综合制造业基地。样带产业驱动类型以 Ⅰ、Ⅱ 类为主,三项驱动指数均值分别为 0.38、0.31 和 0.41,驱动结构较为合理,价值调控作用逐渐凸显;但局部如沪宁杭地区,存在明显的"价值洼地",土地市场化调控和区际产业分工水平的提升相对滞后。

2) 长江经济带。研究期内,样带产业驱动力 ID 均值为 0.49,变异系数 0.39,驱动水平呈西低东高趋势。在梯度曲线上表现为 ID 值自西向东逐步抬升。样带上游地区(前 47 序列)ID 均值为 0.35,峰值集中于四川成都、德阳、自贡以及重庆等军工设备产业基地,而以能源产业为主的滇中、黔中地区 ID 值较低;中游地区(48~86 序列)均值为 0.52,峰值位于湖北十堰、武汉、鄂州以及长株潭等交通装备或机械制造基地;经济带下游(87~128 序列)ID 均值为 0.61,总体水平趋近,无明显波幅,除苏南、甬台温等重点产业区外,以合肥为中心的皖江城市带也保持强势发展。样带内产业驱动类型差异显著,上游以 Ⅳ、Ⅴ 类为主,中游以 Ⅲ 类主导,下游以 Ⅰ、Ⅱ 类为主,初步形成了产业发展的沿江梯度格局。驱动结构上,中上游地区的各项驱动指数均低于样带均值,以规模指数的差距最大,有待加快中上游重点城市的产业承接和规模扩张。

3) 京广线样带。研究期内,样带产业驱动力 ID 均值为 0.56,变异系数 0.17,驱动水平呈南北较高、中部略低的趋势。在梯度曲线上表现为 ID 值自北向南峰谷交替,总体持平。样带北段(前 25 序列)ID 均值为 0.55,峰值位于中原经济区的重点工业城市,以郑州、新乡、鹤壁等汽车电子生产基地为主;样带南段(26~52 序列)ID 均值为 0.56,多峰连绵,中部地区峰值点出现在武汉、长株潭等区域核心城市,南部则以广州、佛山等电子通信及装备制造强市为主。样带产业驱动类型以 Ⅰ、Ⅲ 类为主,三项驱动指数均值分别为 0.35、0.31 和 0.40,驱动结构较为合理,发展重点突出,有望为中部崛起战略下的区域产业协调发展提供支撑力和调控力。

4) 陇海兰新线。研究期内,样带产业驱动力 ID 均值为 0.44,变异系数 0.37,驱动水平呈西低东高趋势。在梯度曲线上总体表现为 ID 值自西向东波动增长。样带西段(前 30 序列)ID 均值为 0.37,呈明显的峰谷形态,内部差异显著,峰值出现于乌鲁木齐、兰州、西安等西部省会城市;样带东段(31~52 序列)ID 均值为 0.54,内部分异趋小,驱动水平变高,峰值区位于中原城市群,向东为江苏徐州。样带内产业驱动类型差异明显,西段以 Ⅴ 类主导,东段以 Ⅰ、Ⅲ 类为主,东西分异显著。驱动结构上,天水、白银等装备制造重点地区的各项驱动指数均低于样带均值,有待推进上述地区的产业集聚和区际分工,扩容增速。

总体上,样带内城市产业驱动力普遍高于全国均值,东西梯度分异明显,驱动重点明确。可见,我国装备制造业已初步形成以差异化驱动力为支撑,以主导经济带和交通主干线为产业发展轴,强化沿线产业基地和核心城市的引导作用,逐步推进东中西产业协同发展的导向格局。此外,产业组织的重点倾向于区域性城市群和国家制造业重点基地,东部中心城市和工业强市仍是现阶段产业驱动的明显高地,中西部资源型城市和军工重点城市有待进一步优化产业驱动结构,提升区域整体的产业发展水平。

## 10.4 中国装备制造业的发展态势

### 10.4.1 装备制造业的发展驱动力

为探寻研究期内中国装备制造业发展驱动力的区域分异特征,本章分别以各项指标的全国平均值,以及平均值±0.5倍标准差、±1倍标准差确定临界值,分类结果见图10-4。

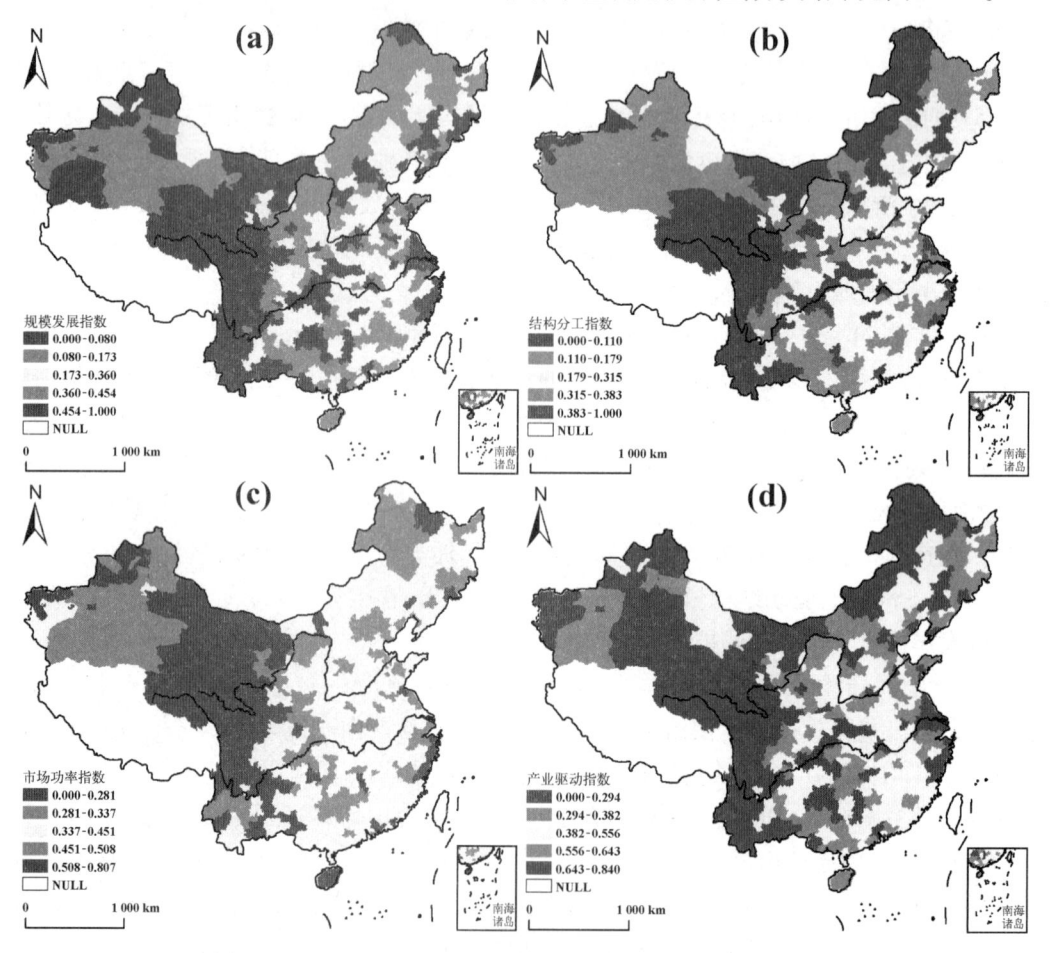

图10-4 2009~2013年全国装备制造业发展驱动力指标测度

注:国界线底图源自自然资源部标准地图服务系统[http://bzdt.ch.mnr.gov.cn,底图审图号:GS(2016)1549号]。

1)就单指标而言,产业规模发展指数的平均值为0.267,标准差为0.187。装备制造业用地出让的相对优势和高活跃区主要集中在东部沿海的环渤海、长三角、珠三角等综合性工业基地,中西部地区普遍弱势增长,零散地呈现以省会城市辐射扩张下的产业集聚发展区;结构分工指数的平均值为0.247,标准差为0.137。其空间分布总体与产业规模发展指数相似,但出让结构的相对优化和高协作区域更为集中,趋向于各城市群的中心收敛;市场效率指数的平均值为 0.394,标准差为 0.113。空间分异弱化,产业用地出让的市场配置高效区与经济发展格局存在一定偏离,呈现"大分散、小集中"的特点。较之东部,高值区在中西部地区的聚集更为显著,以广西东部、重庆沿江、甘肃兰白等承接产业转移示范区以及呼包鄂、天山北坡等经济区为主要分布地。

2) 就综合驱动力而言,其均值为 0.469,标准差为 0.174。全国总体处于中等水平(涉及 38.67% 的地市),在空间分布上与全国经济发展格局基本一致,呈现由东部沿海向西北内陆逐级递减的态势。其中,东部产业驱动力处于高水平的城市数最多,约占总数的 9.37%,主要分布于京津唐、辽中南、苏沪宁、甬台温等工业重点区,较高水平和中等水平围绕高水平城市依次向外扩散,沿以京沪线为支撑的沿海城镇发展轴带状增长;中西部地区,产业驱动力明显偏弱,高驱动力城市数仅占全国的 6.34%,且空间分布散乱,无显著的集聚或渐近关系。此外,产业驱动力大致随城市行政等级依次降低,整体表现为省会及以上城市高于普通地级市,低水平城市主要为西部欠发达地市,占该水平值地市总数的 88%。

### 10.4.2 装备制造业发展的态势格局

(1) 总体空间变化趋势

为揭示研究期内全国装备制造业发展在各个驱动维度上的主导方向,借助 ArcGIS 软件的地统计趋势分析模块,分别投影得到产业驱动指数、规模发展指数、结构分工指数、市场效率指数 4 项指标在不同方向上的空间变化趋势图(图 10-5)。

就综合驱动力而言,如图 10-5(a)所示,产业发展驱动力在东西方向上有明显的倾斜,自西向东不断提升,表明研究期内装备制造业的增势西部<中部<东部;南北方向上,呈现一定的倒"U"型结构,中纬度地区处于强势发展地位,区域表现为南部沿海<北部沿海<东部沿海。东部沿海地区仍是我国现阶段产业增长的高地,东西之间产业发展绝对差距明显,产业总体驱动格局有待优化。

就各驱动维度而言,如图 10-5(b)、10-5(c)所示,研究期内,装备制造业在规模发展和结构分工上的空间变化趋势,同综合驱动指数基本一致,但结构分工指数在东西、南北向上的分异明显弱化。这一定程度上反映出当前阶段以用地出让驱动产业发展的主要方式,仍是依托大规模的土地供给以显化产业的规模优势,而用地出让结构在引导区际产业分工、发挥联动效应等方面的作用尚未凸显。此外,图 10-5(d)描绘的产业市场效率指数变化,进一步印证了该判断:东西方向上,市场效率呈现东高西低的微弱格局;而南北方向基本趋平,趋势线甚至出现一定的"U"形态,在强势发展的中纬地区处于塌陷状态,即存在"价值洼地"。该趋势一定程度上反映了当前土地市场中,工业用地出让存在一定的价值低估、量价失衡状况,未充分实现通过地价调控等市场化手段促进土地资源的存量置换和优地优用。

(2) 空间关联格局和热点分析

产业发展作为一种区域经济行为,受空间相互作用和空间集聚扩散的共同影响。探索中国城市产业发展驱动力的空间关联和时序演变,是分析产业发展格局的基础。鉴于

(a) 产业驱动指数　　　　　　　(b) 规模发展指数

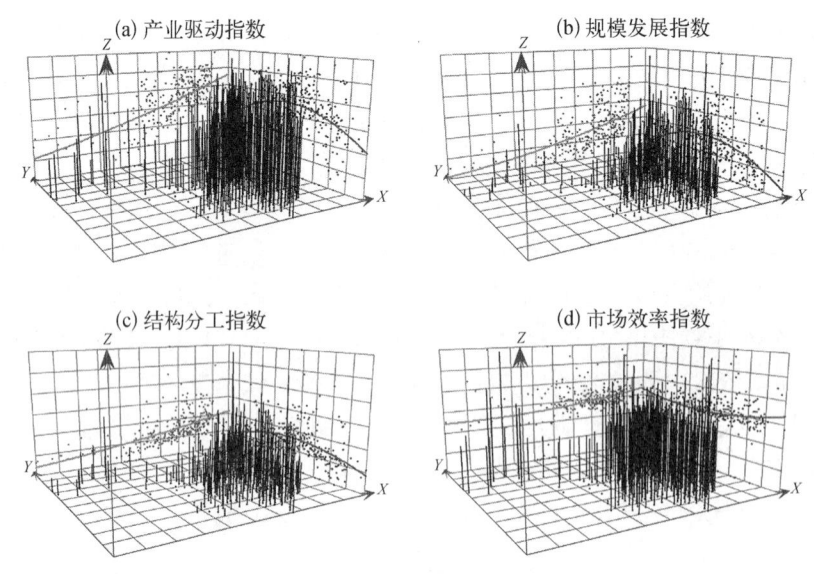

(c) 结构分工指数　　　　　　　(d) 市场效率指数

图 10-5　2009~2013 年全国装备制造业发展驱动力的总体空间趋势

产业增长具有时间上的累积性和滞后性，本章选择 2009~2011 年、2009~2013 年前后两个时间截面的产业驱动力，利用空间自相关（Local Moran's $I$）和热点分析（Getis-ord Gi*）方法进一步揭示全国装备制造业在研究期始末的发展状态。

分析结果显示，前后两期产业驱动力的全局自相关 Moran's $I$ 指数分别为 0.479 和 0.539，在 1% 的显著水平上均显著正相关，说明相邻城市的产业驱动力在空间分布上呈现集聚现象，并随时间的发展逐渐显化。两期变异系数均小于 0.001 1，表明全国范围内装备制造业的增长存在较强的稳定性和趋中性。依据 Moran's $I$ 散点图在 5% 的显著性水平下制作 LISA 图，发现前后两期产业驱动在空间关联上无明显变化，存在 3 种关联模式，即 H-H（高效型）、H-L（极化型）和 L-L（低效型）[①]。为消除 Moran's $I$ 所掩饰的局部不稳定，结合热点分析进一步探测空间集聚的关键位置及其关联程度，得到产业驱动综合格局（图 10-6）。

关联格局上，如图 10-6 所示，H-H 类型集中分布于热点地区，包括长三角的上海、苏中和浙东地区、东北的辽中南、长吉工业区以及长江中游的环鄱阳湖经济圈。上述地区大多具备优越的区位条件，城市群发育程度高，要素流动、报酬转移及技术扩散等溢出效应明显，对邻域城市的产业发展发挥着较强的带动作用。而 H-L 型和 L-L 型主要位于冷点地区，其中 L-L 型成片分布于青海以及云贵川西部等经济发展薄弱、基础设施落后、地形较为复杂的老少边贫地区；H-L 型涉及市域稀少，从初期的兰州至后期新增的乌鲁木齐和桂柳两市，很大程度受国家产业政策的扶持，在"虹吸作用"影响下，聚集吸纳了局部区域有限的资源、人才、资金等要素，成为地区产业优先发展的战略支点。

---

① 根据局部空间自相关分析的 LISA 图释义，产业发展的 3 种关联模式含义如下：H-H（高效型）表示区域及其邻域城市的产业均保持强势增长，形成连片的高值集聚区；H-L（极化型）表示区域自身产业驱动力较高，领域水平相对较低，表现为中心高四周低的关联模式；L-L（低效型）表示区域自身和邻域的产业发展均处于弱势，空间上呈现成片的低值集聚区。

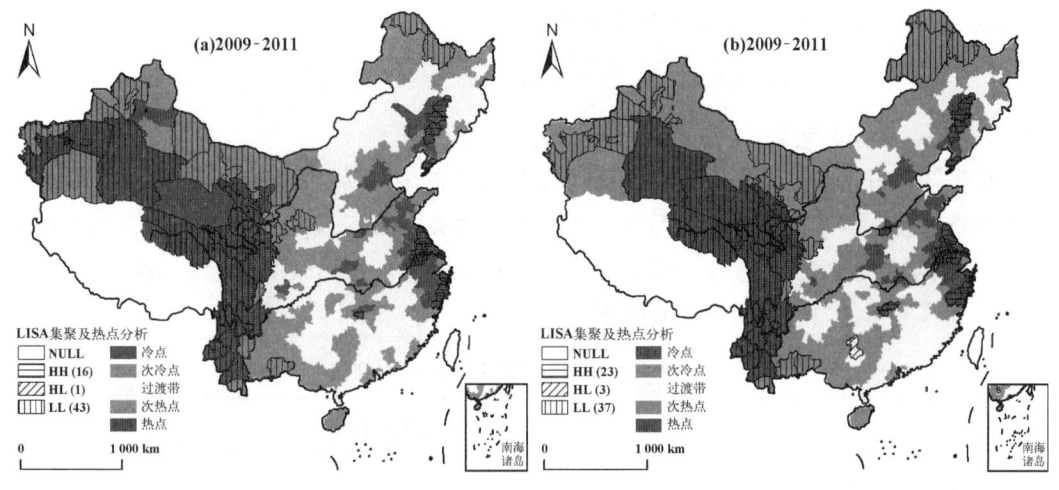

图 10-6 装备制造业发展驱动力的 LISA 集聚地及热点分布

注：国界线底图源自自然资源部标准地图服务系统［http：//bzdt.ch.mnr.gov.cn,底图审图号：GS(2016)1549 号］。

热点分布上,如图 10-6 所示,前后两期产业驱动的热点分布具有显著的空间特征,热度从东/北部沿海向西/南部内陆依次衰减,总体态势缓慢趋好,向中西部的格局驱动有待加快。局部变化特征表现为东部地区在始终保持高活力的同时,高值集聚区由核心增长区不断向周边外扩,通过中部的产业基地、城市化组团逐步形成产业增长的延伸带；东西之间的产业驱动差距有所缩小,其中甘肃兰白、天山南北等产业新区发展较快,而依托呼包鄂"金三角"辐射带动的内蒙古中北部城市在产业增长上表现疲软,同样占据先期资源优势的东北地区也逐渐衰弱,驱动活力向中心产业基地不断收缩,在一定程度上反映当前我国资源依赖型的老工业城市正经历产业转型的"阵痛"。西部地区弱势发展,显著表现在国家重点扶持地区的产业增长驱动力仍处于低值区,代表性的有北部湾、滇中、宁夏沿黄等产业经济区,区域发展政策的引导亟待强化。

### 10.4.3 装备制造业发展的影响机制

(1) 空间计量分析模型

探索产业发展的驱动路径和影响机制,是进一步优化工业用地配置、实现产业转型升级的基础和前提。考虑到传统 OSL 模型对经济行为空间依赖性的估计有偏,本章采用引入空间滞后误差项的空间滞后模型(SLM)和空间误差模型(SEM),对影响市域装备制造业发展驱动力的因素进行分析。

空间滞后模型考虑的是周围空间单位对目标单元的溢出效应,其允许变量在区域 $i$ 的观测值依赖于邻近区域 $j$ 的观测值,模型设定如下：

$$y = \rho W y + X\beta + \varepsilon \quad \varepsilon \sim (0, \sigma^2) \quad (10-4)$$

式中,$y$ 为因变量,即产业驱动力指数 ID；$\rho$ 为空间自相关系数；$W$ 为空间权重矩阵；$X$ 为影响因素矩阵；$\beta$ 为影响系数；$\varepsilon$ 为随机误差项向量。

当存在空间相互作用于误差项过程,即来自不同区域的误差之间存在空间协方差时,就出现另一种空间依赖形式,即空间误差模型。

$$y = X\beta + \varepsilon \quad \varepsilon = \lambda W\varepsilon + \mu \quad \varepsilon \sim (0, \sigma^2) \quad (10-5)$$

式中,$\lambda$ 为空间误差系数;$\mu$ 为正态分布的随机误差向量。

根据前文分析和已有研究,从自然禀赋、市场潜能、产业基础、区位条件和政策扶持5个方面选取备选因素,通过 SPSS 软件多重共线性检验,剔除 VIF 大于 7.5 的变量,确定如下 19 个影响因素(表 10-3)。其中,$X_4 \sim X_{11}$ 和 $X_{18} \sim X_{19}$ 为随时间变化的时序型变量,$X_1 \sim X_3$ 与 $X_{12} \sim X_{17}$ 为随空间变化的因素。

表 10-3  中国装备制造业发展驱动力的影响因素预判

| 影响维度 | 具体因素 | 变量定义/单位 | 影响方向 |
| --- | --- | --- | --- |
| 自然禀赋 | 高程 $X_1$ | 平均高程/m | − |
|  | 降水 $X_2$ | 平均降水/mm | + |
|  | 气温 $X_3$ | 平均气温/℃ | + |
| 市场潜能 | 城市化水平 $X_4$ | 非农业人口占全市总人口的比例/% | + |
|  | 国土开发强度 $X_5$ | 全市建设用地面积除以土地总面积 | + |
|  | 科教投入水平 $X_6$ | 科教财政支出占地方财政预算内支出的比例/% | + |
|  | 外商投资 $X_7$ | 全市当年实际使用外资金额/万美元 | + |
| 产业基础 | 工业化水平 $X_8$ | 第二产业产值占全市 GDP 的比例/% | + |
|  | 劳动力资源 $X_9$ | 年末工业就业人口占全市总人口的比例/% | + |
|  | 职工工资水平 $X_{10}$ | 全市职工平均工资/元 | + |
|  | 大中型企业 $X_{11}$ | 全市大中型企业个数/个 | + |
| 区位条件 | 到港口的距离 $X_{12}$ | 到最近的全国一级港口的距离/km | − |
|  | 到核心城市的距离 $X_{13}$ | 到城镇体系规划确定的最近核心城市的距离/km | − |
|  | 到工业重点城市的距离 $X_{14}$ | 到最近的全国工业重点城市的距离/km | − |
|  | 道路密度 $X_{15}$ | 单位面积上等级道路的总长度/(km/km$^2$) | + |
|  | 区域位置 $X_{16}$ | 东部地区为 1,中西部为 0 | + |
| 政策扶持 | 城市等级 $X_{17}$ | 省/副省级单列城市为 1,其他一般城市为 0 | + |
|  | 沿海开放城市及经济特区 $X_{18}$ | 设置为沿海开放城市及经济特区的城市为 1,否 0 | + |
|  | 国家战略性政策瞄准区 $X_{19}$ | 国家战略性政策瞄准区涉及的重点城市为 1,否为 0 | + |

(2) 影响因素结果分析

借助 GeoDA 软件运行 OSL 模型,结果显示 LMERR(17.819 3***)比 LMLAG(14.086 4***)在统计上更显著,且 R-LMERR(4.774 2***)显著而 R-LMLAG(1.041 3)不显著,根据 Anselin 等提出的空间模型判断准则,选择空间误差模型(SEM)分析。分别采用传统最小二乘法和考虑了空间相互作用后的最大似然法进行模型估计,并从时间固定和空间固定两方面对 SEM 模型的回归结果对比分析(表 10-4)。

表 10－4　基于空间计量经济模型的影响因素结果

|  | (1) OSL | (2) SEM | (3) SEM 时间固定 | (4) SEM 空间固定 |
| --- | --- | --- | --- | --- |
| CONSTANT | 0.212 926(1.329 4) | 0.155 159(0.965 0) | 0.762 468***(4.164 3) | −0.087 505*(−1.846 8) |
| $X_1$ | −0.024 114***(−3.822 6) | −0.018 476***(−2.640 0) | −0.012 244(−1.462 4) |  |
| $X_2$ | −0.000 141**(−4.524 0) | −0.000 128***(−3.401 4) | −0.000 142***(−2.631 1) |  |
| $X_3$ | 0.005 220***(2.361 2) | 0.005 838**(2.203 7) | 0.008 994**(2.359 0) |  |
| $X_4$ | 0.001 749***(3.784 0) | 0.001 797***(3.773 9) |  | 0.001 32***(2.708 06) |
| $X_5$ | −0.005 946***(−4.546 0) | −0.004 634***(−3.352 9) |  | −0.000 361(−0.318 9) |
| $X_6$ | 0.001 344**(1.253 0) | 0.000 675 9(0.614 0) |  | 0.000 850(0.735 8) |
| $X_7$ | 0.004 137(1.440 2) | 0.004 959*(1.779 0) |  | 0.006 713**(2.334 7) |
| $X_8$ | −0.001 51**(−4.546 0) | −0.001 205*(−1.929 2) |  | −0.000 741(−1.200 5) |
| $X_9$ | 0.001 331**(2.329 0) | 0.001 178**(2.116 7) |  | 0.001 710***(3.082 3) |
| $X_{10}$ | 2.695 7E-006***(2.774 7) | 2.844 1E-006***(2.877 4) |  | 2.504 7E-006***(2.588 9) |
| $X_{11}$ | 0.051 088***(6.070 9) | 0.043 260***(5.023 5) |  | 0.049 268***(5.749 2) |
| $X_{12}$ | −0.002 324(−0.703 3) | −0.002 879(−0.937 1) | −0.000 602(−0.192 3) |  |
| $X_{13}$ | −0.013 943(−1.421 3) | −0.010 937(−1.127 8) | −0.039 764**(−3.578 2) |  |
| $X_{14}$ | −0.002 789(−1.339 4) | −0.002 121(−1.061 2) | −0.004 530*(−1.952 5) |  |
| $X_{15}$ | 0.029 314**(1.991 4) | 0.026 078*(1.687 9) | 0.047 291(2.927 2) |  |
| $X_{16}$ | 0.017 850(1.533 7) | 0.028 541**(2.191 0) | 0.047 291***(2.808 3) |  |
| $X_{17}$ | −0.069 940***(−2.544 0) | −0.058 317**(−2.328 3) | 0.007 816***(0.298 6) |  |
| $X_{18}$ | −0.038 848*(−1.684 8) | −0.048 798**(−2.196 2) |  | −0.036 955*(−1.750 0) |
| $X_{19}$ | 0.078 204***(5.008 1) | 0.075 396***(4.900 0) |  | 0.065 069***(4.445 4) |
| $\lambda$ |  | 0.352 244***(4.956 9) | 0.572 956***(10.127 6) | 0.463 867**(7.206 7) |
| $R^2$ | 0.719 2 | 0.741 3 | 0.630 4 | 0.716 6 |
| LogL | 319.115 | 328.424 | 260.880 | 309.751 |
| LR |  | 18.616 2*** | 72.498 5*** | 38.846 6*** |
| AIC | −598.231 | −616.847 | −501.76 | −597.501 |
| SC | −522.188 | −540.805 | −463.738 | −555.678 |

注：括号中为 T 统计量，*表示在 10% 的水平上显著，**表示在 5% 的水平上显著，***表示在 1% 的水平上显著。

1）从变量系数和显著性结果来看，模型的回归结果基本一致，SEM 模型在拟合度上最优，自然对数似然值 LogL 最大，同时似然比率 LR、赤池信息准则 AIC 和施瓦茨准则 SC 最小。其中：

模型 1 度量了不考虑空间相互作用情况下各变量对产业驱动力的影响。结果表明，除变量 $X_7$、$X_{12} \sim X_{14}$ 和 $X_{16}$，其余变量均通过了显著性检验，政策扶持变量 $X_{17} \sim X_{19}$ 对产业驱动力的影响程度最大，其次是产业基础变量 $X_8 \sim X_{11}$。

模型 2 考虑了空间相互作用，模型解释力度有所提高。除 $X_6$ 未通过显著性检验、$X_7$ 与 $X_{16}$ 显著正相关外，其余变量的结果与 OSL 模型总体一致，政策扶持变量对产业发展仍占强势影响,区位条件对产业增长的驱动明显提升。

模型 3 隔离了时序型变量进行空间回归。变量 $X_{13}$ 和 $X_{14}$ 通过了显著性检验,而 $X_1$、$X_{12}$ 和 $X_{15}$ 未通过显著性检验,$X_{17}$ 的相关系数为正,说明就区域本底而言,距离城市群核心或工业重点城市的远近等区位条件比自然禀赋对城市产业驱动水平的影响更强,表现为因基础设施的区际差异,东部城市、省会城市在产业发展上更具先期优势,驱动力相对较高。

模型 4 隔离空间型变量后进行空间回归。除变量 $X_5 \sim X_6$ 和 $X_8$,其余变量均显著相关。相比模型 1 和 2,市场潜能对装备制造业的驱动影响弱化,而政策扶持变量的影响优势相对扩大,国家战略支撑和大中型企业的聚集对城市产业发展具主导推动。

2) 就各影响维度的具体因素结果而言,自然禀赋对产业发展的影响显著。其中:

$X_1$ 和 $X_3$ 的回归结果与预期假设一致,存在一般趋势,即中低纬度平原地区的产业发展驱动力较强,反映装备制造业布局仍对自然资源的适宜性存在要求;$X_2$ 的影响不同于预期,相关系数偏小,究其原因,可能是水土资源耦合的区域,土地开发程度往往较高,土地后备资源一般较为有限。华南地区的闽粤两省在耕地占补平衡政策的要求下,依赖用地规模扩张的粗放型产业发展模式正面临转型,而云贵、桂琼各省,受地形复杂、社会经济的诸多限制,产业发展也处于弱势。

市场潜能对产业发展存在一定影响。除 $X_5$,其余变量结果均符合预期估计。$X_4$ 始终与产业发展显著正相关,产业发展空间与城镇发展空间的关系密切,城市化水平的核心在于人口的非农转变,在于产业结构的高级化和工业化进程的推进,利于经济活动在城市这一空间载体上的要素富集;表面上,$X_5$ 结果同 $X_4$ 存在一定矛盾,但可以理解的是,现阶段我国制造业处于转型升级的过渡时期,高强度的城市土地利用,一方面对城市的新增建设用地提出进一步需求,另一方面也将提高用地成本,逆向反作用迫使制造业退向城市外围,该现象在经济发达地区更具"涟漪效应"。科技、人才和资金对产业驱动兼具发展速度和提高质量的特性,变量 $X_6 \sim X_7$ 同产业发展成正相关,但影响不甚显著,后期有待提升。

产业基础和区位条件对产业发展有着重要影响。与预期一致,$X_9 \sim X_{11}$ 和 $X_{15} \sim X_{16}$ 的正向发展对产业驱动起积极推动,$X_{11}$ 最为显著,其次是 $X_{15} \sim X_{16}$,反映当前产业驱动总体呈现以大中型企业为主体、以基础设施和优越区位配套支撑的发展特征。同 $X_5$ 类似,$X_8$ 结果显示负相关,特殊的产业发展阶段,工业化城市正面临内部挖掘存量、提升产业高度的困境,寻求向新兴服务业和信息技术产业的转型路径。

政策扶持对产业发展的影响不容忽视。变量 $X_{17} \sim X_{18}$ 结果表明,近年来国家对中西部的战略支持对产业驱动具有稳健而积极的引导,率先腾飞的沿海开放城市和省会城市正在转变职能,由吸纳区域资源的增长极逐步转向资源输出的支撑点,经济结构转型,相对弱化传统制造业,保持高新技术产业在沿海地区的发展优势。但联系 $X_{12} \sim X_{13}$,现阶段区域核心城市的支点作用和辐射强度并不显著,亟待强化中心城市、节点城市的扩散带动,加快中西部的产业发展进程。

## 10.5 新型工业化下的产业发展路径

### 10.5.1 装备制造业发展的空间组织

当前我国装备制造业初步形成了以环渤海、长三角地区为核心,东北和珠三角为两翼,以成渝、关中等西部重点地区为支撑,中部地区快速发展的产业驱动格局。依据区域功能定位和资源禀赋,实行差别化的产业发展策略与空间组织方式,是推进全国装备制造业转型发展的必然选择。针对当前我国装备制造业发展呈现的"东倾"格局,资源资金、技术人才等产业要素高度集聚于东部,致使东西发展差距较大、沿江中上游区域产业竞争力偏弱、沿线轴带缺乏串珠式的持续增长点等问题,参考全国城镇空间结构规划①,笔者绘制了全国产业有序发展的空间组织示意图(图10-7)。并认为,以"三沿"(沿海、沿江、沿线)思维优化国土空间开发格局,统筹东中西,协调南北方,"以轴串点、以线带片",构建以节点城市、重点产业区、经济协作区等为支撑的功能清晰、分工合理、协调联动的多中心、网络化产业组织格局,是我国产业转型发展的有效思路。

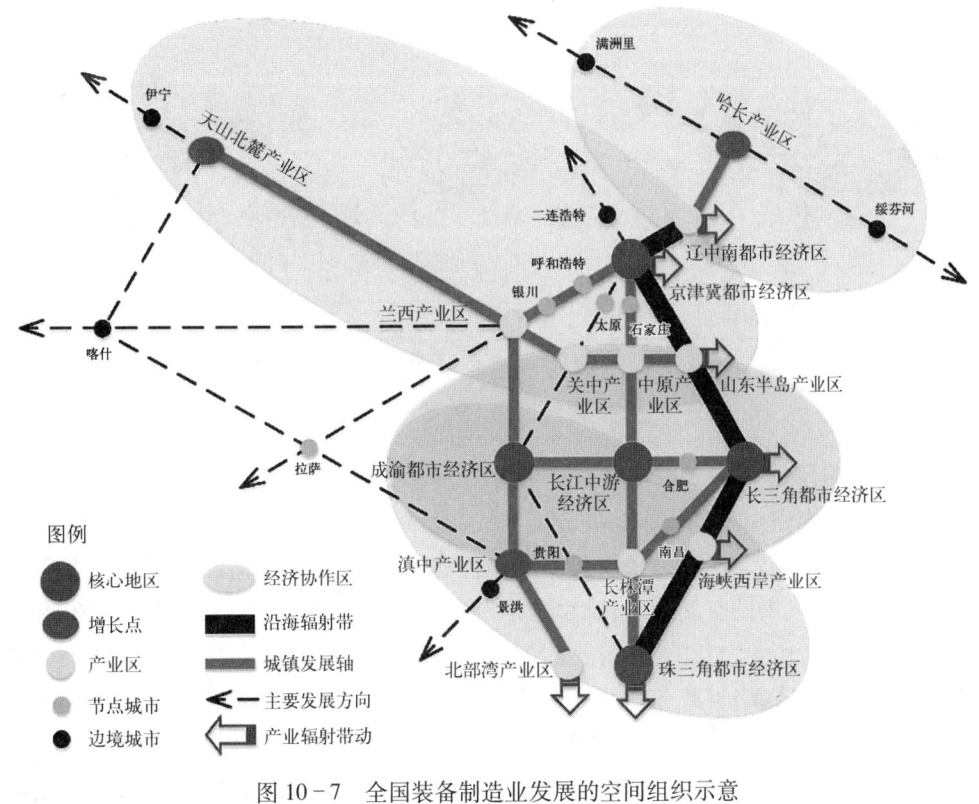

图10-7 全国装备制造业发展的空间组织示意

---

① 参考《全国城镇体系规划纲要(2005—2020)》。

### 10.5.2 装备制造业发展的调控机制

以辩证唯物的发展观审视,任何区域产业发展格局的形成都有其内在的作用驱动和外部的环境支持。本章将产业发展和土地利用纳入统一的分析框架,从土地出让视角切入,梳理产业驱动要素交互作用于区域产业发展的过程,试图架构兼顾产业有序转型和区域协调发展的宏观产业调控体系(图10-8)。

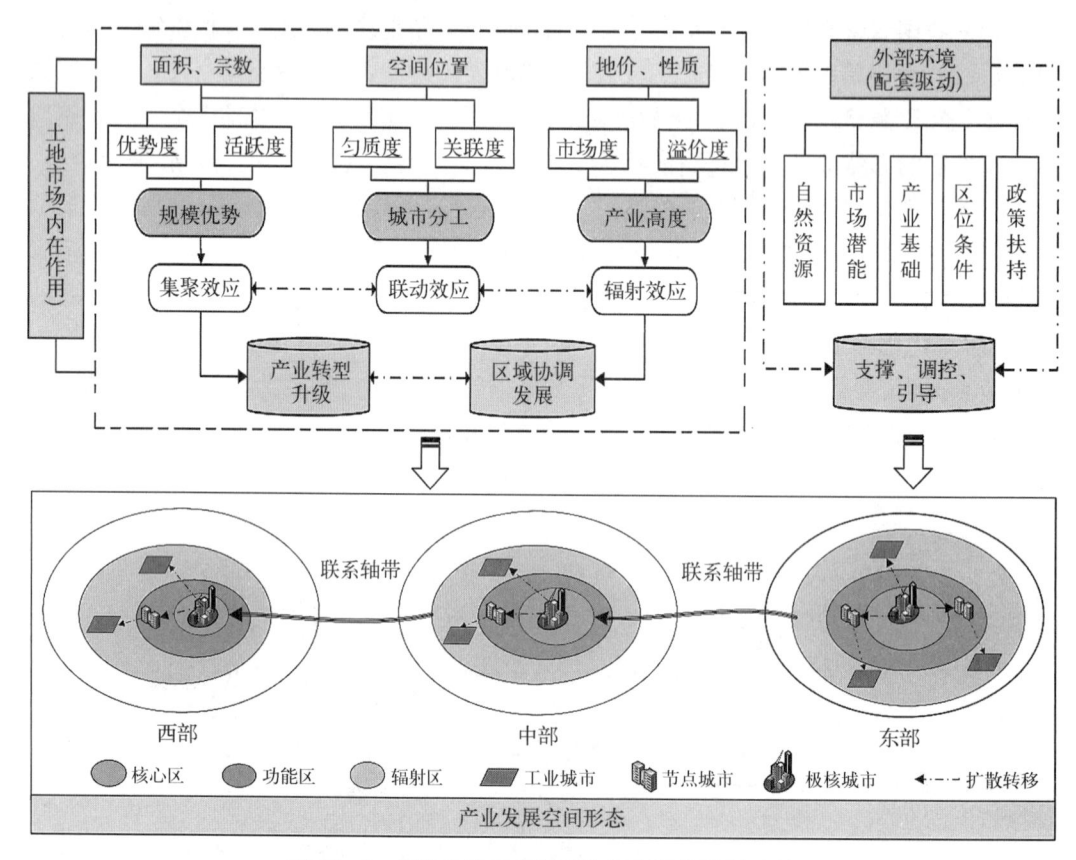

图10-8 制造业发展的驱动路径和调控机制示意

（1）调控路径

土地市场的内在作用是城市产业转型升级、区域协调发展的直接动力,而外部环境的配套驱动为该作用的发挥、扩散提供了支撑条件和引导手段;两者借助不同的要素并行作用,共同影响产业发展的空间形态,推动全国制造业在结构、布局、效益等方面的转变。

土地市场作为产业增长的"先导平台",通过用地结构的数量变化、用途转换、空间重构和效益提升等方式,引导产业在区域上的规模发展、区际的分工协作以及产业内在的高度升级。具体表现为三个方面：一是借助工业用地的出让面积和宗数,调控城市该产业在全国的比较优势和相对活跃性;二是借助工业用地在城市内部和城市之间的出让结构,调控城市该产业在内部的集聚协作和外部的差异分工;三是借助工业用地的出让价格和存量用地供给,调控城市该产业纵向发展的价值高度和用地效率。

同时，城市依托自然资源、市场潜能、产业基础、区位优势和政策扶持等外部环境，形成配套驱动。以城镇化发展格局为基本框架，兼顾地形、资源等"原料性"要素，借助企业、交通、外资、人才等"主控性"要素，落实政策、区位等"引导性"要素，相互补充，带动土地市场，形成产业发展的支撑力和调控力。

（2）空间组织

产业发展的空间演变，表现为对工业用地调整和外部环境改变的响应过程、强度、形态和效应。不同的区域定位和发展目标，决定了要素调控的主导方向。东部地区以发展高新技术产业和高端制造业为主，而中西部地区应加强要素联系，做好劳动密集型产业的承接发展。

在区域内部，以东部为例：① 极核城市制造业发展去"中心化"，应强化土地市场化水平，挖掘存量用地潜力，将地价调控作为产业驱动的优先级，以成本压力和用地效率的提升迫使旧产业的退出、改造和升级，同时保障新兴产业的城市供地，自发形成产业转型的内在需求，发挥对外围节点城市和工业城市的辐射效应；② 节点城市作为承接核心区产业的"前沿阵地"，应着重统筹产业的区域分工和规模发展，发挥市场潜能和区位优势，既为核心区退出产业的吸纳创造发展空间，服务其产业转型升级；同时提升自身产业基础，以大中型企业主导发展，加快资金渗透和人才引进，形成产业的地理集聚和功能分区；③ 辐射区是本区域退出产业的发展"外围"，多以资源条件和产业基础较好的工业城市为承接地。其中，传统工业城市依托政策的强势扶持直接受益于极核城市的带动，而新兴工业城市凭借土地潜力、就业人口、便利交通等优势，承接节点城市因规模化、专业化发展而选择退出的产业。

在全国层面，空间上毗邻东部的中部，在基础工业上具备加快发展的总体优势，综合利用连通东西的区位优势、相对丰裕的资源优势以及"中部崛起"的政策优势，其核心区城市应成为东部辐射区优先考虑的产业转入地。西部地区部分制造业基础较好，科技、人才优势突出的中心城市，如西安、重庆、成都等，逐步承接相应制造产业，依托产业园区寻求规模发展。区际产业的扩散转移，通过通道脊，即以两横三纵的铁路干线、长江中游交通走廊、"一带一路"发展轴为联系的纽带，呼应长三角、珠三角、环渤海、成渝四大城市群和制造业基地，打造国家规划重点地区和产业发展新的增长点。

# 第11章 典型区域新增制造业发展特征分析

在城镇化进程中,城市群以一个或多个中心城市为核心向周围扩散,形成体现出等级阶梯的城市网络,并不断成为国家经济发展和城市化的主体(顾朝林,2011)。不同等级城市存在明显的要素禀赋和资源稀缺差异,核心城市通过产业分工等经济活动融合周边城市(周霞,2013)。城市群的形成和发展吸引相关产业集聚,客观反映出区域产业布局和结构,而产业的集聚与扩散也推动了城市群中各等级城市的发展(马延吉,2010),城市群产业布局与地域分工的调整和优化是推动城市群发展和竞争力提高的决定性因素(国家发改委国地所课题组等,2009)。在我国,工业制造业是城市发展和经济增长的主要动力(傅元海等,2014),制造业的布局和结构直接关系到城镇化推进、土地利用效率提升、经济结构转变、城市功能互补与分工协作,以及区域经济的持续健康增长。

中国早期的城市化进程过度注重经济增长和空间扩展等物质性推进,出现诸多不利于地区长期发展的城市化问题,如城市群产业布局紊乱、产业同构严重、产业集聚(扩散)导致区域发展失衡等,致使城市群极化特征明显,边缘城市发展缓慢甚至衰退,影响到地区稳定和资源、环境、经济的协调发展。深入分析城市群制造业发展状况,把握不同等级城市产业功能分工特点,探索城市群制造业发展机制与规律,是制定区域产业发展战略、促进地区经济长期稳定协调发展的重要途径。

因此,本章拟基于工业用地出让视角,选取长三角、珠三角、京津冀、长江中游及成渝五大城市群作为研究区域,利用中国地价动态监测网 2009~2013 年工业用地出让数据,从宏观和微观两个尺度进行综合分析,探索各城市群制造业分布格局和差异特征、制造业发展与宏观区域规划的协调关系,分析各城市群内部不同等级区制造业发展阶段及市场竞争机制,以期为优化区域发展格局,制定差别化国土开发政策提供参考。

## 11.1 数 据 处 理

### 11.1.1 研究区概况

城市群是城镇化过程中,在特定的城镇化水平较高的地域空间里,以区域网络化组织为纽带,由若干个密集分布的不同等级的城市及其腹地,通过空间相互作用而形成的城市-区域系统。城市群是城市发展到成熟阶段的最高空间组织形式(University,2007)。《全国城镇体系规划纲要(2005—2020年)》提出三大都市连绵区和13个城镇群;《2010中国城市群发展报告》进一步提出中国正在形成23个城市群(方创琳等,2011a),大体勾勒出中国城市群的发展状况与总体趋势。

综合考虑空间分布与区域代表性,本研究选取长三角、珠三角、京津冀、长江中游及成渝五大城市群作为研究区域,共包括708个县级行政单位。其中,长三角城市群包括25个市203个县区,珠三角城市群包括9个市48个县区,京津冀城市群包括13个市200个县区,长江中游城市群(含武汉城市圈和环长株潭城市群)包括17个市111个县区,成渝城市群包括15个市146个县区。

### 11.1.2 数据来源

(1) 工业用地出让数据

工业用地出让数据来自原国土资源部"土地市场动态监测与监管系统",相应信息包括各宗地的供应方式、行业分类(采用国民经济行业分类,GB/T 4754—2002)、宗地面积、交易金额等。2009~2013年,研究区内共出让工业用地8.04万宗,总面积25.19万 hm$^2$(表11-1)。

表11-1　2009~2013研究区工业用地出让情况

| 年份 | 长三角城市群 宗数 | 长三角城市群 面积 | 珠三角城市群 宗数 | 珠三角城市群 面积 | 京津冀城市群 宗数 | 京津冀城市群 面积 | 长江中游城市群 宗数 | 长江中游城市群 面积 | 成渝城市群 宗数 | 成渝城市群 面积 |
|---|---|---|---|---|---|---|---|---|---|---|
| 2009 | 9 222 | 19 956.26 | 771 | 2 565.99 | 1 886 | 11 843.10 | 920 | 3 324.76 | 1 194 | 5 656.10 |
| 2010 | 11 134 | 27 928.48 | 902 | 3 904.11 | 2 074 | 10 864.17 | 1 331 | 5 934.86 | 1 437 | 6 690.05 |
| 2011 | 9 722 | 25 843.85 | 800 | 2 968.72 | 2 282 | 10 523.07 | 1 588 | 6 789.98 | 1 781 | 8 130.50 |
| 2012 | 10 137 | 23 985.22 | 698 | 2 769.32 | 2 408 | 11 824.48 | 1 636 | 6 203.39 | 1 499 | 6 927.68 |
| 2013 | 9 926 | 20 839.92 | 744 | 3 152.36 | 2 960 | 9 656.18 | 1 681 | 6 383.98 | 1 668 | 7 247.79 |
| 合计 | 50 141 | 118 553.73 | 3 915 | 15 360.5 | 11 610 | 54 711 | 7 156 | 28 636.97 | 7 579 | 34 652.12 |

参考中国工业和信息化部对于制造业的分类,将基于GB/T4754的工业用地类型合并为原材料工业、消费品工业、装备制造业和电子信息产业四类,相应的行业类型对照如表11-2所示。

表11-2　行业分类对照表

| 行业类型 | 国民经济行业分类 |
|---|---|
| 消费品工业 | 农副食品加工业,食品制造业,饮料制造业,烟草制造业,纺织业,纺织服装、鞋、帽制造业,皮革、毛皮、羽毛(绒)及其制品业,木材加工及木、竹、藤、棕、草制品业,家具制造业,造纸及纸制品业,印刷业和记录媒体的复制,文教体育用品制造业,医药制造业,化学纤维制造业,橡胶制品业,塑料制品业,自行车制造业,电气机械及器材制造业(家用制冷电器具制造,家用空气调节器制造,其他),仪器仪表及文化、办公用机械制造业,工艺品及其他制造业 |
| 原材料工业 | 石油加工、炼焦及核燃料加工业,化学原料及化学制品制造业,非金属矿物制品业,黑色金属冶炼及压延加工业,有色金属冶炼及压延加工业 |

续　表

| 行业类型 | 国民经济行业分类 |
|---|---|
| 装备工业 | 金属制品业,通用设备制造业,专用设备制造业,交通运输设备制造业(铁路运输设备制造业,汽车制造,摩托车制造,船舶及浮动装置制造,其他) |
| 电子信息产业 | 通信设备、计算机及其他电子设备制造业 |

（2）区域发展规划

随着国家新型城镇化战略的提出和持续推进,区域一体化概念不断凸显,除了统领全国城市化战略格局的《全国主体功能区规划》(2010年12月),对研究区内各城市群发展定位和发展方向具有指导作用的规划,包括《长江三角洲地区区域规划纲要》(2010年5月)、《珠江三角洲地区改革发展规划纲要》(2008年12月)、《武汉城市圈总体规划》(2007年5月)、《长株潭城市群区域规划》(2008年12月)和《成渝经济区区域规划》(2010年12月)。本研究将各区域规划提及的城市产业发展方向作为参照,与新增工业用地布局进行对比分析,以评价产业发展状况与规划定位的协调性。

（3）社会经济数据

利用社会经济数据确定县级行政单元的规模等级,具体包括人口密度、人均 GDP、地方财政一般预算收入、第二产业增加值、第三产业增加值、全社会固定资产投资、社会消费品零售总额、年末城镇单位从业人口、城镇居民人均可支配收入、城镇在岗职工平均工资等指标。相关数据主要来源于《2010年中国区域经济年鉴》,部分缺失数据通过《2010年国民经济和社会发展统计公报》及《2010年统计年鉴》插补。

## 11.2　评价方法

### 11.2.1　空间分布评价指标

区位熵由哈盖特(P. Haggett)首先提出并运用于区位分析中,是衡量某一区域要素的空间分布状况以及该区域在上一级区域中的地位与作用的指标,可有效反映各研究样本对于全国平均发展水平的差异。其计算公式如下:

$$\alpha = \frac{S_{ij} \Big/ \sum_{j=1}^{m} S_{ij}}{\sum_{i=1}^{n} S_{ij} \Big/ \sum_{i} \sum_{j} S_{ij}} \quad (11-1)$$

式中,$\alpha$ 为区位熵,表示第 $i$ 个城市第 $j$ 个产业的出让规模;$m$ 表示总产业数;$n$ 表示城市总数。当 $\alpha > 1$ 时,表示该城市的这一产业在整个区域中具有比较优势。

### 11.2.2　数量分布评价指标

为了分析制造业在城市群之间各城市内的发展差异,本研究定义了交易度指标,表示某一城市特定产业用地出让规模对所在城市群贡献度与其对整个区域贡献度的乘积。计算公式如下：

$$\beta = \frac{S_{ij}}{\sum_{i=1}^{n} S_{ij}} \times \frac{S_{ij}}{\sum_{k} \sum_{i} S_{ij}} \quad (11-2)$$

式中，$\beta$ 为交易度，表示第 $i$ 个城市第 $j$ 个产业的出让规模；$n$ 表示城市 $i$ 所在的城市群内的城市总数；$k$ 表示城市群总数（$k=5$）。$\beta$ 表示某一城市特定产业在区域内相对城市群的交易规模，其值越大表明交易规模在区域内相对较大。

### 11.2.3 微观评价指标

（1）城市建成区尺度

城市建成区是行政区划范围内经过征用和实际建设发展起来的非农业生产建设区域，其范围是该城市实际建设用地所达到的界线范围。研究新增制造业在建成区内外的分布，可以揭示制造业发展及其用地扩张与城市用地扩张的关系。

以 2010 年建成区为边界，通过 2009~2013 年各城市群制造业用地的空间位置，统计位于建成区外的用地宗数，计算建成区外用地宗数占总出让宗数的逐年累计比例，公式如下：

$$\gamma = \frac{\sum_{2009}^{i} m}{\sum_{2009}^{i} n} \quad (11-3)$$

式中，$r$ 表示建成区外制造业出让宗数年份累计占比；$m$ 表示建成区外出让宗数；$n$ 表示出让总宗数；$i$ 表示年份。通过逐年累计占比，可以表现出制造业用地出让的趋势，从而反映新增制造业发展的趋势，结果如图 10-1(a)。通过制造业各产业在各城市群建成区外出让的累计占比，可以分析各城市群各产业新增用地的分布差异，结果如图 10-1(b)。

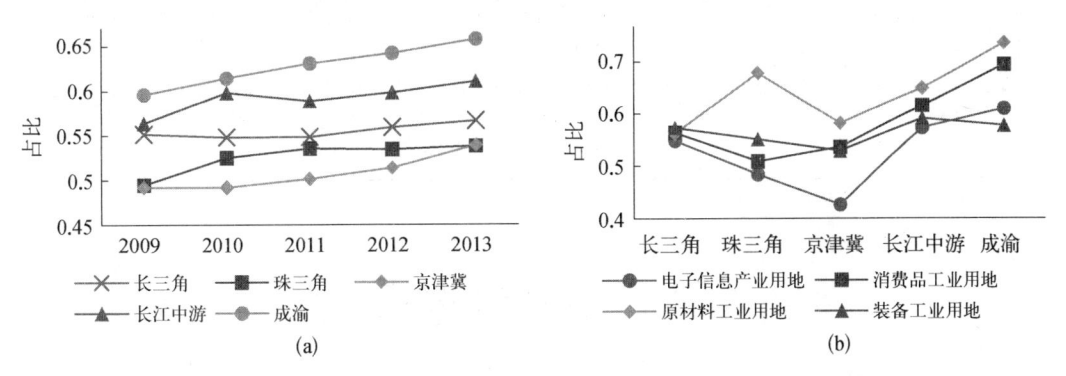

图 11-1 建城区外制造业用地出让占比

由图 11-1(a)可见，研究期内各城市群制造业用地在建成区外出让的累计比例大于 50% 且有增加趋势，表明新增制造业用地仍以城市用地外向扩张为主要途径，且呈现从建成区内部向外迁移的趋势。其中，成渝和长江中游城市群制造业在建成区外新增用地的占比高于三大传统城市群,表明成渝和长江中游城市群作为新兴城市群,内部城市大多处于快速城市扩张阶段;而三大传统城市群发育程度较高,盘活存量成为促进制造业发展的重要途径。

由图 11-1(b)可见,原材料工业、装备工业和消费品工业用地在建成区外出让的比例在各城市群中均大于 50%,其中原材料工业的占比最高,尤其在成渝城市群占比高达 73.14%;电子信息产业在建成区外出让的比例相对最弱,在京津冀地区仅占 42.59%。这可能因为在城市转型升级的背景下,受资源环境管理政策和企业内在转型升级的影响,传统产业更倾向向外建成区外发展,尤其是原材料工业,其规模一般较大、环境污染相对较重,相比其他产业更需要向城市外围调整;而电子信息产业主要作为政府鼓励支持的经济增长点,更利于得到政府的支持而使用建成区内的建设用地。各城市群中,长三角各产业在建成区内外的新增比例大致相同,可能因为长三角城市群内部城市等级差距较为明确,建成区内外发展相对均衡;成渝和长江中游城市群各产业相比三大传统城市群总体更倾向于向建成区外扩展。

(2)县域尺度

县级是城市的微观行政组成单元,通过这一尺度有利于探索城市内部新增制造业的特征及差异。为了确定各县区的规模等级中心度,参考曾春水(2013)的研究成果,利用各县区 2010 年的社会经济指标,通过熵值法确定权重计算的综合值,结合城市群规划规定的城市等级,将各城市群内的研究单元划分为核心县区、次核心县区、骨干县区和一般县区。

制造业的发展以工业用地作为载体,以工业用地的出让作为途径,并落实到具体的行业类别。为了有效分析制造业发展微观特征,选取价格水平、规模水平、活跃水平作为特征参数,具体释义见表 11-3。

表 11-3 制造业发展微观特征参数及其含义

| 指标 | 名称 | 单位 | 计算公式 | 说明 |
| --- | --- | --- | --- | --- |
| $X_1$ | 价格水平 | 元/m² | $\dfrac{\sum P_{ij}}{N_{ij}}$ | 表征工业平均地价水平。其中 $P_{ij}$ 表示研究期内第 $j$ 个城市群内研究单元 $i$ 各宗地的成交地价,$N_{ij}$ 表示研究期内第 $j$ 个城市群内研究单元 $i$ 的总交易宗数 |
| $X_2$ | 活跃水平 | 宗 | $N_{ij}$ | 表征工业用地出让的市场活跃水平。其中 $N_{ij}$ 表示研究期内第 $j$ 个城市群内研究单元 $i$ 的总交易宗数 |
| $X_3$ | 规模水平 | m²/宗 | $\dfrac{\sum S_{ij}}{N_{ij}}$ | 表征工业用地出让的平均规模,其中 $S_{ij}$ 表示研究期内第 $j$ 个城市群内研究单元 $i$ 各宗地的出让规模,$N_{ij}$ 表示研究期内第 $j$ 个城市群内研究单元 $i$ 的总交易宗数 |

## 11.3 空间格局特征

### 11.3.1 宏观格局特征

(1)制造业发展区域特征

在传统的国民经济统计中,新增制造业发展状况主要通过制造业增加值、制造业新增固定资产等指标表征①。本章基于工业用地出让视角分析,通过新增工业用地的出让规模来分析研究期内各城市群之间制造业各产业的发展状况,结果见图11-2。

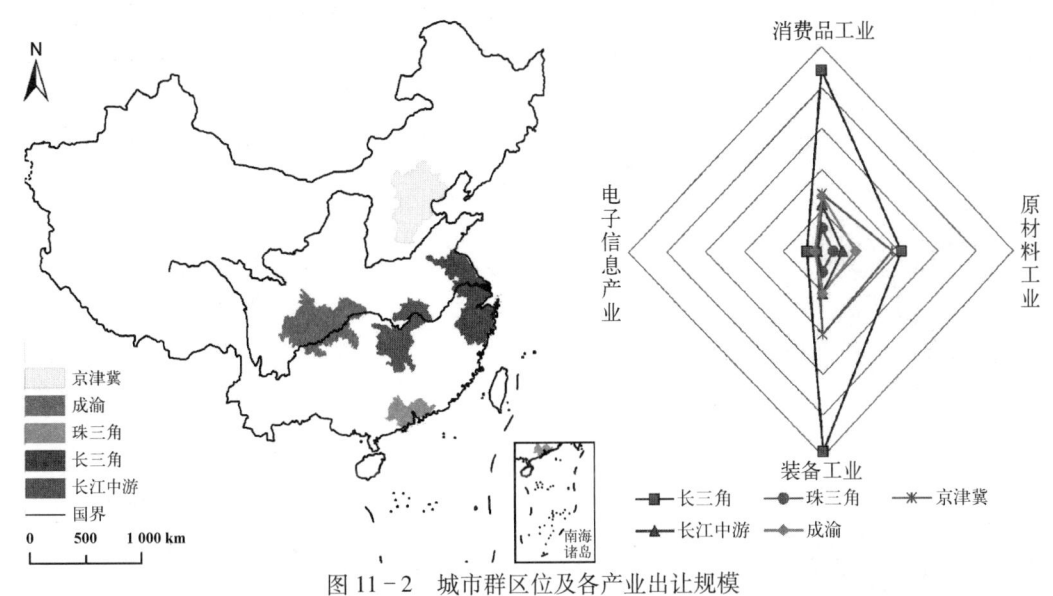

图 11-2 城市群区位及各产业出让规模

注:国界线底图源自自然资源部标准地图服务系统[http://bzdt.ch.mnr.gov.cn,底图审图号:GS(2016)1549号];省界线底图源自自然资源部标准地图服务系统[http://bzdt.ch.mnr.gov.cn,底图审图号:GS(2016)2884号]。

研究期内,制造业各产业发展在各城市群中的表现有显著差异。就区域而言,长三角城市群制造业各产业的出让规模均大于其他城市群,其规模达到全部研究区的47.28%,其次是京津冀城市群(21.63%)、成渝城市群(13.75%)、长江中游城市群(11.33%),而珠三角城市群制造业出让规模最小(6.01%)。长三角城市群得益于良好的工业基础,以及经济区位、基础设施、劳动力供给等方面的优势,制造业发展空间较大;珠三角作为改革开放先行区,经过30余年的快速发展,面临土地、资源、劳动力供给等方面的制约,制造业发展趋于饱和。

就产业类型而言,装备工业和消费品工业出让规模在各城市群中均占据较大份额,总比例分别达到38.10%和35.63%,这一现象在长三角城市群尤为明显,分别达到41.55%和37.57%;其次是原材料工业,比例达22.25%,其中长三角城市群(8.28%)与京津冀城市群(7.32%)相差不大,且多于其他城市群;电子信息产业总比例仅为4.01%,且在各城市群中都属最小。装备工业和消费品工业是我国国民经济发展中的支柱产业,其中装备工业在一定程度上体现了国家的综合实力,而消费品工业作为民生产业和劳动密集型产业,对满足居民消费需求和扩大社会就业具有积极作用;原材料工业作为传统产业,面临产能过剩矛盾突出、淘汰落后产能压力大、运行要素约束加剧等突出问题,其规模扩张理应加以控制;电子信息产业在中国经济发展新常态的背景下,逐步成为国民经济战略性新兴产业,但目前发展仍处于起步阶段,同时电子信息产业多为知识密集型,用地规模相对

---

① 中华人民共和国国家统计局,国家数据 http://data.stats.gov.cn/。

较小。

(2) 空间格局特征

对五个城市群中各城市的各产业进行区位熵计算,以区位熵值大于1的城市表征各城市群内产业发展的主导区,探索各城市群之间产业发展布局的空间特征,见图11-3。

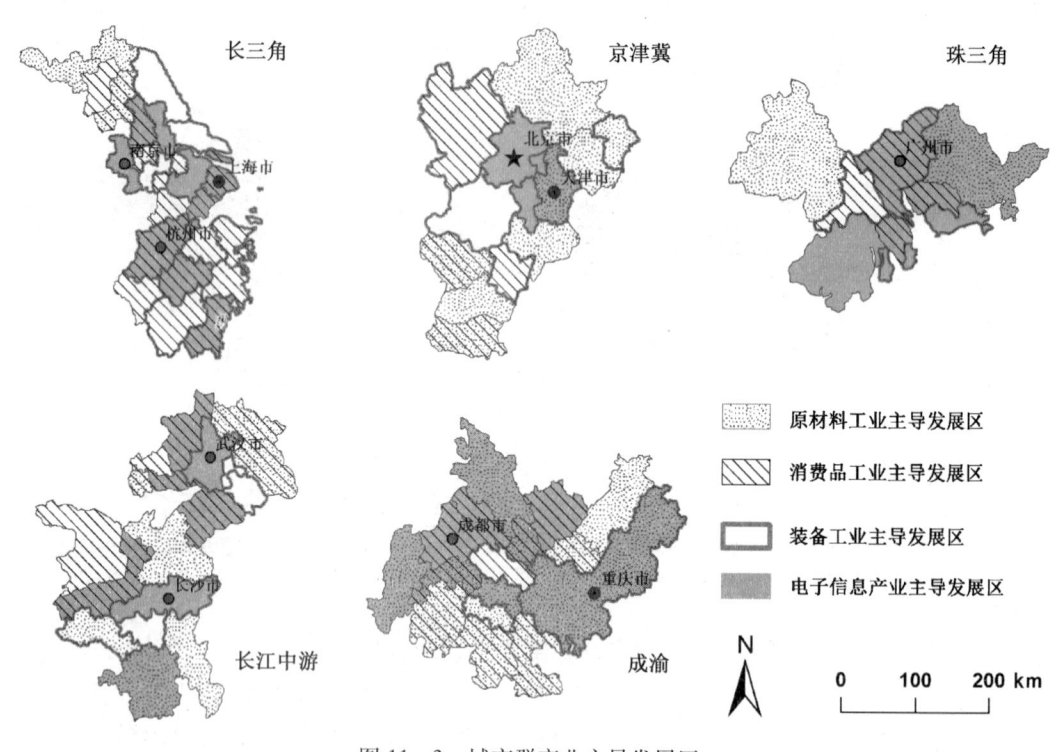

图 11-3 城市群产业主导发展区

注:省界线底图源自自然资源部标准地图服务系统[http://bzdt.ch.mnr.gov.cn,底图审图号:GS(2016)2884号]。

如图11-3所示,就区域层面而言,各产业主导发展区在城市群内均呈现出一定的分布规律。其中,电子信息产业和装备工业发展主导区,主要集中在城市群的核心城市及其周边辐射城市;装备工业主要分布在沿海城市;原材料工业主要位于城市群边缘城市;而消费品工业分布则较为广泛。产业布局反映出一定的城市规模效应,城市等级越高产业级别也越高,低级产业有向外围迁移的趋势。同时,主导产业在区域分布上也存在重叠,主要表现为电子信息产业和装备工业的重叠、装备工业和原材料工业的重叠,以及各产业与消费品工业的重叠,这反映产业演变具有一定的过渡性,而消费品工业作为民生产业在各城市发展各阶段都具有重要作用,具有持久性。

各城市群产业发展在空间分布特征上也存在一定的差异。主要表现在:① 原材料工业在长三角和珠三角城市群分布范围较小,而在京津冀和成渝城市群分布范围较大。这可能因为长三角和珠三角城市群中的城市等级层次较为明晰,而京津冀和成渝城市群中,中心城市的极化度较高,其他城市的经济水平相对较弱。② 电子信息产业在长三角、珠三角、长江中游和成渝城市群主要分布在核心城市及其周边辐射城市,而在京津冀城市群中仅分布在核心城市。这可能由于北京、天津作为京津冀城市群的中心城市,溢出效应较差,其产业高级化并没有显著拉动周边城市产业的发展。

（3）规划一致性评价

区域发展规划对城市产业分工、产业空间布局具有重要的引导和控制作用,分析规划目标与新增产业用地布局间的协调性,有助于评估规划实施的效用,加强对城市发展的管控性。通过对相关规划中各城市主导(制造业)产业方向进行汇总,以城市匹配数与城市总数的比值作为规划匹配度,对比分析主导发展产业的规划协调性,结果见图11-4(由于消费品工业意义较为宽泛,故不作为比较对象)。

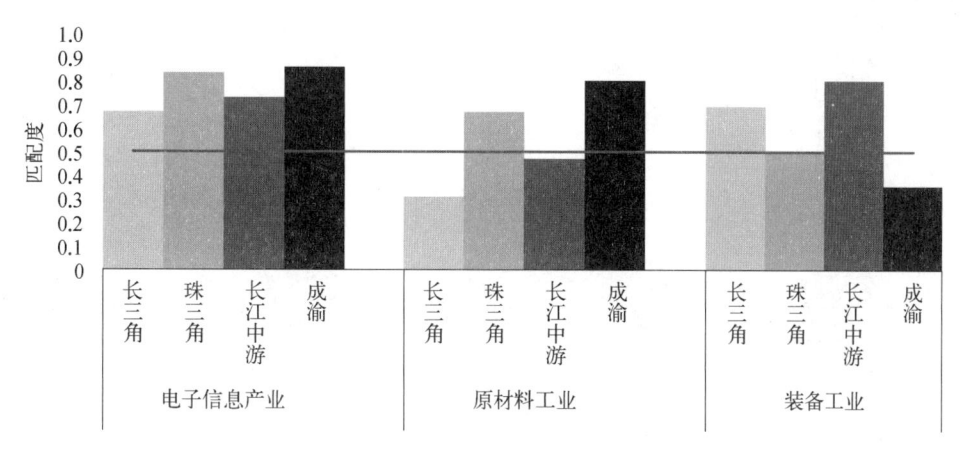

图11-4　城市群规划匹配度

注：由于京津冀城市群详细规划未出台,故不进行分析。

由图11-4可知,所分析的三类产业在各城市群中的规划匹配度多在0.5以上,显示出城市群内各主导发展产业与区域规划确定的范围基本一致。其中,电子信息产业的规划协调度普遍较高,可见各城市群都将电子信息产业视为加快工业转型升级、培育产业新增长点、提升竞争力的战略重点。在与区域规划的不协调方面,长三角城市群的原材料工业和成渝城市群的装备工业协调度较低,可能由于这两类产业在城市群内大部分城市中的发展程度相对其他产业较弱,未能成为内部城市的主导发展产业,与产业发展规划目标存在一定的差距。

（4）制造业发展数量特征

通过对各城市群城市各产业交易度的计算,可以探索城市群之间产业发展布局的数量特征,见图11-5。图中点越密集,表示交易的相对规模越大。

就区域而言,长三角、珠三角城市群产业在内部各城市的发展较为协调,各城市产业定位也较为明晰;京津冀城市群中,各产业发展均集中在天津及其周边;长江中游城市群主要位于武汉和长沙及其周边,成渝城市群多在重庆和成都及其周边集聚。这说明长三角、珠三角城市群发展较为成熟,城市功能定位及产业发展布局较为明确;京津冀整体产业发展不协调性较为显著,近年来天津滨海新区制造业发展迅猛,吸纳并集聚了京津冀城市群内的大部分产业,一定程度上导致河北各城市的产业发展弱化。长江中游城市群作为实现中部崛起战略的重要依托,产业发展多集中在核心城市,但辐射效应相对较弱,总

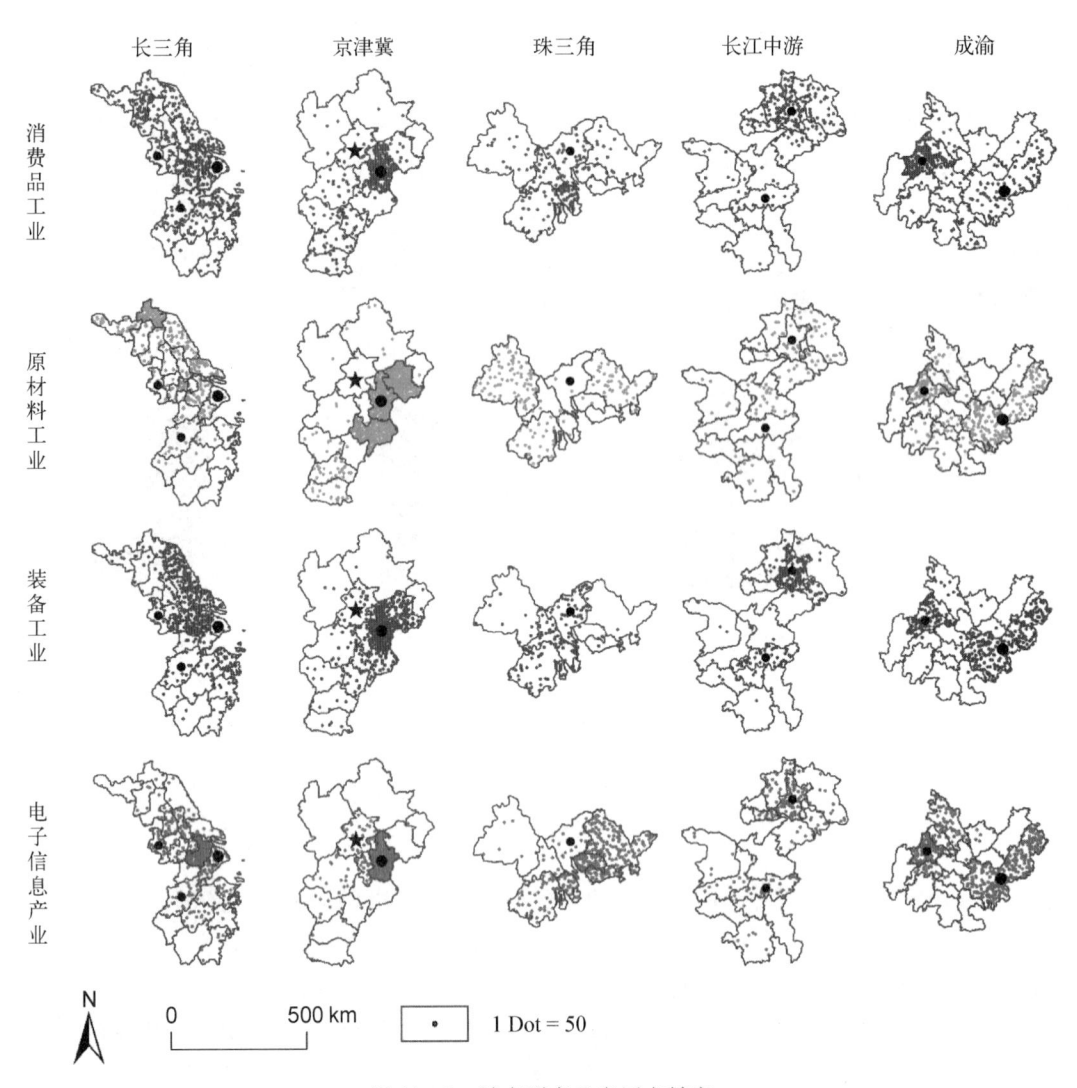

图 11-5 城市群产业发展交易度

注：省界线底图源自自然资源部标准地图服务系统[http://bzdt.ch.mnr.gov.cn,底图审图号：GS(2016)2884 号]。

体而言武汉城市群优于长株潭城市群。成渝城市群作为西部大开发的重点区域，核心及周边城市产业发展旺盛，但辐射带动作用仍有待加强。

就产业而言，电子信息产业、装备工业、原材料工业总体呈现由核心区向外围扩散的趋势，尤其在京津冀城市群最为明显，而消费品工业相对其他产业发展更为广泛。就核心城市而言，长三角和珠三角城市群中的核心城市多以产业转型升级为目标，上海、南京、杭州、广州等城市各产业尤其是传统产业发展相对较弱。北京和天津都是京津冀的核心城市，但功能定位差别巨大，北京作为中国政治和经济中心，制造业受疏解非首都功能的政策限制发展较弱，而天津作为中国先进制造研发基地和改革开放先行区，其制造业发展非常旺盛。长江中游城市群中核心城市是区域发展的重要增长极，长沙、武汉、成都、重庆的各产业发展均较为旺盛，但其产业辐射的广度和深度仍需进一步提升。

### 11.3.2 微观格局特征

通过将各城市群各县区内各产业的价格水平、活跃水平和规模水平与其规模等级进行耦合(以县区规模等级中心度作为横坐标,以各特征参数值作为纵坐标),得到各指标随县区等级中心度提升的变化曲线(图 11-6)。

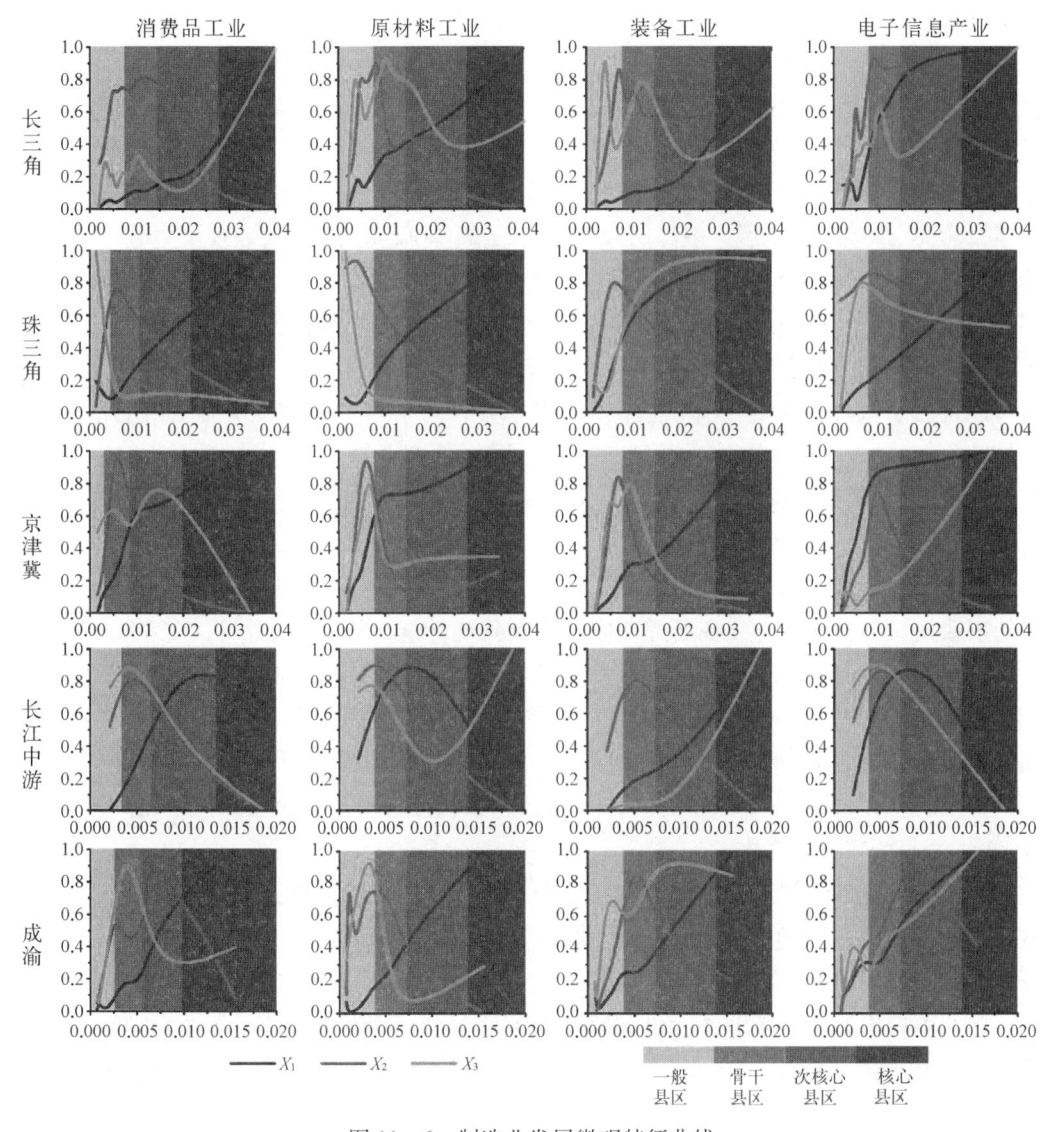

图 11-6 制造业发展微观特征曲线

价格水平可以在一定程度上反映工业用地市场化竞争程度以及市场配置关系,对制造业的发展具有引导作用。根据 Alonso 竞租理论(Alonso,1964),在市场化配置条件下,单中心城市地租呈现从中心城区向外围由高到低的变化趋势。总体而言,除长江中游城市群以外,其他城市群各产业地价空间分布均符合一定的竞租特征,呈现出随县区等级提高而递增的地价梯度。不同等级县区地价增长具体表现为三种形式:① 核心县区价格远高于其他县区价格;② 核心县区与次核心县区价格相差不大,但远高于其他等级县区;③ 各等级县区价格均匀增加。三种不同增长形式,反映出不同城市群不同等级县区各产业土地价格竞争存在差异的内在原因,在于各城市群产业布局的差异。此外,长江中游城市群核心县区产业地价低于周边,可能是政府为了促进招商引资,一定程度上刻意压低工业用地出让价格;这些地区应进一步提高工业市场化程度,使土地价格成为市场配置的重要手段。

活跃水平一定程度上反映了制造业的集聚与分散程度,规模水平可体现区域产业规模大小,两者综合可反映出制造业发展的程度及阶段。一般而言,高活跃区域表明产业集聚性高,总体处于快速成长期;低活跃区域则反映在该区域可能处于成熟期、衰退期或起步期。根据区域经济增长阶段理论、产业结构演变理论以及产业发展生命周期理论(梅耀林等,2007),产业结构发展一般经历起步、成长、成熟和衰退等阶段,表现出主导产业从消费品工业→原材料工业→装备工业→电子信息产业的产业高级化演进规律。从县区等级而言,各城市群中骨干区或次核心县区多处于快速成长期,其交易也最为活跃;核心县区多处于成熟期或衰退期,而一般县区可能处在起步阶段,共同表现为活跃性相对较低。这可能是由于核心县区多为城市主城区或中心城区,一般重点发展服务业,制造业多不断向外转移;而骨干县区及次核心县区承接核心县区的产业转移且经济发展潜力较大。就产业而言,原材料工业偏向于在骨干县区集聚,装备工业偏向于在骨干县区及次核心县区集聚,电子信息产业偏向于次核心县区集聚。这在一定程度上印证了产业结构的演进规律。具体产业的规模水平,在各县区等级及产业间表现出一定的随机性,表明工业用地出让的宗地规模与县区的等级在研究期内并不具备统计意义的相关性。

根据周霞(2013)对工业地价与产业高级化互动机制的研究,地价与产业高级化存在"双螺旋"耦合演进的关系,表现为随着地价的增加,低级产业退出、高级产业进入的过程。从研究期内各城市群不同等级县区的地价与产业类型来看,县区等级、地价与产业呈现出一定的规律,即在一个城市群内,随着县区等级的提升,其工业地价普遍提高,产业等级增强,产业结构不断优化。

通过各等级县区制造业出让的价格水平、活跃水平、规模水平表现出的中国城市群制造业发展特征,较好地解释了城市群产业宏观布局,表现在电子信息产业、装备工业等较高级产业主要集中在核心城市及周边辐射城市,原材料等低级产业集中在城市群边缘城市。各城市群内的核心城市各产业发展一般较弱,出让规模较多的制造业主要分布在核心周边城市及骨干城市。

# 第12章 研究结论与政策建议

## 12.1 研究创新性

本研究基于土地出让视角,研究分析住宅用地市场发展状况和制造业发展态势的理论和方法,在以下方面具有一定的创新性:

第一,从理论和政策层面梳理了中国土地出让制度特征、土地出让制度发展历程和土地资源配置理论,在此基础之上进一步分析了土地出让在住宅市场发展和制造业发展中的作用机制。

第二,在广泛数据收集和资料分析的基础上,提出级别修正法和宗数修正法将基于宗地的住宅地价综合至县域单元,并基于修正后的住宅地价,通过构建住宅用地市场发育状况评价指标体系和住宅用地市场健康度评价指标体系,对研究期内全国住宅用地市场运行状况进行实证研究。

第三,从住宅市场与区域社会经济发展协调性入手,借助数据包络方法,对长三角、京津冀、珠三角、长江中游及成渝五个国家级城市群住宅用地市场与区域社会经济发展协调性进行效率评价,并对城市群投入产出效率的空间分异与规模收益状况展开探究。

第四,基于工业用地出让视角,构建产业发展驱动力评价体系综合测度了全国装备制造业的发展态势,借助样带分析方法进一步分析了产业发展驱动的空间差异;并通过土地出让的视角,从宏观和微观两个层面探索了典型城市群制造业新增用地的布局及发展特征。

## 12.2 研究结论

### 12.2.1 住宅市场发展状况

我国市场性住宅地价生长表现出一定的发育形态特征,既有从萌芽起步逐步发育为成熟稳健的正向演化,也可能出现成长受阻类型等局地倒退。大多区域市场性住宅地价已经克服了成长初期的阻碍因素,朝着更高水平方向发展。虽然这是中国经济发展水平提高带来的必然结果,但是也会造成一定区域工薪阶层购房(或租房)的压力增大,并进而引发系列社会问题。

在国家政策的要求下,研究期内,我国住宅用地市场化供应方式已被普遍采用,住宅地价与经济增长协调性总体偏低,东北、华北、西南和东南沿海大部分地区住宅地价水平与经济发展的适应性有待提高,地价收入比总体呈现"东低西高、南低北高"的格局,大部分地区地方财政对住宅用地出让收入的依赖度较低,环渤海、长江中下游和成渝等城镇化水平较高的地区是我国住宅用地出让的活跃区。总体而言,研究期内我国北方地区的住宅用地市场健康状况要优于南方地区。

### 12.2.2 住宅市场差别化调控的必要性

目前土地市场虽对土地供应总量、保障性住房用地供应量、投资投机需求进行管控,但供需矛盾仍然突出,土地市场活跃,地价涨幅明显。社会关注度高的热点城市在政策执行方面力度较大、效果较好,但省际层面居住用地调控政策绩效的差异受到土地市场发育基础、地方政策执行方式等方面的影响,由于调控目标缺少相应的量化和考核标准,各地方在政策执行力度上存在一定差异,调控绩效差别化明显。

与此同时,不同类型城市住宅用地市场与区域社会经济发展协调性存在明显差异,呈现出节点城市的住宅用地价格与社会经济发展、居民生活状况协调性最优,中心城市次之,而核心城市和边缘城市效率相对偏低的局面。为建立区域协调、制度完善、竞争有序、健康稳定的土地市场,各地区统一执行国家居住用地调控政策难以发挥预期作用,应根据土地市场发育状况、土地利用结构问题等的地区差异性,因地制宜制定区域性调控政策,在加大土地供应总量的前提下调整土地供应结构,进一步加强对土地交易数量、政策执行力度等的管控和考核,多管齐下调控地价和房价,为进一步提升居住用地调控绩效打下坚实基础。

### 12.2.3 装备制造业的发展态势

研究期内我国装备制造业的总体驱动格局与全国宏观经济发展格局基本一致,呈现由东部沿海向西北内陆逐步递减的态势。就时序变化而言,全国装备制造业空间布局尚在发展之中,东部已有的以环渤海、长三角、珠三角为核心的产业集聚区呈现向外逐步扩散趋势,中西部省会或核心城市加速发展,新兴工业城市有所涌现,形成一定程度上的区域性产业集群。

总体上,我国装备制造业发展态势趋好,但各类型区分布呈现较强的地域性。产业驱动水平普遍较高的地区,以国家战略城市、重点工业城市或交通枢纽城市为主,与国家产业总体布局相契合。产业发展的潜在问题区域,主要分布在中西部的传统制造业强市或资源衰退型城市,在驱动结构上,有待加强产业结构分工和市场手段引导,进一步挖掘产业用地的内涵。

### 12.2.4 制造业新增用地的发展及布局

研究期内我国各城市群新增制造业用地差异明显。长三角和珠三角城市群发展较为成熟,制造业发展布局和产业分工较为合理;京津冀城市群制造业发展的协调性较差,尤其是京津地区的溢出效应有待提升,应着力培养区域次核心;长江中游、成渝城市群制造业发展相对较弱,有待进一步增强承接东部地区的产业转移,并加强中心城市的辐射带动作用。各新增产业在各城市群均呈现一定集群规律,其中电子信息产业和装备工业主要在核心城市及其周边辐射城市发展,而新增原材料工业主要在边缘城市具有比较优势。

各城市群新增制造业用地发展的主要途径,仍以城市用地外向扩张为主,尤其是长江中游和成渝城市群。在产业类型上,原材料等传统产业倾向于在建成区外发展,而电子信息产业相对倾向使用建成区内存量建设用地再开发。基于县域尺度的制造业用地出让价格水平、活跃水平和规模水平表征的微观特征,表明城市群整体在市场化机制配置和市场化水平等方面都取得了积极作用。长三角和珠三角制造业用地市场化水平较高,珠三角市场化竞争较为充分。制造业用地价格与区域(城市、区县)规模等级及产业类型密切相关,不同区域政府对不同产业的用地控制方式存在差异。各城市群核心区制造业发展趋于成熟,长三角和珠三角城市群制造业在一般区域和骨干区域快速成长,京津冀、长江中游和成渝城市群的骨干区及次核心区则处在快速成长期。新增产业集聚与不同等级区存在一定的导向,原材料等传统产业趋于低等级区发展,电子信息产业等高新技术产业易集聚在较高等级区,高等级区逐渐实现产业转型升级。

## 12.3 政策建议

### 12.3.1 立足城市功能定位,保障住宅市场稳定发展

研究期内部分地区在城市化进程中曾出现因过度强调经济增长和空间扩张等数字层面的物质推进,引发了区域发展不均衡、土地资源粗放利用、环境污染等冒进式的城市化和资源环境矛盾问题,在一部分资源型城市、传统工业城市和欠发达地区出现人口局部(或阶段性)收缩,并导致住宅地价出现较大梯度落差。随着中央城镇化工作会议的召开,新型城市化进程中,不仅要考虑利用住宅地价调节机制促进城市发展、提高土地利用效率,还应将城市化问题纳入城市规划和政策实施层面,通过加强特大城市、城市群的辐射带动作用,严格控制发达地区的人口规模、加强人口向中小型城市转移,改善欠发达地区的基础设施建设,增加地方财政收入,合理进行国土开发和城市建设,优化产业结构以提升土地利用效率,促进人口、资源、环境的全面协调可持续发展。在城市群后期发展规划中,应基于城市发展现状及功能定位,通过土地市场和政府管控,以城市功能定位为导向,借助产业升级、技术扩散、人口流动等手段,优化土地出让结构和资金配置模式,提升区域居住用地市场与社会经济发展的协调性,逐步形成以区域中心城市为核心、以功能节点城市(镇)为纽带、以边缘城市为依托的城市群发展体系。

### 12.3.2 实施差别化调控政策,保障住宅市场健康发展

我国不同地区住宅市场运行状况存在一定差异,影响住宅市场平稳健康发展的要素

不尽相同,有必要针对不同地区住宅市场运行状况的主要特征和地区发展现状,制定相应的住宅市场调控政策,以促进当地住宅市场健康有序发展。要建立区域协调、制度完善、竞争有序、健康稳定的住宅用地市场。若各地区统一执行国家居住用地调控政策,将难以发挥政策的预期作用,应依据土地市场发育状况、土地利用结构问题等的地区差异性,因地制宜制定区域性调控政策,总体在加大土地供应总量的前提下,"因城施策"地调整土地供应结构,进一步加强对土地交易数量、政策执行力度等的管控和考核,多管齐下调控地价和房价,为进一步提升住宅用地调控绩效打下坚实基础。

### 12.3.3 加快技术结构升级,引导制造业空间结构调整

国家历来高度重视装备制造业的发展,"十二五"规划明确规定积极引导产业发展,进入以空间结构调整和技术结构升级为核心的深度重构阶段。在区域产业定位上,东部应以发展高新技术产业和高端制造业为主,打造特色高端装备制造与服务基地,而中西部地区应加强区域经济联系与合作,做好传统制造业的深化加工和劳动密集型产业的承接发展。在空间格局优化上,东部应进一步强化长三角、京津冀等核心产业区的对外辐射和服务带动作用,完善土地市场机制,挖掘存量用地潜力,培育"串珠状"的增长点或增长极;而中西部应以节点城市为核心,以产业区为培育重点,加快要素集聚和企业集群,扩容提速,促进装备制造业的"承东启西"。在资源要素调控上,后期应加强国家政策引导和区域统筹能力,深化主要经济带与交通发展轴的联系纽带作用,促进资源资金、技术人才等要素的跨区域流动、转移和富集。东部应着重强化优质人才、科技投入、对外引资等要素的地域集聚,推进资源型城市的产业转型及区域主导产业的提质增效;中西部应完善区域中心城市功能,加快大中型企业的落户发展,统筹土地、劳动力、资本、基础设施等要素的区域整合,为成渝、长江中游经济区以及新兴增长点的培育提供引擎带动和战略支撑。

### 12.3.4 优化国土开发空间结构,促进城市和产业协调发展

中国已进入城镇化和工业化的中后期阶段,经济发展也已步入了新常态,制造业等实体经济对于中国经济的高质量发展仍至关重要。如何继续确保与壮大我国制造业第一大国的地位,如何协调传统制造业和新兴制造业之间的关系,促进制造业合理有序健康可持续发展具有重要意义。实施"中国制造 2025"是加快我国从制造大国迈向制造强国的伟大战略。在实体经济前行的过程中,制造业的转型升级尤为关键。制造业发展在自发集聚与扩散的同时,区域规划引导和土地管理政策也是促进土地资源要素配置的重要途径。针对中国制造业发展中出现的产能过剩、土地利用效率不高、区域发展不协调等问题,应在加大优化土地配置资源的同时,调整政府宏观调控的方向和强度、优化国土开发空间结构、促进产业转型升级、加强核心城市的辐射带动作用,以促进城市和产业的协调发展。

# 参考文献

艾伦·伊文思.1992.城市经济学.上海:上海远东出版社.
毕宝德.1998.土地经济学(第三版).北京:中国人民大学出版社.
毕宝德.1994.中国地产市场研究.北京:中国人民大学出版社.
边振兴,杨子娇,钱凤魁,等.2016.基于LESA体系的高标准基本农田建设时序研究.自然资源学报,(03):436-446.
曹飞.2013.土地供给制度影响中国房价研究.厦门:厦门大学.
常疆,廖秋芳,王良健.2011.长沙市区地价的空间分布特征及其影响因素.地理研究,(10):1901-1909.
陈红霞,宋戈.2008.城乡土地市场协调发展的法经济学分析.学术交流,168(3):84-86.
陈江龙,曲福田.2002.土地征用的理论分析及我国征地制度改革.江苏社会科学,2(2):55-59.
陈江龙,曲福田.2002.土地储备与城市土地市场运行.现代经济探索,(4):28-31.
陈霖,张金亭.2015.基于地理加权回归的住宅地价测算方法及实证.国土与自然资源研究,(3):26-29.
单莹洁,苏传华.2011.基于耦合协调度的区域创新系统绩效评价研究——以河北省为例.科技管理研究,31(22):66-68.
党杨.2011.中国城市土地价格影响因素研究.长春:吉林大学.
邓羽.2015.北京市土地出让价格的空间格局与竞租规律探讨.自然资源学报,30(2):218-225.
邓永旺.2015.基于空间计量模型的商品住宅价格空间分异研究.重庆:西南大学.
范新英,张所地.2013.基于时变参数和VAR模型的土地政策和货币政策对房价影响作用机制研究.经济经纬,(4):88-93.
方创琳,关兴良.2011.中国城市群投入产出效率的综合测度与空间分异.地理学报,(08):1011-1022.
方创琳,宋吉涛.2010.中国城市群可持续发展理论与实践.北京:科学出版社.
方创琳,姚士谋,刘盛和.2011.2010中国城市群发展报告.北京:科学出版社.
方创琳等.2007.区域规划与空间管治论.北京:商务印书馆.
丰雷.2010.土地宏观调控的政策体系设计——基于中国实践的分析.经济问题探索,(9):99-104.
丰雷.2010.土地与宏观经济——改革开放以来的中国实践.北京:中国建筑工业出版社.
费洁.2012.区域工业用地扩张的驱动力和制衡机制研究.杭州:浙江大学.
冯恩国.2007.基于GIS和RS的郑州市城市扩展及驱动力分析.郑州:河南大学.
付茹,唐焱,吴群.2014.沪宁杭三市土地市场与区域经济协调发展评价研究.资源开发与市场,30(4):401-404.
傅元海,叶祥松,王展祥.2014.制造业结构优化的技术进步路径选择——基于动态面板的经验分析.中国工业经济,(09):78-90.
高金兰,袁希平,甘淑.2011.城市用地规模与城市地价的相关性研究——以湖北省为例.昆明理工大学学报(社会科学版),11(2):69-73.
高金龙,陈江龙,苏曦.2014.2001—2010年南京市区土地出让价格的影响因素.地理科学进展,(02):211-221.
高燕语,钟太洋.2016.土地市场对城市建设用地扩张的影响——基于285个城市面板数据的分析.资源科学,38(11):2024-2036.
葛京凤,黄志英,梁彦庆.2003.城市基准地价评估的容积率内涵及其修正系数的确定——以石家庄市为例.地理与地理信息科学,19(3):98-100.

葛扬. 2007. 马克思土地资本化理论的现代分析. 南京社会科学,(03): 1-5.
顾朝林. 2011. 城市群研究进展与展望. 地理研究,(05): 771-784.
国家发改委国地所课题组,肖金成. 2009. 我国城市群的发展阶段与十大城市群的功能定位. 改革,(09): 5-23.
顾寰中,张敏. 2010. 包头市土地市场情况分析及对策. 内蒙古科技与经济,(24): 44-47.
郭爱民. 2007. 转型时期英格兰、长三角土地市场发育程度的比较. 中国农史,4(11): 64-74,113.
哈维. 1999. 都市土地经济学. 台中: 五南图书出版公司.
韩乾. 2001. 土地资源经济学. 台中: 沧海书局.
韩书成,濮励杰,严祥,等. 2009. 区域土地利用与经济社会变化的耦合性空间分异——以江苏省为例. 宁夏大学学报(自然科学版),30(2): 183-188.
何格,赵媛. 2015. 土地市场和区域经济耦合协调度分析. 重庆大学学报(社会科学版),21(1): 23-27.
何晓群,刘文卿. 2015. 应用回归分析(第四版). 北京: 中国人民大学出版社.
黄贤金. 2009. 土地经济学. 北京: 科学出版社.
黄贤金,周建春,方鹏. 2003. 农村土地市场运行机制研究. 北京: 中国大地出版社.
黄小虎. 1993. 中国大陆的地产市场. 调查与探索.
黄志英,梁彦庆,葛京凤,等. 2004. 城市地价动态监测体系的设立及地价水平分析——以石家庄市住宅用地为例. 河北师范大学学报,(06): 631-634.
金晓斌,殷少美,尹小宁,等. 2004. 城市住宅产业发展系统动力学研究——以南京市为例. 南京大学学报(自然科学版),40(6): 760-768.
雷利·巴洛维. 1989. 土地资源经济学——不动产经济学. 北京: 北京农业大学出版社.
雷潇雨,龚六堂. 2014. 基于土地出让的工业化与城镇化. 管理世界,(9): 29-41.
李东方. 1994. 论社会主义市场价格机制. 财经问题研究,(09): 30-31.
李娟,吴群,刘红,等. 2007. 城市土地市场成熟度及评价指标体系研究——以南京市为例. 资源科学,29(4): 187-192.
李永乐,吴群. 2009. 土地市场发育与农地非农化——基于省际面板数据的估计与测算. 中国土地科学,23(11): 45-49.
廖邦固,徐建刚,梅安新. 2012. 1947—2007年上海中心城区居住空间分异变化——基于居住用地类型视角. 地理研究,31(6): 1089-1102.
林艳. 2010. 中国土地市场存在的问题与对策. 台湾农业探索,(2): 62-64.
林英彦. 1995. 不动产估价. 第8版. 台北: 文笙书局.
梁绍连. 2008. 上海住宅价格空间分异与居住空间结构演变. 上海: 华东师范大学.
蔺雪芹,方创琳. 2008. 城市群地区产业集聚的生态环境效应研究进展. 地理科学进展,27(3): 110-118.
刘力豪. 2016. 中国土地市场发展对城市建设用地扩张的影响研究. 南京: 南京大学.
刘卫东,鄂明德,周力丰. 2007. 城市地价评估理论探索与时间. 北京: 科学出版社.
刘洪洁. 2015. 城市住宅地价空间分异及调控研究. 北京: 中国地质大学.
刘书楷. 1994. 土地经济学. 北京: 中国矿业大学出版社.
刘晓丽,方创琳. 2008. 城市群资源环境承载力研究进展及展望. 地理科学进展,27(5): 35-42.
卢建新,于路路,陈少衔. 2017. 工业用地出让、引资质量底线竞争与环境污染——基于252个地级市面板数据的经验分析. 中国人口·资源与环境,27(3): 90-98.
罗罡辉,吴次芳,郑娟尔. 2007. 宗地面积对住宅地价的影响. 中国土地科学,21(5): 66-69.
吕广朋. 2006. 土地储备制度对房地产市场价格影响机制研究. 青岛: 中国海洋大学.
吕志芳. 2016. 基于GWR模型的城市住宅地价空间分异及影响因素研究. 兰州: 甘肃农业大学.
马克伟. 1992. 中国改革全书(1978—1991)土地制度改革卷. 大连: 大连出版社.
马延吉. 2010. 辽中南城市群产业集聚发展与格局. 经济地理,(08): 1294-1298.
梅耀林,张培刚. 2007. 产业发展理论回顾及应用研究——以盐城市盐都区产业发展定位为例. 河南科学,(06): 1077-1080.
倪鹏飞,晋海博,吴伯磊. 2008. 中国城市房地产市场健康标准及实证研究. 城市发展研究,15(2): 46-53,67.
彭山桂,汪应宏,陈晨,等. 2015. 地方政府工业用地低价出让行为经济合理性分析——基于广东省地级市层面的实证研究. 自然资源学报,30(7): 1078-1091.

曲顺兰,路春城.2006.论土地税在土地资源管理中的作用及其完善.经济与管理评论,22(4):35-41.
任辉,吴群.2013.城市住宅地价空间分异及其驱动要素研究.求索,(4):221-224.
任兴洲.2013.中国住房市场:调控与政策.北京:中国发展出版社.
任一澎.2017.土地价格对产业结构调整升级的影响研究.上海:上海社会科学院.
山田浩之.1991.城市经济学.大连:东北财经大学出版社.
尚勇敏,曾刚.2014.老工业区产业结构转型与用地结构转型互动机制及优化路径——以上海市宝山区为例.地域研究与开发,(05):44-49.
邵挺.2013.土地供应制度对房地产市场影响研究.北京:中国发展出版社.
慎勇扬.2005.建设用地扩张驱动力及调控政策研究.杭州:浙江大学.
石晓平,曲福田.2005.经济转型期政府职能与土地市场发育.公共管理学报,1(5):73-77,95.
史炜,汪翩.2013.我国城市群建设的功能定位及亟待解决的问题.中国经贸导刊,(1):40-43.
寿亦萱,张大林.2012.城市热岛效应的研究进展与展望.气象学报,70(3):338-353.
宋鸿,陈晓玲.2008.中国土地市场化进程的空间自相关分析.华中师范大学学报(自然科学版),42(1):132-135,140.
宋佳楠,金晓斌,唐健,等.2011.中国城市地价水平及变化影响因素分析.地理学报,(08):1045-1054.
孙伟,金晓斌,张志宏,等.2016.中国主要城市群新增制造业用地特征及城镇体系耦合分析.地理科学进展,35(12):1483-1493.
隋雪艳,吴巍,周生路,等.2015.都市新区住宅地价空间异质性驱动因素研究——基于空间扩展模型和GWR模型的对比.地理科学,35(6):683-689.
谭纵波.1994.日本的地价高涨与城市规划——对中国的启示.国外城市规划,(02):42-48.
田传浩,李明坤.2014.土地市场发育对劳动力非农就业的影响:基于浙、鄂、陕的经验.农业技术经济,(8):11-24.
田媛,许月卿,郭洪峰,等.2012.基于多分类Logistic回归模型的张家口市农用地格局模拟.资源科学,(08):1493-1499.
王海玫.2008.土地供应制度对房地产市场宏观调控研究.商情:财经研究,(5):24-123.
王克强,王洪卫,刘红梅.2005.土地经济学.上海:上海财经大学出版社.
王立言.2014.基于遥感影像的城市扩展研究.西安:长安大学.
王良健,黄露赟,弓文.2011.中国土地市场化程度及其影响因素分析.中国土地科学,(08):35-41.
王青,陈志刚,陈逸,等.2008.土地市场运行对经济增长的影响:作用机理与实证评价.资源科学,(10):1497-1502.
王青,陈志刚,叶依广,等.2007.中国土地市场化进程的时空特征分析.资源科学,29(1):43-47.
王书斌.2013.大都市郊区土地利用转型研究.西安:西北大学.
王万茂.1994.市场经济条件下土地资源的合理配置及其评价标准.北京:中国农业科技出版社.
王贤彬.2014.土地出让与产业发展.经济管理,(01):12-21.
王洋.2013.城市住宅价格的空间分异机理与综合测度研究.北京:中国科学院大学.
王洋,方创琳,盛长元.2013.扬州市住宅价格的空间分异与模式演变.地理学报,(08):1082-1096.
王洋,王德利,王少剑.2013.中国城市住宅价格的空间分异格局及影响因素.地理科学,(10):1157-1165.
文婷婷.2016.土地出让方式对产业结构的影响研究——基于全国地级市面板数据.西宁:广西大学.
吴建楠,程绍铂,姚士谋.2013.中国城市群空间结构研究进展.现代城市研究,(12):97-101.
吴郁玲,周勇.2009.我国城市土地市场均衡与土地集约利用.经济地理,29(6):984-988.
吴郁玲,曲福田,周勇.2009.城市土地市场发育与土地集约利用分析及对策——以江苏省开发区为例.资源科学,31(2):303-309.
吴郁玲,袁佳宇,余名星,等.2014.基于面板数据的中国城市土地市场发育与土地集约利用的动态关系研究.中国土地科学,28(3):52-58.
武文杰,张文忠,董冠鹏,等.2011.转型期北京住宅用地投标租金曲线的空间形态与演化.地理科学,31(5):520-527.
项晓敏,金晓斌,杜心栋,等.2015.基于Ward系统聚类的中国农用地整治实施状况分析.农业工程学报,(06):257-265.
徐德琳,林乃峰,徐梦佳,等.2014.我国城市群生态环境问题及生态安全格局构建浅析.2014中国环境科学学会学术年会论文集(第二章):270-273.
徐国鑫,金晓斌,周寅康.2011.基于DEA和空间自相关的我国土地市场化程度分析.地理与地理信息科学,27(5):64-68.
徐心茹,金晓斌,张志宏,韩娟,等.2017.基于县域尺度的中国住宅用地市场健康度研究.地理研究,2017,36(1):85-96.
徐子衿.2017.基于特征价格的太原市商品住宅价格空间分异研究.太原:山西财经大学.
杨红梅,刘卫东,刘红光.2011.土地市场发展对土地集约利用的影响.中国人口·资源与环境,21(12):129-133.
杨尚华.2010.土地市场区域发育程度差异研究.杭州:浙江大学.
杨剩富,胡守庚,徐枫,等.2016.特殊自然地物对城市住宅地价和房价的影响——以武汉市为例.资源科学,38(4):738-749.
严超,张安明,石仁蓉,等.2015.重庆市土地利用结构与产业结构耦合协调发展评价.西南师范大学学报(自然科学版),(07):158-164.
杨其静,卓品,杨继东.2014.工业用地出让与引资质量底线竞争——基于2007-2011年中国地级市面板数据的经验研究.管理世界,11:24-34.
杨志恒.2010.基于Ward法的区域空间聚类分析.中国人口·资源与环境,(S1):382-386.
伊利,莫尔豪斯.1982.土地经济学原理.北京:商务印书馆.
詹玉荣.1994.试析旧中国农用土地价格的特征.农村经济学刊.
张鸿辉,曾永年,谭荣,等.2011.多智能体区域土地利用优化配置模型及其应用.地理学报,66(7):972-984.
张鸿辉,曾永年,吴林,等.2008.南京市地价空间结构的演变.资源科学,30(4):591-597.
张靖苗.2017.基于GWR模型的城市住宅价格空间分异及其影响因素对比研究.昆明:昆明理工大学.
张娟锋,虞晓芬.2011.土地资源配置体制与供给模式对房地产市场影响的路径分析.中国软科学,(5):29-36.
张文彤.2011.SPSS统计分析高级教程.北京:高等教育出版社.
张宇,刘芳,欧名豪.2015.基于战略性新兴产业发展要求的土地制度支撑体系.城市发展研究,22(6):77-82.
张晔,邓楚雄,谢炳庚,等.2015.基于熵权可拓物元模型的湖南省土地市场成熟度评价.资源科学,37(1):45-51.
张羽威.2012.基于GIS与遥感的哈尔滨市区工业用地变化的区域分异与驱动机制研究.哈尔滨:哈尔滨师范大学.
张月娥,杨庆媛,焦庆东,等.2011.重庆市农村土地市场发育程度评价.西南大学学报(自然科学版),33(4):156-161.
张月娥.2011.重庆市农村土地市场发育程度评价.重庆:西南大学.
赵贺.2004.转轨时期的中国城市土地利用机制研究.上海:复旦大学.
赵贺.2004.中国城市土地利用机制研究.北京:经济管理出版社.
赵津.1999.城市的"天然规划师"——论地价变动在近代中国城市发育中的作用.改革,(01):113-118.
赵莉,葛京凤.2013.基于引力模型的区域城市地价研究——以京津冀都市圈区域为例.中国土地科学,27(12):52-58.
赵自胜.2011.城市商品住宅价格空间分异研究.郑州:黄河水利出版社.
赵自胜.2010.城市商品住宅价格空间分异研究.郑州:河南大学.
郑志晓.1993.百卷本经济全书——土地经济.北京:人民出版社.
中国国际经济交流中心.2015.中国经济分析与展望(2014~2015).北京:社会科学文献出版社.
中华人民共和国国家统计局.2011.2010年第六次全国人口普查主要数据公报(第1号).中国计划生育学杂志,54(8):511-512.
中华人民共和国国务院.2009.全国土地利用总体规划纲要(2006—2020年):10-20.
钟太洋,黄贤金,陈志刚,等.2009.区域农地市场发育对农业商品化的影响——基于农户层次的分析.经济地理,29(3):461-465,488.
周诚.2003.土地经济学原理.北京:商务印书馆.

周国磊. 2012. 转型期中国城市空间扩展的机制及格局研究. 长春：东北师范大学.
周华. 2005. 基于特征价格的西安市住宅价格空间分异研究. 西安：西北大学.
周霞. 2013. 城市群工业地价与产业结构高级化的互动机理研究. 北京：首都经济贸易大学.
朱海明. 2007. 城市工业用地节约利用及其评价研究. 武汉：华中科技大学.
朱传广,唐焱,吴群. 2014. 基于 Hedonic 模型的城市住宅地价影响因素研究——以南京市为例. 地域研究与开发,33(3)：156-160.
朱道林,徐思超. 2013. 基于城市人口变化的住房需求与土地及住宅供给关系研究. 中国土地科学,27(11)：45-51.
朱健宁. 2008. 省域城市地价空间分异的影响因素研究. 南京：南京农业大学.
Alexander L, Torsten S. 2004. The Relationship between stock prices, house pricesand consumption in OECD Countries. The B. E. Journal of Macroeconomics, 4(1)：1-28.
Alonso W. 1964. Location and land use: towards ageneral theory of land rent. Cambridge: Harvard University Press.
Andre Sorensen. 2000. Land readjustment and metropolitan growth: an examination of suburbanland development and urban sprawl in the Tokyo metropolitan area. Review ArticleProgress in Planning, 53(4)：217-330.
Barry C. 1995. Urban land and property markets in the UK. Land Use Policy, 12(1)：89-90.
Butsic V, Lewis D, Radeloff V. 2013. Reserve selection with land market feedbacks. Journal of Environmental Management, 114(1)：276-284.
Capozza D R, Sick G A. 1994. The risk structure of land markets. Journal of Urban Economics, 35(3)：297-319.
Czamanslti S. 1996. Effects of public investments on urban land values. Journal of the American Institute of Planners, 32(4)：204-217.
Deininger K, Jin S Q, Hari K, et al. 2008. Efficiency and equity impacts of rurallandrental restrictions: evidence fromIndia. European Economic Review, 52：892-918.
Elana M. 2008. Cities without land markets: a case study from St. Petersburg, Russia. Real Esate Review, 37(2)：31-32.
Follain J R, Jimenez E. 1985. Estimating the demand for housing characteristics: a sand critique. Regional Science and Urban Economics, 15(1)：77-107.
Gavin C, John M, Anthony M. 2006. Was there a british house price bubble? evidence from a regional panel. Department of Economics Discussion Paper Series.
Henry B. 1995. Urban land and property markets in France. Land Use Policy, 12(1)：90-91.
Jaeger W. 2013. Determinants of urban land market outcomes: evidence from California. Land Use Policy, 30(1)：966-973.
Jin Q, Deng X, Wang Z, et al. 2014. Analysis and projection of the relationship between industrial structure and land use structure in China. Sustainability, 6(12)：9343-9370.
John F, Mcdonald, Daniel P M. 1998. Land values, land use, and the first Chicago zoning ordinance. Journal of Real Estate Finance and Economics, 16(2)：135-150.
Jude W, Ian W. 2004. Building land markets. Land Use Policy, 23(2)：123-135.
Kempen B, Brus D J, Heuvelink G B M, et al. 2009. Updating the 1：50,000 Dutch soil map using legacy soil data: a multinomial logistic regression approach. Geoderma, 151(3-4)：311-326.
Klaus D, Jin S Q. 2005. The potential of land rental markets in the process ofeconomic development: evidence from China. Journal of Development Economics, 78(1)：241-270.
Klaus D, Jin S Q. 2008. Land sales and rental markets from Rural Vietna. O-xford Bulletin of Economics and Statistics, in Transition: Evidence, 70(1)：67.
Koroso N, Molen P, Tuladhar A, et al. 2013. Does the Chinese market for urban land use rights meet good governance principles. Land Use Policy, 30(1)：417-426.
Lee Y. 2015. School districting and the origins of residential land price inequality. Journal of Housing Economics, 28：1-17.
Liu X, Fang C. 2008. Progress and prospect of study on carrying capacity of resource and environment of city

clusters. Progress in Geography, 27(5): 35-42.

Mcconnell C R, Brue S L. 2005. Economics: principles, problems, and policies. New York: McGraw-Hill College.

Mcconnell C R, Brue S L. 2012. Economics : principles, problems, and policies. Economics Principles Problems & Policies.

Michacl G, Peter C. 1984. Urban Land Economics. New York: John Wiley&Sons, Inc.

Monkkonen P. 2013. Urban land-use regulations and housing markets in developing countries: evidence from Indonesia on the importance of enforcement. Land Use Policy, 34(2): 255-264.

Paul C, Stephen S. 2004. Land markets and land market regulation: progresstowards understanding. Regional Science and Urban Economics, 34: 619-637.

Phillips J, Goodstein E. 2000. Growth management and housing prices: the case of Portland. Contemporary Economic Policy, 18: 334-344.

University C. 2007. Megalopolis or the urbanization of the Northeastern Seaboard. Economic Geography, 33(3): 189-200.

Robert C. 1994. Rail transit and joint development: land marketImpacts in Washington, D. C. and Atlanta. Journal of the American Planning Association, 60(1): 83-94.

Segal D, Srinivasan P. 1985. The impact of suburban growth restrictions on US housing priceinflation, 1975-1978. Urban Geography, 6(1): 14-26.

Taylor P, Newton R. 2013. What makes a robust housing land supply? Planning, 14: 11.

Tang B S, Ho W K O. 2015. Land-use planning and market adjustment under de-industrialization: restructuring of industrial space in Hong Kong. Land Use Policy, (43): 28-36.

Thomas J, Miceli, Sirmans C F. 2013. Efficiency rents: a new theory of the natural vacancy rate for rental housing. Journal of Housing Economics, 22(1): 20-24.

Thomas J, Miceli. 2013. Escalating penalties for repeat offenders: why are they so hard to explain? Journal of Institutional and Theoretical Economics JITE, 169(4): 587-604.

Wang Y, Potoglou D, Orford S, et al. 2015. Bus stop, property price and land value tax: a multilevel hedonic analysis with quantile calibration. Land Use Policy, 42: 381-391.

Zhuang X, Zhao S. 2014. Effects of land and building usage on population, land price and passengers in station areas: a case study in Fukuoka, Japan. Frontiers of Architectural Research, 3(2): 199-212.